KB195628

불온한 인권

불온한 인권

정치적 주체화의 권리

1판1쇄 | 2025년 2월 10일

지은이 | 정정훈

펴낸이 | 정민용, 안중철
편집 | 윤상훈, 이진실

펴낸곳 | 후마니타스(주)
등록 | 2002년 2월 19일 제2002-000481호
주소 | 서울특별시 마포구 신촌로14안길 17, 2층 (04057)
전화 | 편집_02.739.9929/9930 영업_02.722.9960 팩스_0505.333.9960

블로그 | blog.naver.com/humabook
엑스, 페이스북, 인스타그램 | @humanitasbook
이메일 | humanitasbooks@gmail.com

인쇄 | 천일문화사_031.955.8083 제본 | 일진제책사_031.908.1407

값 22,000원

ISBN 978-89-6437-473-3 93300

불온한 인권

정치적 주체화의 권리

정정훈 지음

후마니타스

차례

각 글의 출처

1장. 「'인간과 시민의 권리에 관한 선언'과 인권규범으로서 정치적 주체화」,
  『민주법학』 74호(2020).
2장. 「인권의 인간학: 상호주체성인가, 관개체성인가」,
  『문화/과학』 100호(2019).
3장. 「인민이 인민이 되지 못하게 하는 것: '우리, 인민'과 작은 포퓰리즘들의
  각축」, 『문화/과학』 108호(2021).
4장. 「4.16인권선언: 사건화와 주체화의 장치」, 『진보평론』 66호(2016).
5장. 「안전의 변증법, 혹은 민주적 권리에 내재된 모순」,
  『황해문화』 110호(2021).
6장. 「재난을 표상하기, 그리하여 재난을 정치화하기: 사회적 참사의
  문화정치학」, 『문화연구』 11호(2022).
7장. 「장애여성운동, 교차하는 억압에 저항하는 횡단의 정치: 장애여성공감
  20주년 선언문 〈시대와 불화하는 불구의 정치〉에 대한 교차성 페미니즘적
  독해」, 『인권연구』 4호(2021).
8장. 「감금의 질서, 수용시설의 권력기술: 형제복지원과 인권의 재맥락화」,
  『도시인문학연구』 11호(2019).
9장. 「사회적 배제와 장애화 그리고 장애정치의 역량」,
  『기억과전망』 48호(2023).

서문

인권을 다시 불온한 것으로 만들자

1.

인권을 정치화하지 말라! 인권에 대한 무수히 많은 말들 가운데 나는 저 말을 가장 싫어한다. 인권의 정치화를 경계하는 말들에는 인권을 초역사적인 도덕규범으로 만들고자 하는 의도가 은폐되어 있기 때문이다. 도덕이 나쁜 것이 아니라 도덕을 인간의 사회적 관계와 역사성으로부터 추상화된 것으로 파악하려는 의도가 나는 견디기 힘들다. 사회적 관계와 그 관계에 맺혀 있는 역사적 맥락으로부터 추상화된 가치, 원리, 규범 등을 주장할 때 나는 그런 주장의 배후에는 '초역사성에의 의지'가 도사리고 있다고 생각한다. 갈등과 충돌, 적대와 투쟁을 통해 변화하는 사회적 삶의 시간적 지평으로서 역사라는 실재적 조건을 은폐하려는 의지, 그리하여 모든 갈등과 투쟁으로부터 초연한 지위를 점하려는 의지인 초역사성에의 의지가 말이다.

초역사성에의 의지에 의해 규정된 인권, 즉 인권을 초역사적인 규범으로 파악하려는 시도에는 어떤 경우에도 인권의 가치를 옹호하고자 하는 선한 의지가 깃들어 있는 듯 보인다. 가령 표현의 자유를 생각해 보자. 개인이 자신의 양심과 사상에 따라 갖는 모든 의견은 존중되어야 하고 그 의견의 표명은 금지되어서는 안 된다는 것이 오늘날 인권으로서 표현의 자유에 대한 관념이다. 특정한 상황과 조건에 입각해 표현의 자유에 제약을 가하려는 시도에 대해 이 자유는 모든 맥락과 정황에 무관하게 보장되어야 한다는 입장이 표현의 자유를 초역사적 규범으로 만들려는 시도라 할 수 있다. 어떤 경우에도 개인의 권리로서 표현의 자유는 보장되어야 한다는 주장이니 이 어찌 선한 것이 아닐 수 있을까?

그러나 정말 그런 것일까? 표현의 자유라는 인권은 과연 모든 역사적 맥락을 떠나 어떤 경우라도 보장되어야 하는 권리이기만 할까? 오늘날과 같이 여성, 성소수자, 인종적 소수자, 사회적 약자, 가난한 사람 들에 대한 각종 혐오 표현과 증오에 찬 공격이 표현의 자유라는 맥락에서 방어되는 상황에도 표현의 자유는 침해할 수 없는 개인의 권리이며, 초역사적 정당성을 가지는 규범이기만 한 것일까?

인권은 인간의 본질에 자연적으로 각인된 권리가 아니라, 오랫동안 전개된 사회적 갈등과 투쟁의 결과로 형성되어 온 역사적 권리이다. 표현의 자유 역시 특정한 역사적 맥락 속에서 제기되고 구체화되어 온 권리 개념이다. 존 밀턴의 『아레오파지티카』는 표현의 자유가 인간의 총체적 자유에서 갖는 중요한 의미를 가장 먼저 보여 준 고전이다. 이 텍스트에서 밀턴은 표현의 자유를 국가와 교회의 검열에 맞서 옹호한다. 보다 구체적으로 『아레오파지티카』는 1643년 모든 출판물의 인쇄는 허가를 받아야만 이루어질 수 있다는 영국 의회의 명령과 대결하면서 작성되었다. 국가와 종교 권력의 검열에 맞서 개인들이 자기 사상이 담긴 글을 인쇄해 공적으로 표현할 수 있는 자유를 옹호하기 위해 밀턴은 이 텍스트를 작성한 것이다. 다시 말해, 표현의 자유는 무엇보다 권력기관에 의해 개인의 자유가 억압당하는 상황에 대항해 주창되고 옹호된 권리인 것이지, 개인들이 다른 개인들을 증오하고 모욕하는 것을 법적으로 보장하기 위해 만들어진 권리가 아닌 것이다.

표현의 자유가 그런 것처럼 오늘날 우리가 인권의 구체적 목록으로 알고 있는 권리들은 어떤 역사적 정황 속에서, 권력관계의 틀 속에서 형성된 역사적 권리들이다. 이 권리들이 역사적 권력관계의 틀 속에서 형성되었다는 것은 그 권리들이 사회적 갈등과 투쟁의 역사적 흔적들을 배태하고 있음을 뜻한다. 표현의 자유만이 아니라 가장 기본적인 인권인 자유와 평등은 출생으로부터 인간이 누려야 할 자유가 불평등하다고 규정한 신분제에 대한 투쟁 속에서 그 의미와 가치를 획득해 온 권리 개념이다. 심지어 급진주의자들에 의해 '부르주아적 권리에 불과하다'고 폄훼된 소유권마저 개인의 재산을 마음대로 징발하고 수탈해 온 전근대적 국가기구와 교회의 자의적 권력 사용에 맞서 전개된 투쟁 속에서 구축된 권리 개념이다. 오늘날 노동자, 여성, 성소수자, 인종적 소수자 등의 집단적 권리는 재론할 필요도 없이 사회적 갈등과 투쟁을 그 모판으로 삼고 있음은 주지의 사실이다.

인권을 초월적 규범으로 만들려는 담론들이 가당찮다고 느끼는 이유는 그에 깃든 초역사성에의 의지가 인권에 배태된 사회적 갈등과 투쟁의 역사를 은폐하고자 하기 때문이다. 인권을 초역사적인 것으로 만듦으로써 인권을 갈등과 투쟁, 즉 사회적 삶의 차원에서 전개되는 정치라는 역사적 차원으로부터 분리해 내고자 하기 때문이다. 이 역사적 차원으로부터 분리된 인권은 단지 법정에서 승인받는 권리가 되어 버린다. 소수자에 대한 혐오는 실정법에 의해 그 위법 여부가 가려져야 하며, 인간다운 삶을 보장하기 위한 권리로서 사회권은 국제법의 국내적 적용 여부에 의해 유효한 것이 되거나 무효한 것이 된다. 인권에 대한 지식은 국제 인권법에 대한 이해 정도로 환원된다. 그렇게 인권은 전문가들의 조사, 해석, 판단의 영역이 되어 가고 있다. 즉 인권은 연대와 협력에 기초한 투쟁을 통해 사람들이 스스로 쟁취하는 권리가 아니라 국내적, 혹은 국제적 법률 전문가들의 해석, 소송, 판결에 의해 승인되거나 기각되는 권리가 되어 버린 것이다.

나는 이런 사태가 인권으로부터 그 불온성을 살균해 버린 결과라 생각한다. 현재의 지배 체제를 위협하고 불안정하게 만드는 정치적 권리로서 인권에 깃든 불온성을 희석해 인권을 체제의 한계 내로 가두어 두고자 하는 시도가 일정하게 성공하고 있는 것이다. 격렬한 갈등과 투쟁을 거쳐 오늘날 인권의 제도화는 진전되었으나 오히려 인권 제도 속에서 인권의 불온성은, 그 정치성은 살균되어 버린 듯하다.

하지만 이 책에서 나는 역사 속에서, 실천 속에서, 그리고 사유 속에서 여전히 인권은 역사적 갈등과 투쟁을 자신의 조건으로 하여 작동하고 있음에 주목하고자 했다. 그런 갈등과 투쟁을 통해 인권의 관념은 재형성되고 인권의 실천은 재구성되고 있음을 드러내고자 했다. 이 책은 인권의 불온성, 혹은 갈등과 투쟁을 조건으로 하는 인권의 정치성을 탐구하는 아홉 편의 글들로 이루어졌다. 이때 인권의 불온성과 정치성이 의미하는 것은 무엇보다 인권은 권리로부터 배제되었거나, 권리를 박탈당했거나, 권리를 억압당한 이들이 다시 권리를 쟁취하기 위한 투쟁의 시작점이라는 것이다. 이런 시작을 나는 '정치적 주체화'라고 이해한다.

아렌트는 권리주체가 되기 위해서는 무엇보다 권리를 가질 권리로서 시민권이 중요하다고 말한 바 있다. 그런데 고대로부터 시민권은 단지 특정한 국가에의 소속을 법적으로 확인하는 것에만 그치지 않았다. 시민권은 정치 공동체에서 공적인 일, 다시 말해 정치를 실행할 권리를 의미했다. 그런데 역사는 이런 시민권이 그저 주어진 것이 아니라 갈등 속에서 투쟁을 통해 쟁취하는 것임을 보여 준다. 시민으로 인정받지 못한 이들이, 그렇기 때문에 국가의 법적·규범적 질서 내에서 정치적 주체로 승인되지 못한 이들이 그 질서와 갈등하며 전개해 온 투쟁을 통해 시민이 되는 과정이 곧 시민권의 역사이기도 했다. 나는 정치적 주체화란 비시민이 시민이 되기 위해 투쟁할 권리에 기초한다고 이해한다. 그리고 이 권리는 사실 투쟁 그 자체와 더불어 만들어지는 수행적 권리라고 나는 생각한다. 근대에 이르러 정치적 주체화를 위한 권리에 부여된 이름이 바로 인권이었다. 인권은 정치적 주체화의 권리이자 계기이다. 인권은 불평등과 억압을 경험하며 사회의 권리 체계로부터 배제되는 이들이 정치적 주체화의 권리로서 사용할 때 다시 불온해질 수 있을 것이다.

2.

3부로 구성된 이 책의 각 부는 인권 선언문에 대한 정치적 독해로부터 시작된다. 그리고 그 선언문과 관련된 이론적 논점과 현실적 쟁점을 탐구하는 글들이 이어진다. 1부 '인권의 철학과 정치적 주체화'는 정치적 주체화의 계기로서 인권에 대한 총론적 논의를 다룬다. 1장 「인간과 시민의 권리에 관한 선언: 정치적 주체화와 인권선언」에서는 1789년 프랑스혁명 와중 작성된 〈인간과 시민의 권리에 관한 선언〉이 왜 정치적 주체화의 권리를 담은 문서인지를 논했다. 2장 「인권의 인간학: 상호 주체적 권리인가, 관개체적 권리인가」는 자유주의 인권론의 인간학을 비판하는 두 가지 이론적 사조, 즉 상호 주체성의 인권론과 관개체성의 인권론이 어떤 인간학을 전개하고 있는지 비교하고 두 입장 사이의 이론적 쟁점을 검토하는 작업을 수행했다. 이를 통해 정치적 주체화의 권리로서 인권을 사고할 때 관개체성의 인간학이 더욱 잘 부합함을 이론적으로 밝히고자 했다. 3장 「인민이 인민이 되지 못하게 하는 것: 작은 포퓰리즘들의 각축을 넘어서 교통의 민주화로」에서는 한국 사회에서 포퓰리즘의 문제를 다룬다. 이를 통해 정치적 주체화의 한 형태로서 포퓰리즘이 한국적 현실에서 어떤 양상으로 전개되고 있는지를 분석하며 과연 포퓰리즘이 한국적 상황에서 정치적 주체화에 적합한가라는 질문에 대해 '교통의 민주화' 개념에 입각해 비판적으로 응답하고자 했다.

2부 '안전의 변증법'은 2014년 세월호 참사 이후 한국 사회의 권리 담론에서 매우 중요한 의제가 된 재난과 안전의 문제를 '인권의 정치'의 시각에서 논의한다. 〈존엄과 안전에 관한 4.16 인권선언〉에 대한 이론적 해석을 담은 4장 「존엄과 안전에 관한 4.16 인권선언: 사건화와 주체화의 장치」는 이 선언이 무엇보다 안전한 사회를 연대와 협력을 통해 건설할 수 있는 정치적 주체들을 형성하고자 하는 글임을 보이고자 했다. 5장 「안전할 권리, 국가의 관점에서 시민의 관점으로」는 안전을 빌미로 시민의 민주적 권리를 유보하거나 억압하는 국가권력의 오작동('국가의 안전 중심적 일탈')에 맞서 '안전'이 그 시작부터 자유와 평등을 보장하기 위한 권리임을 밝히고 국가의 안전 중심적 일탈에 맞서 안전할 권리를 민주화하기 위해서는 여전히 정치적 행위로서 인권 운동이 필요함을 규명하는 이론적 논의를 전개했다. 6장 「재난의 감각학: 사회적 참사의 문화정치학」은 수많은 생명이 사라지거나 다친 사건이 어떻게 사회적으로 인지되고 의미화되는지를 분석했다. 이런 인지는 무엇보다 재난에 대한 감각적 질서와 관련되어 있으며 재난에 대한 감각적 질서는 재난의 서사화 과정에 의해 구성됨을 보이고, 재난을 둘러싼 국가적 서사와 이에 저항하는 안전 사회 운동의 서사화 과정이 어떻게 갈등하는지를 규명하고자 했다.

3부 '장애 인권 운동과 공동의 역량'은 사회로부터 배제되어 온 이들의 삶과 투쟁을 장애 운동을 중심으로 살펴본다. 7장 「시대와 불화하는 불구의 정치: 장애 여성운동, 교차하는 억압에 저항하는 횡단의 정치」는 장애 여성운동 단체인 장애여성공감의 20주년 선언문을 교차성 페미니즘 관점에서 해석하고 장애여성공감의 활동이 갖는 정치적 의미를 밝히고자 했다. 8장 「감금의 질서, 수용 시설의 권력 기술: 생명 정치와 죽음 정치, 그리고 형제복지원」은 한국 현대사가 만들어 낸 비극 가운데 하나인 형제복지원 사건을 다루었다. 형제복지원이라는 부랑인 수용 시설에서 작동한 권력의 테크놀로지, 폭력의 성격을 생명 정치와 죽음 정치의 개념을 통해 분석함으로써 오늘날 장애인 사회운동의 핵심 의제 가운데 하나인 '탈시설' 논의에 기여하고자 하는 바람 또한 이 글에 담았다. 마지막으로 9장 「사회적 배제와 장애화 그리고 장애 정치의 역량」은 사회적 배제의 관점에서 장애인의 상황을 파악할 뿐만 아니라 이에 맞서는 장애인 사회운동이 갖는 정치적 역량을 규명하는 글이다. 장애인들의 취약성은 이들을 무능력하게 만드는 조건이 아니라 오히려 상호 의존성과 연대의 계기가 되며, 이에 기초한 장애인 사회운동은 취약한 이들을 배제하는 기존 지배 질서에 균열을 내고 취약성과 상호 의존성에 기초한 새로운 질서의 구축 가능성을 제시하고 있음을 보이고자 했다.

3.

　인간은 결코 홀로 살아갈 수 있는 존재가 아니다. 사람은 언제나 다른 이들과의 관계 속에서, 특히 상호 의존과 호혜적 관계 속에서만 비로소 자신의 실존을 유지하며 삶을 영위해 갈 수 있다. 상호 의존성과 호혜성이 바로 인간의 조건, 혹은 '살 만한 삶'의 조건인 것이다. 그리고 이 조건은 한 편의 글을 쓸 때도, 한 권의 책을 쓸 때도 마찬가지이다. 이 책 역시 무수한 이들과의 서로 얽힘 속에서, 그들의 직간접적 도움 속에서 쓰였다. 감사한 마음을 전하지 않을 수 없다. 먼저 책의 출간을 제안해 주시고 편집 작업을 해주신 후마니타스 안중철 대표와 윤상훈 편집자께 깊이 감사드린다. 서교인문사회연구실의 동료들은 언제나 내 연구와 활동의

근간이다. 계간『문화/과학』, 마포-신촌 학술단체 네트워크, 한국
문화연구학회의 동료들과 함께하는 활동은 항상 지적 자극의 원천
이자 글쓰기의 동력이었다. 한 분 한 분 실명을 적시하여 감사의
인사를 전하고 싶지만 그러기에는 언급해야 할 분들이 너무 많아
서 단체명만을 적는 것이 아쉽다. 동료들에게 감사의 마음을 전한
다. 그럼에도 이 책을 쓰는 시간 동안 너무나 큰 도움을 준 몇몇 동
료들의 실명은 언급하지 않을 수 없겠다. 한국예술종합학교의 이
동연 선생님은 대학원생 시절부터 지금에 이르기까지 내게 학문
적으로, 실천적으로 깊은 영향을 끼치시는 분이다. 선생님께 존경
과 감사의 마음을 꼭 전하고 싶다. 학문적으로, 실천적으로, 정서
적으로 의지할 수 있는 동료가 되어 준 한국문화연구학회의 하승
우 회장님, 서울대학교 아시아도시사회센터의 이승원 선생님, 한
국방송광고진흥공사의 강신규 선생님, 전국언론노동조합의 이준
형 선생님, 신촌문화정치연구그룹의 정보영 선생님의 이름은 이
책을 위한 감사의 말에 꼭 적어 넣고 싶다. 감사드린다.

이 책을 출간함으로써 인권에 대한 연구를 시작하면서 마음
먹었던 바를 어느 정도 달성하게 된 것 같다. 그것은 인권을 주제
로 세 권의 단행본을 쓰겠다는 것이었다. 그리고 인권에 대한 단행
본 작업을 통해 인권의 정치적 의미, 혹은 인권의 정치적 차원을
보다 명징하게 드러내 보이겠다는 것이었다. 인권에 대한 나의 첫
책인『인권과 인권들: 정치의 원점과 인권의 영속혁명』은 인권의
정치에 대한 이론적 논의를 담았고, 두 번째 책인『인권의 전선들:
한국 2세대 인권운동의 형성과 전개』는 한국 사회에서 전개된 인
권 운동의 역사를 정리하고 인권 운동이 생산해 온 인권 담론의 특

징을 분석했다. 이번 책에는 정치적 주체화의 관점에서 인권 이론, 인권 운동, 한국 사회 현실에 대한 분석을 수행한 글들을 실었다. 한국의 인권 운동에 연루되면서 연구자로서 가졌던 꿈을 어느 정도는 이루게 된 듯하다. 이 책을 비롯해 인권에 대한 나의 책들과 글들은 한국 사회의 인권 운동 덕분에 쓸 수 있었다. 언제나 그렇듯이 한국의 인권 활동가들에게 깊은 감사를 드린다. 더불어 이 책이 우리의 인권 운동에 일조할 수 있기를 바란다.

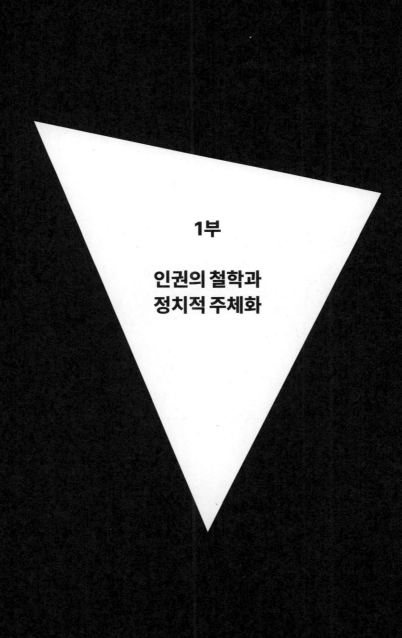

1부

인권의 철학과
정치적 주체화

1장

인간과 시민의 권리에 관한 선언

─ 정치적 주체화와 인권선언

1. 인권 규범의 폭력적 기원

인권은 혁명과 더불어 도래했다. 인권이 혁명과 더불어 도래했다는 것은 인권이 국가적 수준의 규범이 되는 최초의 순간에는 총과 칼이 함께했다는 의미이다. 인권의 기원에는 모든 인간의 존엄성이라는 고귀한 이상만이 아니라 인간의 피가 흐르고 살이 찢기는 폭력적 현실이 자리 잡고 있다. 그러나 이런 폭력적 기원이 잊힌 오늘날 인권은 종종 이상적인 만큼 초역사적 규범으로 표상되곤 한다.

오늘날 인권을 사유하는 대표적인 방식은 인권에 대한 규범적 접근norm-based approach이라고 함 직하다. 인권을 인간 사회의 핵

심적 규범으로 천명하는 권위 있는 인권 문서들에 의거해 인권의
구체적 목록들과 그 구현의 원칙들을 파악하며, 이 규범으로부터
이탈한 현실을 비판하고 교정하고자 하는 지적 노력이 인권에 대
한 규범적 접근이다. 그리고 현대사회에서 가장 대표적이고 권위
를 인정받는 인권 규범은 〈세계인권선언〉, 〈경제적, 사회적, 문화
적 권리에 관한 국제 협약〉, 〈시민적, 정치적 권리에 관한 국제 협
약〉 등의 국제 인권 장전을 비롯한 다양한 국제 인권 기준들일 것
이다.

특히 국제 인권 기준들은 많은 경우 유엔의 조약 기구라는 틀
을 통해 그 실효성을 확보하고자 한다. 국제 인권 기준들은 원칙
적으로 조약 기구 가입 국가에 대해 국내법에 준하는 위상을 가질
수 있기에 국제 인권법이라 불리기도 한다. 오늘날 인권 규범이
대체로 유엔 중심의 틀 속에서 국제 인권법의 성격을 지닌다는 점
을 고려한다면 인권 규범을 사유하기 위한 가장 적합한 학문 영역
은 단연 법학이라고 생각할 수도 있다.

그러나 인권의 규범성은 법적 관점에서만 파악될 수는 없다.
법이 인권 규범을 형성하는 데 매우 중요한 계기인 것은 분명하지
만 인권의 규범적 차원이 법으로 환원될 수는 없기 때문이다.

오히려 인권의 역사는 인권이 합리적 사고와 토론 그리고 합
의의 과정을 통해 평화롭고 순조롭게 보편적 규범의 위상을 갖게
된 것이 아님을 알려 준다. 인권을 보편적 규범으로 만들어 가는
과정은 적지 않은 피를 요구했다. 이 투쟁과 피의 역사를 삭제한
채, 인권 규범들의 법률적 성격과 그 효력만을 논구하는 작업은 인
권 규범에 대한 이해를 반쪽짜리로 만든다.

1부. 인권의 철학과 정치적 주체화

이 글은 그동안 많이 논의되어 왔던 인권 규범의 법적 성격보다는 인권 규범의 정치적 성격을 부각하고 그 정치적 성격의 핵심적 차원을 규명하고자 한다. 다시 말해, 인권 규범의 성립 및 작동 과정에서 있었던 투쟁과 갈등의 역사라는 관점, 그 투쟁과 갈등의 역사 속에서 인권 규범의 정치적 활용이라는 관점에서 인권 규범의 정치적 성격, 혹은 그 정치적 차원을 밝혀 보고자 하는 것이다.

인권 규범의 정치적 차원을 규명하는 과제를 수행하기 위해 국가적 차원에서 인권이 핵심 규범으로 정초되는 최초의 순간으로 돌아갈 필요가 있다. 그 최초의 순간이란 바로 1789년 프랑스 혁명의 결과, 〈인간과 시민의 권리에 관한 선언〉이 공표되던 때이다. 이 선언문을 그 역사적·정치적 맥락 속에서 독해함으로써 우리는 여기서 나타나는 인권 규범이란 무엇보다 정치적 주체화의 규범임을 보게 될 것이다.

2. 1789년 인권선언과 정치적 주체화

1) 봉기와 정치적 주체화

당연한 사실로부터 시작해 보자. 〈인간과 시민의 권리에 관한 선언〉은 1789년의 대중 봉기가 먼저 발생하지 않았다면 제정될 수 없었다. 프랑스 인권선언을 정초한 것은 이 선언에 적시된 권리들의 초역사적인 이상과 정당성이 아니라 이 선언을 국가의 이름으로 반포하게 만든 대중의 힘이라 할 수 있다. 간명히 말하자면, 대

중 봉기가 없었다면 프랑스 인권선언도 만들어질 수 없었다. 1789
년의 대중 봉기는 프랑스 인권선언을 정초한 최초의 사건, 인간과
시민의 권리들[1]을 공적 권위를 갖춘 문헌의 형태로 창설하게 한 사
건인 것이다. 프랑스 인권선언은 바로 그 대중 봉기가 요구한 권리
들만이 아니라 대중의 봉기라는 사건의 정당성을 국가의 공적 질
서 내에서 규범으로 인정하는 문서이다. 〈인간과 시민의 권리에 관
한 선언〉을 통해 인민의 봉기는 프랑스혁명 이후 탄생한 새로운 국
가 질서의 정초적 규범이라는 지위를 얻게 된 것이다.

그러나 인민의 봉기라는 사건이 규범적으로 정당화된다는 것
은 어떤 의미인가? 인민의 봉기가 근대 정치 질서를 정초하는 규범
이라고 할 때, 그 규범의 성격은 무엇인가? 이렇게 1789년의 권리

---

1   에티엔 발리바르에 의하면 그 내용적 차원에서 1789년의 권리선언은 두
가지 핵심적 주장을 내세우고 있다. 하나는 모든 인간은 출생과 동시에 곧
정치적 권리를 가진 주체인 시민이라는 점이고, 다른 하나는 자유와 평등이
동일하다는 것이다. 발리바르는 1789년의 권리선언을 해석하면서 이를 두
가지 동일성, 즉 '인간=시민'과 '평등=자유'라는 두 가지 동일성으로
규정한다. 그에 의하면 '인간=시민'의 동일성이란 모든 인간이 어떤 자격
조건도 없이 즉각적으로 정치적 권리주체라는 것을 뜻한다. 그는 이
동일성의 의미를 '정치에 대한 보편적 권리'라고 규정한다. 또한 발리바르는
'평등=자유'의 동일성이란 평등과 자유가 상호 배제적 개념이 아니라 상호
전제적 개념이며 양자는 분리 불가능한 권리라고 해석하며, 이 동일성을
'평등자유'라고 개념화한다(발리바르 2003, 16-18). 이 글의 맥락에서
1789년 권리선언에 대한 발리바르의 해석을 다시 읽어 내자면 인간과
시민의 동일성과 평등과 자유의 동일성이 바로 이 선언의 규범적 내용이라고
할 수 있다. 곧 모든 인간은 정치에 대한 보편적 권리를 가지며 그 권리란
국가의 법에 의해 합법적으로 보장받는 평등한 자유라는 것이다. 다시 말해,
정치에 대한 보편적 권리와 평등자유가 1789년 권리선언의 규범적
지향이라 할 수 있다.

1부. 인권의 철학과 정치적 주체화

선언을 통해 봉기가 규범화되었다는 것은 곧 그 선언이 정치적 주체화를 위한 규범이 되었음을 의미한다. 그렇다면 정치적 주체화란 무엇인가? 그것은 당연히 정치적 행위의 주체가 아닌 자들이 정치적 행위를 하는 주체가 되는 것을 뜻한다. 정치의 비주체가 정치의 주체가 되는 것, 그것이 바로 정치적 주체화이다. 서양 정치사상의 역사를 관통해 온 오래된 논쟁의 핵심 가운데 하나는 '누가 정치적 행위에 적합한 자인가' 내지는 '어떤 사람이 정치적 행위자의 자격을 가져야 하는가'라는 질문과 깊은 관련을 맺어 왔다. 정치가 공동체 내의 의사 결정에 참여하는 행위라면 누가 이 행위에 참여할 정당한 자격 및 합법적 권리를 가져야 하는가는 오래된 정치철학적 질문이었던 것이다. 이는 결국 정치에 적합한 주체를 규명해 정치적 주체의 자격을 명확히 하려는 시도였다. 고대 서양에서는 이렇게 정당한 자격과 합법적 권리를 부여받은 정치적 주체를 '시민'이라 불렀다.[2]

이렇게 정치적 행위에 합당한 자격을 가진 주체가 규정되면 그런 자격을 갖지 못한 자들은 당연히 정치의 주체가 될 수 없다. 다시 말해, 그들은 자신이 속해서 살아가는 공동체의 의사 결정에 참여할 수 없게 되는 것이다. 정치적 주체의 자격이 제한되어 있는 공동체 내에서 주민들은 정치에 참여할 권리를 가진 시민과 그 권리를 갖지 못한 비시민으로 분할되어 있다. 그런데 시민과 비시민은 정치 행위를 할 수 있는 자격과 권리의 상태를 뜻한다. 시민이

[2] 가령 아리스토텔레스에게 '시민'이란 "의결권과 재판권에 참여할 권리가 있는 사람"으로 규정된다(아리스토텔레스 2009, 134).

정치에 참여할 권리를 가진 상태를 의미한다면 비시민은 그 정치적 권리로부터 배제된 상태를 의미한다. 정치는 비시민의 몫이 아닌 것이다.

그런데 정치적 주체화는 바로 이 시민과 비시민, 정치의 주체와 정치의 비주체라는 두 가지 상태 사이에서 발생하는 과정이자 사건이다. 이런 맥락에서 보자면 정치적 주체화란 공동체 내에 실존하지만 공동체의 의사 결정 과정에 참여할 자격과 권리를 부여받지 못한 자들이 공동체의 의사 결정에 참여할 수 있는 자가 되기 위해 집합적으로 행동하는 과정이다. 그러나 이미 정치적 주체로서의 자격을 가진 자들에게 시민으로 인정받지 못한 자들의 정치적 권리 요구 행위는 정치적 행위라고 인식되지 않는다. 그들에게 정치적 권리를 요구하는 비시민들의 집단적 행동은 폭동, 소요에 불과할 뿐이다. 반면 시민의 자격을 갖지 못한 자들에게는 정치적 권리를 요구하는 집합적 행위 자체가 곧 정치다. 다시 말해, 정치적 주체화가 그들에게는 곧 정치인 것이다. 다만 정치적 주체의 자격을 갖지 못한 자들의 정치는 이미 정치적 주체의 자격을 합법적으로 획득한 이들 사이에 벌어지는 정치, 즉 토론, 협상, 합의와 같은 차원에서 실행되지는 않는다. 비시민의 정치란 정치적 주체의 자격에 대한 결정 그 자체를 두고 벌어지는 쟁투의 과정으로서 정치이다.

하지만 이런 쟁투의 과정이 갈등과 충돌 없이 진행되는 경우란 사실상 없다. 정치에 대한 권리와 자격을 가진 주체들은 그런 자격과 권리를 갖지 못한다고 규정된 이들의 요구와 행동을 부인하고 거부한다. 그래서 정치적 주체화라는 과정은 항상 기존 질서

1부. 인권의 철학과 정치적 주체화

의 권력에 맞서 힘으로 자신들의 요구를 관철하게 된다. 그러므로 정치적 주체화는 언제나 정치에 대한 권리와 자격을 갖지 못한 개별자들이 서로 힘을 모으는 작업, 즉 역량의 결집을 통해 이루어질 수밖에 없다.

에티엔 발리바르는 권리를 쟁취하기 위해 투쟁하는 이들이 힘을 결집하는 과정을 '호혜성의 조항'이라 부르며 이 호혜성의 조항이 바로 자기 해방을 위한 출발점이라고 규정한다.

> 어떤 사람도 외적인, 일방적인 결정에 의해, 또는 시혜에 의해 자유롭거나 평등하게 될 수 없고 — 즉 해방될 수 없고 — 오직 호혜적으로만, 상호 인정에 의해서만 그렇게 될 수 있다. 평등한 자유의 내용을 형성하고 그것을 물질화시키는 권리들은 정의상 개인적 권리들, 개인들의 권리들이다. 그러나 그 권리들을 주어질 수 없으므로 쟁취되어야만 하고, 그것들은 오직 집단적으로만 쟁취된다. 그 권리들의 본질은 개인들이 서로에게 부여하고 보장하는 권리라는 것이다(발리바르 2007, 33).[3]

정치적 주체의 자격으로부터 배제되거나 그 권리를 억압당하는 자들의 해방은 결코 이들을 배제하고 억압해 온 지배자들에 의해 이루어질 수 없다. 해방은 아직은 평등한 자유와 같은 권리를

---

3 강조는 인용자의 것이다.

합법적으로 보장받지 못했지만 이 권리를 위해 함께 투쟁하는 이들이 서로를 이미 그런 권리를 가진 주체로 인정하는 호혜성을 실천함으로써, 그리고 그런 권리의 상호 인정에 기초한 집단적 투쟁을 통해 이루어질 수 있다. 위로부터 주어질 수 없기에 아래로부터 쟁취되어야 하는 권리는 오로지 권리 없는 자들의 호혜적 관계와 이에 기반한 집단적 투쟁을 통해서만 누릴 수 있다는 것이다. 이것이 바로 '호혜성의 조항'의 의미이다.

이렇게 결집된 힘으로 권리의 쟁취를 거부하는 권력에 맞서 집단적으로 전개하는 투쟁이 봉기이며, 정치적 주체화는 무엇보다 이런 집합적 투쟁의 과정 자체이다. 이 투쟁의 과정이 결국 요구를 쟁취하는 데 성공한다면, 이제 정치적 주체화라는 '과정'은 종결되고 정치적 주체, 즉 시민이라는 '상태'로 귀착되는 것이다.

이것이 바로 프랑스혁명에서 일어났던 일이다. 이런 의미에서 혁명이란 공동체의 의사 결정 주체가 누구인가를 결정하는 질서를 집단적 힘으로 전복하는 행위이다. 프랑스혁명 이전에는 공동체의 의사 결정 행위, 즉 정치에 참여할 수 있는 주체는 매우 제한적이었다. 소위 '제3신분'이라 명명된 평민 이하 신분의 정치적 권리는 매우 제한되어 있었다. 시에예스의 말대로 제3신분은 프랑스에서 사실상 '모든 것'이었으나 정치적으로는 '아무것도 아닌 존재'였던 것이다(시에예스 2003, 15). 그런데 혁명이란 그 제3신분, 곧 공동체의 의사 결정에 참여할 권리가 없던 이들이 자신들 역시 그 결정에 참여할 권리가 있음을 주장하며 봉기를 일으킨 사건이었다. 다시 말해, 1789년의 혁명은 정치적 주체화의 사건이었던 것이다.

2) 기입: 정치적 주체화의 규범화

〈인간과 시민의 권리에 관한 선언〉은 바로 이런 정치적 주체화 자체를 공동체의 규범으로 만드는 문서이다. 다시 말해, 1789년의 선언은 봉기 이후 성립된 새로운 공동체의 질서 속에서 정치적 주체화를 하나의 규범으로 확정하는 공적 문서라고 할 수 있다. 앞에서도 강조한 바와 같이 자유, 평등, 소유, 안전, 압제에 대한 저항 등과 같은 권리가 규범의 위상을 획득할 수 있었던 것은 봉기라는 방식으로 인민이 구체제와 싸워서 승리했기 때문이다. 그러므로 그런 권리들의 규범화를 가능하게 한 실제적 근거인 봉기, 즉 대중의 정치적 주체화 역시 당연히 정당화될 수밖에 없다. 다시 말해, 1789년의 권리선언은 자신이 누리지 못하는 권리를 쟁취하기 위해 집단으로서 봉기하는 정치적 주체화 자체를 보편적으로 정당하고 당위적인 가치로 국가 질서 안에 '기입'inscription한 문서이다.

자크 랑시에르에 따르면 정치적 주체화는 그것을 정당화하는 어떤 전제로부터 비롯된다. 그에 의하면 인민, 즉 데모스는 정치적 주체화라는 방식으로만 존재한다. 랑시에르는 인민을 주권의 원천인 일반의지의 담지로도, 비참한 삶을 살아가는 가난하고 권리 없는 자들로도 파악하지 않는다. 랑시에르에게 인민이란 법적 정체성(가령, 주권자)도 사회학 정체성(가령, 저소득 노동계급)도 아니다. 인민은 이런 정체성으로부터 이탈하는 고유한 순간 출현하는 평등의 주체이자 역량이다.[4]

그에게 인민, 즉 데모스란 결국 기존의 지배 질서하에서 특정한 자리와 정체성을 부여받은 자들이 그 자리와 정체성으로부터 벗어나 자신들이 공동체의 모두와 평등한 역량(능력)을 산출하는 자들임을 증명하는 행위와 함께 출현한다. 그래서 인민은 그런 평등의 증명 행위, 즉 정치의 실천이라는 사건으로서만 실존한다. 그의 주장대로 정치적 주체화와 함께 출현하는 인민, 즉 "정치적 '우리'는 기존 집단들로부터 정의되는 것이 아니라 집단들과 자리들의 분배를 무질서하게 만드는 사건으로부터 시작해 정의될 때에만 존재"[5]하는 것이라면 인민의 행동이라는 사건이 종결되면 인민 역시 사라진다.

다시 말해 랑시에르가 개념화하는 인민이란 사건이다. 인민은 정치의 수행이라는 사건과 더불어 존재하며 그 사건이 종결되면 사라지는 사건적 존재이다. 그렇다면, 인민이란 사실상 정치적 주체화와 동일하다고 할 수 있다. 정치적 주체화가 권리를 요구하는 투쟁의 종결과 함께 완료되듯, 인민 역시 정치의 실행이 종료되면 사라진다. 인민이란 정치적 주체화의 다른 이름이다.

하지만 인민이라는 이름으로 행해지는 정치적 주체화는 그 행위, 즉 정치를 통해 증명한 평등을 최소치라도 현실의 질서 안에

---

4 "정치적 주체화 과정이란 어떤 지배 질서에 따라 정해지는 자리와 정체성의 분배에서 단절하기를 명시하는 것이다. 두 가지 본질적인 측면이 이 과정의 성격을 규정한다. 첫 번째 측면은 탈정체화다. 정치적 주체로서 스스로를 현시하는 그녀/그들은 기존 질서에(배제된 자들의 범주도 포함해 그 안에) 자신들을 포함시키는 정체성에서 분리해 낸다. 두 번째 측면은 더 이상 사회의 일부에게만 한정된 능력이 아니라 모두가 가진 능력이 되는 능력을 주장하는 것이다"(랑시에르 2008).

5 같은 글.

남겨 두게 된다. 그 평등의 최소치는 이제 새로운 정치적 주체화가 입각할 수 있는 전제가 된다.

따라서 정치의 관점에서 볼 때 「인권선언」이나 『헌법』의 「전문」에 기입된 평등에 관한 문구들, 이러저러한 제도에 의해 구현되거나 공공기관 건물 하단부에 새겨진 그 문구들은 그 내용에 의해 반박당하는 '형식들'이나 현실을 감추기 위해 만들어진 '외양들'이 아니다. 그것은 인민이 출현하는 실제적인 양식이며, 공통의 경험 속에 기입돼 있는 평등의 최소치다(랑시에르 2015, 146).[6]

랑시에르에 의하면 1789년 인권선언 등의 '인권선언'이나 '헌법 전문'에 천명된 권리들은 지배자들이 피재배자들을 속이거나 달래기 위해 적어 놓은 아무런 의미 없는 문장, 실효성이 없는 공문구空文句가 아니다.[7] 이는 인민의 출현으로 말미암아 입증된 평

---

6 랑시에르의 이와 같은 논의는 1789년의 프랑스 인권선언을 비롯한 권리선언이나 헌법의 전문이 불평등한 현실을 은폐하는 지배자들의 이데올로기라거나 지배자들의 특수한 권리를 보편적 권리로 가상화한 문서에 지나지 않는다는 좌파적 비판에 대한 반박이다.

7 주지하듯 1789년의 〈인간과 시민의 권리에 관한 선언〉은 이후 프랑스 헌법의 전문에 새겨졌고 이는 이 선언이 프랑스 헌법의 근간을 규정하는 최종 규범임을 의미한다. 이런 맥락에서 보자면 다음과 같이 헌법 전문의 규범적 성격을 규정하는 것은 인권의 정치라는 차원에서 중요한 의미를 가진다. "헌법 전문이란 '헌법의 본문 앞에 위치한 문장으로서 헌법전의 일부를 구성하는 헌법 서문'이다. 헌법 전문에 어떤 내용을 담을 것인가는 각 국가의 역사적·정치적 상황 등에 따라 다르지만, 일반적으로 헌법 전문에는

등이 현실의 질서 안에 최소치라도 '기입'되었음을 의미하는 것이다. '선언'이나 '헌법 전문'은 인민의 출현, 즉 정치적 주체화에 의해 입증된 평등을 국가의 질서 속에 일정하게 기입해 놓은 문서이다.

그러므로 정치적 주체화가 기존 체제를 전복하거나 체제의 변화를 이끌어 내면, 정치적 주체화의 효과는 새로운, 혹은 변화된 체제 내에 기입된다. 그 효과는 '인권선언'이나 '헌법 전문'에 보편적인 자유, 평등, 안전 등의 권리 형태로 기입되는 것이다.

그러나 이런 권리들 이전에 가장 먼저 기입되는 것은 권리들을 규범으로 만들어 낸 정치적 주체화라는 행위이다. 프랑스 인권선언으로 다시 돌아가 보자. 〈인간과 시민의 권리에 관한 선언〉의 반포는 이 선언의 제정 이전에 봉기라는 정치적 주체화의 행위, 혹은 사건이 있었기에 가능했다. 1789년 인민의 봉기와 그 성공이 프랑스 인권선언의 '가능성의 조건'이었던 것이고 이 선언은 그 안에 천명된 권리 목록들만이 아니라 그 권리 목록들을 '선언'의 형식으로 규범화할 수 있게 만든 인민의 봉기, 곧 정치적 주체화 사건 자체 역시 국가 질서 안에 규범으로서 새겨 놓은 것이다. 그러므로 1789년의 권리선언은 그 가능성의 조건이었던 제3신분의 정치적 주체화라는 사건을 규범, 즉 보편적이고 정당하고 당위

헌법 성립의 유래, 헌법 제정과 개정의 역사, 헌법 제정권자, 헌법의 지도 이념과 기본 원리 등이 기술되어 있다. 따라서 헌법 전문은 헌법 전체의 해석 지침이 되며 헌법 규범의 단계 구조 중에서 실질적인 최상위 규범이라고 할 수 있다"(민병로 2018, 13). 즉 헌법이 어떤 인민의 봉기 사건으로부터 발원하는가는 국가 최상위 규범의 정치적 토대가 무엇인가를 규정하는 문제인 것이다.

1부. 인권의 철학과 정치적 주체화

적 가치로서 국가 질서 안에 기입하는 작업이었다.

이런 맥락에서 '선언'déclaration이라는 단어 자체에 주목할 필요가 있다. 원래 déclaration이란 가신들이 영주에게 충성 맹세를 하면 영주가 그들에게 내려 주던 토지의 명부를 뜻했다. 이후 17세기를 지나면서 déclaration은 단지 토지 명부만 아니라 절대 군주의 공적 의사 표명과 연관되어 사용되기 시작했다. 다시 말해, 주권을 보유한 자가 자신의 뜻을 천명하는 행위가 바로 déclaration이었다(헌트 2009).

그런데 1789년 혁명의 결과 왕이 아니라 시민들에 의해 선출된 의회가 이제 déclaration, 곧 선언을 발표하게 된 것이다. 인민의 대표자들인 의회가 '선언'이라는 형식을 통해 인간과 시민들의 권리를 천명한 것은 그 내용만이 아니라 형식에서도 국가 최고의 권력인 주권이 왕이 아니라 평등한 인민에게 있음을 드러내는 행위였다. 모든 인간과 시민의 평등한 권리가 주권적 행위인 선언이라는 형식을 통해 국가 질서에 기입된 것이다.

다시 말해 인권선언이 주권적 언표 행위라는 방식으로 국가 질서에 기입한 근본적 규범은 바로 보편적 정치적 주체화의 정당성과 당위성이라는 가치이다. 1789년의 권리선언은 모든 인간은 단지 인간으로 출생했다는 이유만으로 정치에 대한 권리를 보편적으로 갖는 주체라는 것을 규범의 차원에서 확인한다. 더불어 이 선언은 만약 국가권력이 어떤 사람들의 정치적 주체로서의 권리를 억압하거나 박탈할 시 그들이 그런 국가권력에 맞서 자신의 권리를 지키거나 쟁취하기 위해 집합적으로 투쟁하는 행위는 정치적 주체의 행위라고 규범적으로 확증한다. 다시 말해, 〈인간과 시

민의 권리에 관한 선언〉은 1789년의 대중 봉기라는 정치적 주체
화를 '선언'이라는 주권적 행위를 통해 규범화하는 기입의 작업
인 것이다.

3. 정치적 주체화의 반복과 보편화

1) 반복, 새로운 정치적 주체화의 개시

프랑스 인권선언은 국가 질서 안에 모든 인간이 갖는 정치에
대한 보편적 권리와 평등자유의 권리를 규범으로 기입해 넣었지
만 실제 국가의 권력이 그 권리들을 즉각적이고 전면적으로 보장
한 것은 아니었다. 선언문의 '문장'과 '현실' 사이에는 간극이 있었
다. 이는 단지 〈인간과 시민의 권리에 관한 선언〉의 경우에만 국
한된 사태는 아니었다. 근대 최초의 공화정을 탄생시킨 미국독립
혁명의 지향을 천명한 미국의 〈독립선언문〉(1876년)의 경우나 세
계 최초의 사회주의국가를 수립한 소비에트연방에서 선포된 〈노
동 피착취 인민의 권리 선언〉(1918년)의 경우에도 선언문의 문장
은 현실과 일치하지 못했다. 아니, 오히려 현실은 '선언'이라는 형
식으로 기입된 모든 권리들에 대한 배반에 가까웠다.

그렇다면 이런 역사적 선언문들은 한때 봉기라는 형식으로 이
루어진 인민의 정치적 주체화가 억압적 체제를 한때 전복했음을
단지 알려주기만 하는 일종의 역사적 기념비에 불과한 것일까?
혹은 '진보적' 관점에서 인권에 대해 의심과 회의를 표명하는 좌

파들의 비판과 같이 이런 권리선언은 부르주아의 특수한 권리를 마치 보편적 권리인 양 위장하는 허위이거나 현실의 불평등과 억압을 은폐하기 위한 미사여구에 불과한 것일까?

이 질문에 답변하기 위해 우리는 기입의 의미를 조금 더 생각해 볼 필요가 있다. 무엇보다 기입이란 보존을 위한 행위이다. 그것은 어떤 가치, 의미, 이미지 등에 물질성을 부과함으로써 그것들을 존속시키고자 하는 행위이다. 또한 현실의 세계 속에서 기입을 통해 물질성의 형태로 구현된 것을 실제로 사용하기 위해 기입은 행해진다. 종이에 말을 문자로 기입하는 행위는 그 말을 보존하기 위함이며, 말을 문자로 기입해 텍스트라는 형태로 보존하는 것은 필요할 때 그 기입된 말을 읽고 생각하기 위해서, 즉 사용하기 위해서이다.

1789년의 권리선언이 정치적 주체화의 행위를 보편적으로 정당하고 당위적 권리로서 국가 질서 내에 규범으로 기입했다는 것은 모든 사람이 그 규범에 근거해 정치적 주체화를 수행할 수 있다는 것, 아직 정치적 주체로 인정되지 못한 자들이 자신들의 정치적 주체화를 위해 그런 규범에 입각해 집합적으로 행위할 수 있다는 것을 뜻한다. 다시 말해, 1789년의 권리선언은 그것이 제시하는 보편적 권리를 현실 속에서 누리지 못하는 자들이, 자신들 또한 그 선언에 명시된 권리들의 주체임을 주장하는 투쟁을 할 때 규범적 근거로서 활용된다. 정치적 주체화가 권리선언이라는 규범의 형태로 국가 질서 내에 기입되었다는 것의 실천적 의미는 바로 여기에 있다.

발리바르에 따르면 권리로부터 배제된 이들의 해방을 위한 투쟁, 권리 쟁취 투쟁은 항상 "현실적으로는 알려지지 않은 권리들의 요구의 역사라기보다는 이미 선언된 권리들의 향유"(발리바르 2007, 37)라는 형태로 전개되었다. 실제로 1789년 〈인간과 시민의 권리에 관한 선언〉이 선포된 이후 프랑스대혁명의 역사가 이를 잘 보여 준다.

가령 프랑스 파리에서 모든 인간과 시민이 자유, 평등, 우애의 권리를 갖는다는 선언이 반포되자 이는 곧바로 프랑스 식민지 생도맹그의 노예들에게 커다란 반향을 일으켰다. 노예들은 봉기를 일으켰고 식민지 본국의 백인들이 그러했듯이 그들 또한 "자유·평등·우애라는 혁명의 본질"에 입각해 노예해방 투쟁을 전개하기 시작했다(제임스 2007, 122). 이렇게 프랑스혁명의 역사에서 권리의 실제적 향유로부터 배제된 이들이 1789년의 선언을 활용하면서 투쟁한 사례들은 여성들의 투쟁에서, 프롤레타리아트의 투쟁에서, 종교적 소수자들의 투쟁에서도 지속적으로 이어졌다.

〈인간과 시민의 권리에 관한 선언〉은 이런 투쟁들의 규범적 근거로서 사용되었다. 그리고 그런 사용은 1789년의 권리선언에 의해 규범으로서 기입된 정치적 주체화를 반복하는 행위와 다름 없었다. 자신들의 해방을 위해 1789년 권리선언의 규범에 입각해 투쟁해 온 이들의 역사는 이 선언의 고유한 실천적 효과 중 하나가 바로 선언의 제정을 가능하게 한 행위의 반복에 있음을 보여 준다. 다시 말해, 〈인간과 시민의 권리에 관한 선언〉에는 권리의 향유로부터 배제된 자들이 자신들의 해방, 권리의 쟁취를 위해 최초의 정치적 주체화를 되풀이할 가능성이 항상-이미 함축되어 있다는 것이다. 선언은 활용되기 위해 존재한다.

랑시에르는 이 점을 다음과 같이 표현한다.

> 텍스트 자체가 그것의 기입 사건을 환기하는 한, 그 사건
> 을 재활성화하여 텍스트를 텍스트 너머로 끌고 가는 행
> 위 속에서 그 텍스트가 의미를 갖는 한, 이 텍스트를 환
> 기하는 것은 의무를 만들어 낸다. 우리가 언급했던 정세
> 속에서 말하자면, 그 텍스트는 헌장이라기보다는 헌장의
> 전문이며, 헌법이라기보다는 그것을 정초하는 것의 선언
> 이다. 왜냐하면 이 토대 자체는 사건의 반복 구조 속에만
> 그 뿌리를 두기 때문이다. 선언은 이미 일어났던 사건, 그
> 선언을 이미 썼였고 이미 의무화된 것으로 구성했던 사
> 건을 반복한다(랑시에르 2013, 160).

1789년의 권리선언과 같은 텍스트는 그 선언에 호소하는 자
들에게 그 선언이 제정될 수 있게 만든 사건을 항상 환기한다. 이
런 선언에 입각해 자신의 권리를 주장하고자 하는 이들은 선언의
문장들만이 아니라 그 권리의 문장들을 규범적인 것으로 국가 질
서 속에 새겨 놓은 봉기, 즉 정치적 주체화라는 사건에 호소하게
된다는 것이다.

인권선언문이라는 텍스트는 단지 문자라는 물질적 형태로만
존재하는 것이 아니다. 권리를 규정한 문장들을 선언문이라는 형
식으로 현실에 기입한 한 사건, 다시 말해 인민의 봉기라는 정치
적 주체화 사건의 토대 위에 그런 선언문들은 존재한다. 선언에
는 그것을 제정하도록 만든 사건의 반복 가능성, 정치적 주체화의

반복 가능성이 또한 배태되어 있는 것이다.

'선언'에는 활용 가능성이 내재되어 있다. 인권선언이 천명하는 권리로부터 현실적으로 배제된 이들이 자신들 또한 권리의 주체임을 주장할 때 그 선언을 활용할 가능성 말이다. 이런 활용 가능성은 권리선언을 정초한 행위의 반복 가능성과 다른 것이 아니다. 다시 말해, "선언 자체는 반복에 쓰이라고, 반복이 평등의 새로운 사건으로 산출할 수 있는 것에 쓰이라고 만들어지는 것"(랑시에르 2013, 160)이다. '선언'에 담긴 반복 가능성이란 바로 정치적 주체화 사건의 반복 가능성인 것이다.

발리바르 역시 '선언'이라는 공적 텍스트가 갖는 규범적 차원의 또 다른 측면이 바로 정치적 주체화의 반복 가능성에 있다고 규정한다.

> 적어도 형식적으로 — 그러나 바로 이것이 물질적 무기가 될 수 있는 어떤 유형의 형식 그 자체다 —「선언」은 자유와 평등의 제도적·공적 각인으로서 시민성에 대한 요구를 제 나름대로 반복하는 권리에 대한 요구들을 '정치화'시키는 무한정한 영역을 개방한다. 이러한 무한정한 개방 속에 하인들, 즉 임금노동자들의 권리에 대한 요구와 또한 여성들이나 노예들의 권리에 대한 요구, 그리고 후에는 식민지 인민들의 권리에 대한 요구가 각인된다(발리바르 2003, 23).

여기서 발리바르는 선언의 구체적 내용보다는, 오히려 선언이라는 형식의 의미를 강조한다. 현실적으로 존재하는 권력관계에도 불구하고 선언을 통해 권리들이 공적인 형식으로 확증되었다는 사실은 또한 그 권리들이 실제적으로도 존중되어야 함을 요구하는 것이다. 그리고 선언의 형식이 권리들에 대한 실제적 존중을 요구한다는 것은 그런 존중이 현실 속에서 권력을 가진 자들에 의해 거부되거나 부인되었을 경우, 혹은 어떤 이들이 그 권리들로부터 배제되었을 경우 이에 맞서는 투쟁의 반복을 끝없이 요구한다는 뜻이기도 하다.

선언의 반복이란 결국 선언의 제정을 가능하게 한 기입 사건의 반복이다. 그러나 이 반복은 당연히 최초의 기입을 그대로 되풀이하는 것이 아니다. 선언의 반복이란 새로운 기입을 반복하는 것이다. 단지 남성 백인 부르주아만이 아니라 식민지의 인민들, 여성들, 농노들, 종교적 소수자들, 성적 소수자들, 프롤레타리아들이 또한 스스로를 선언이 명시하는 권리의 주체임을 선언하며 자신들의 권리를 다시 기존 질서에 기입하고자 한다. 그런 권리를 쟁취하기 위해 투쟁할 때 최초의 기입 사건, 최초의 정치적 주체화는 또 다른 이들에 의해 무한히 반복되는 것이다.

2) 보편화, 정치적 주체화의 무한한 발생

반복이란 최초의 기입 사건을 반복하는 것이며 이는 새로운 권리주체들의 무한정한 출현 가능성으로 귀결된다. 정치적 주체화를 통한 합법적 권리주체들의 지속적인 확장과 증식. 이것이 바로 반복의 정치가 갖는 효과이다. 최초의 기입 사건의 반복을 통해 '선언'이 규정하는 권리는 보편화된다. 어떤 제한이나 단서도 없이 모든 개인들이 권리주체가 되는 보편화. '선언'이 규범으로서 갖는 보편성이란 곧 정치적 주체화의 반복을 통해 그 권리의 주체들이 보편화될 수 있음을 뜻하는 것이다.

1789년의 권리선언은 이 선언에 부여되는 높은 역사적 평가에 비해 그 내용의 완결성은 결코 높지 않다. 이는 이 선언을 작성한 이들 사이에 존재하는 다양한 정치적 입장 차이로부터 기인하는 것이었다. 1789년 프랑스의 국민의회 내 각 당파들은 헌법을 제정하기에 앞서 헌법의 근본정신과 원리를 규정하는 권리선언을 만들기로 합의했다. 하지만 선언에 들어갈 조항과 그 조항의 구체적 문구에 대해서는 끝내 완전히 합의하지 못했다. 결국 미완성 상태로 〈인간과 시민의 권리에 관한 선언〉은 공포公布되었다.[8]

그러나 역설적으로 바로 1789년 권리선언의 이 같은 미완의 성격이 정치적 주체화의 보편성을 위한 규범으로 그 선언이 자리 잡도록 만든 조건이기도 했다. 특히 프랑스 인권선언의 권리 조항들이 갖는 추상성, 어느 한 분파의 정치적 입장으로도 명쾌하게 수렴될 수 없는 추상성은 오히려 이 선언이 다양한 이들에 의해 사용될 수 있는 가능성의 조건이 되었다. 1789년의 선언은 "국적, 직업, 소득, 종교, 성별, 인종 등과 상관없이"와 같은 명확한 문구를 통해 권리주체의 보편성을 규정하지는 않았다. 하지만 동시에 "특정 국가의 시민, 어느 정도의 자산을 가진 시민, 어떤 종족의 인간,

---

8 〈인간과 시민의 권리에 관한 선언〉이 작성되는 복잡한 역사적 과정에 대해서는 최갑수(2001) 및 헌트(2009) 참조.

특정 종교를 믿는 인간" 등의 문구를 통해 권리주체를 분명하게 한정하지도 않았다. 단지 인간과 시민이라는 추상적 존재자가 권리의 주체로 등장한 것이다. 심지어 '인간'과 '시민'이 어떤 관계를 이루고 있는지도 이 선언에서는 명확하게 규명되어 있지 않다.

1789년의 권리선언에는 아무런 단서 조항 없이 모든 인간과 모든 시민이 권리주체로 제시되었으며, 인간과 시민이라는 권리주체에는 그 어떤 자격 조건도 제시되지 않았다. 그러자 현실적으로는 프랑스 인권선언이 보장하는 권리를 누리지 못하는 이들이 자신들 또한 인간이며 시민임을, 권리의 주체임을 주장하며 투쟁하기 시작했다. 권리로부터 배제된 자들의 정치적 주체화는 이런 투쟁과 동시적으로 이루어졌고 1789년의 권리선언에 입각해 정치적 주체화를 반복하는 또 다른 이들이 계속해서 출현했다. 즉 〈인간과 시민의 권리에 관한 선언〉에 담긴 반복 가능성은 결국 누구나 정치적 주체가 될 수 있다는 보편성, 곧 정치적 주체화의 보편성으로 연결되는 것이다.

이와 같은 성격의 보편성은 발리바르가 말하는 '이상적 보편성'과 긴밀하게 연결되어 있다.9 발리바르에게 이상적 보편성이란 일차적으로 자유와 평등과 같은 해방적 가치가 모든 인간에게

---

9 발리바르는 보편성을 세계의 현실적 상태를 규정하는 질서들이라고 할 수 있는 '현실적 보편성', 다양한 성격을 가진 개인적이거나 집단적인 동일성들을 상대화하고 공존 가능한 것으로 포섭하는 상위의 제도 및 표상 혹은 상상으로서 '허구적 동일성', 그리고 이 글에서 다루고자 하는 '이상적 보편성'으로 구별한다. 이 세 가지 보편성을 발리바르(2007)는 『대중들의 공포』에 수록된 「보편적인 것들」이라는 글에서 자세히 다루고 있다.

절대적으로 보장되어야 할 권리라는 의미를 갖는다. 이런 보편성은 우선 자유와 평등과 같은 권리들을 현실에서 향유하지 못하는 누구나 아무런 제약이나 조건 없이 스스로 그 권리를 쟁취하기 위해 투쟁하는 주체가 될 권리가 있음을 뜻한다. 다음으로 그 보편성은 권리는 제한될 수 없으며 전면적이고 완전하게 보장되어야 함을 함축한다.

이런 맥락에서 발리바르는 이상적 보편성, 혹은 "보편적인 것이, 모든 제도적 제약들에 맞서 상징적으로 원용될 수 있을 절대적 또는 무한한 요구들이라는 형식 속에서, 또한 하나의 이상으로 존재한다"(발리바르 2007, 533)고 말한다.

다시 말해 이상적 보편성에는 항상 '무조건적인 것'un inconditionné의 성격이 배태되어 있다. 그 어떤 제도적 제약이나 문화적 조건과 상관없이 모든 이가 누릴 수 있는 무조건적 권리와 같은 것이 바로 이상적 보편성이란 뜻이다. 이런 이상적 보편성을 잘 보여 주는 사례가 바로 1789년의 선언과 같은 텍스트들이 제시하는 권리이다.

> 무제약자un inconditionné가 필연적으로 초월성은 아니다. 정반대이다. 이를 아주 분명하게 보여 주는 주된 사례는 역사 문헌이 "부르주아적"이라고 부르는, 고전주의 시대의 『인권선언』또는『권리장전』같은 갖가지 선언들이 그것에 의거하는바 인권에 대한 명제들이다. 이는 평등과 자유란 분리될 수 없으며, 더 근본적으로는 그 자체로 동일하다고 설명함으로써, 정치적 또는 공민적 권리들의 보

편적 확장을(또는 고전적 용어를 쓰자면, "인간"과 "시민"의 보편적 등식을) 정당화하고, 복종과 시민권 사이에 전통적으로 수립된 관계를 뒤집는 명제의 경우 특히 유효하다(발리바르 2007, 536).

자유, 평등, 정의 등의 해방적 이상들이 부정되거나 특정한 인간들이 그 이상으로부터 배제될 때 이 부정과 배제에 맞서는 투쟁을 정당화하는 규범이 바로 이상적 보편성이다. 이때 이상적 보편성은 항상 자유, 평등, 정의와 같은 보편적 해방을 상징하는 이념들에 의거한 실천, 투쟁, 봉기 등에 의해 그 현실적 유효성을 획득한다. 그러므로 이상적 보편성은 플라톤의 이데아와 같이, 현상 세계를 초월해 자립적으로 존재하는 실재와 같은 것이 아니다. 자유, 평등, 정의 등의 해방적 이상은 이 이상에 호소해 이상을 자신의 현실 속에서 구현하고자 하는 주체들의 출현과 그들의 구체적 실천이라는 내재적 지평에서만 보편적인 것이 된다.

이상적 보편성은 특정한 사람들의 권리를 제약하거나 박탈하는 현실의 법과 제도에 맞서 그 권리들을 쟁취하기 위해 투쟁하는 정치적 주체들의 무한한 출현의 근거가 된다. 프랑스혁명의 역사는 바로 이렇게 선언된 권리로부터 배제된 자들이 그 권리의 보편적 성격에 입각해 자신들 또한 권리의 합법적 주체가 되기 위해 투쟁해 온 과정으로 점철되어 있다. 1789년의 권리선언에 담겨 있는 이상, 즉 모든 인간이 정치에 대한 보편적 권리와 평등자유의 권리를 갖는다는 보편적 해방의 이상은 이로부터 배제된 자들, 혹은 이 권리를 침해당한 자들의 투쟁을 통해 현실적으로 보편화되었다. 선언이 담지하는 보편성이란 무엇보다 선언에 제시된 권리들의 주체가 보편화될 수 있음을 뜻하는 것이다. 이러한 보편성이란 새로운 권리주체의 영속적 생성의 조건으로서 보편성이며 그것은 항상 그 보편성을 실천을 통해 쟁취하는 집합적 과정, 즉 보편화를 통해서만 의미를 가지는 보편성이다. 다시 말해, 〈인간과 시민의 권리에 관한 선언〉은 권리를 침해당하거나 이 권리로부터 배제된 모든 자들이 이 권리를 쟁취하고 회복하기 위한 정치적 주체화의 보편화를 위한 규범인 것이다.

4. 지배 이데올로기 혹은 정치적 주체화라는 규범

〈인간과 시민의 권리에 관한 선언〉은 이전에는 규범이 아니었던 가치를 규범으로 만드는 작업이었다. 이 선언이 규범이 될 수 있었던 것은 대중 봉기라는 형태로 표출된 인민의 힘 때문이었다. 즉 1789년의 권리선언이 규범의 지위를 획득하게 되는 것은 논증이나 설득과 같은 합리적 대화만으로 이루어진 것이 아니라는 말이다. 그것은 바리케이드와 총성 그리고 피의 흔적 역시 새겨진 규범이었다.

프랑스 인권선언이라는 규범에 아로새겨진 이런 폭력의 흔적은 이 규범이 자연법이나 정언명령과 같은 통상적 규범과는 다른 성격의 규범임을 의미한다. 많은 철학자들이 주장했듯이 자연법이나 도덕적 행위의 원칙으로서 정언명령과 같은 규범은 인간의 행위 이전에 존재하며, 인간이 따라야 하는 정당한 행위의 준칙이다. 이런 준칙은 인간이 이성을 통해 알 수 있는 것이며 논증될 수 있는 것이다. 하지만 프랑스 인권선언은 이성적 논의의 절차를 거쳐 그 규범성이 논정됨으로써 규범의 위상을 획득한 것이 아니라 오히려 실력 행사 혹은 폭력을 통해 규범의 위상을 획득하게 되었다.[10] 이런 맥락에서 보자면 1789년의 권리선언이라는 규범은 철학자들이 말하는 자연법이나 정언명령 등의 규범과는 다른 성격의 규범이라고 할 수 있다.

인간의 행위 이전에 이념의 차원에서 선차적으로 존재하는 선을 인간이 이성을 통해 인식하고 그 가치가 인간 행위의 준칙이나 원리가 되어야 함을 논증하는 방식으로 규범이 형성되지 않는다는 주장은 새로울 것은 없다. 규범이란 현실적 권력관계의 산물이라는 주장은 오래된 것이다. 규범이란 권력관계의 산물이라는 관점을 대표하는 입장 가운데 하나가 카를 마르크스의 이데올로기론이다. 마르크스의 관점에서 보자면 규범이란 지배 이데올로기에 불과하다고 말할 수 있다.[11]

---

[10] 1789년의 권리선언이 폭력을 수반한 대중 봉기에 기초하고 있다고 해서 이 선언문의 제정을 위한 이성적 논의 절차와 토론 과정이 없었다는 것이 아니다. 오히려 이 선언은 혁명 의회였던 국민의회에서 매우 복잡한 토론과 논쟁의 절차를 거쳐 확정된다. 이에 대해서는 최갑수(2001)를 참조. 하지만 이 대중 봉기라는 폭력의 행사 없이는 이 논리적 토론의 가능성 자체가 마련될 수 없었다.

[11] 이데올로기에 대한 유명한 정식에서 마르크스는 '지배계급의 사상은 어떠한 시대에도 지배적 사상'이라고 말한 바 있다(마르크스·엥겔스 1991, 226). 이때 지배적 사상이란 피지배계급조차 정당한 것으로 받아들이는 사상이지만 그 사상이 근본적으로 지배계급의 이익을 보편적으로 정당화하는 사상이라는 점에서 피지배계급에게는 사실상 '허위의식', 혹은

특히 마르크스는 혁명의 과정에서 지배계급이 되고자 하는 세력들은 자신들의 계급적 이익을 모든 계급의 이익으로, 즉 보편적 규범으로 반드시 제시할 수밖에 없다는 점을 강조한다.

> 시민사회의 어떠한 계급도 열광이라는 계기, 그 속에서 어떤 계급이 사회 일반과 우애롭게 지내고 융합하여 사회 일반과 혼동되며 그 보편적 대표자로 느껴지고 인정되는 어떤 계기, 어떤 계급의 요구들과 권리들이 진실로서 사회 자체의 권리들과 요구들로서 존재하게 되는 어떤 계기를 자기 자신과 대중 속에 유발시키지 않고서는 이러한 역할을 수행할 수 없다. 어떤 특수한 계급은 오직 사회의 보편적인 권리들이라는 이름으로만 보편적 지배권을 자신에게 줄 것을 청구할 수 있다(마르크스 1991, 12).

즉 기존의 지배계급을 타도하고 자신들이 지배계급이 되고자 하는 어떤 계급은 반드시 자신들을 사회의 보편적 이익의 대표자

'가상'illusion이다. 이러한 가상이자 허위의식을 마르크스는 이데올로기라고 규정한다. 그러므로 모든 이데올로기는 기본적으로 지배 이데올로기이다. 즉 이데올로기는 지배계급이 피지배계급을 속여서 피지배계급으로 하여금 지배계급의 논리를 내면화하는 역할을 하는 계급 지배의 도구이다. 이렇게 보자면 도덕이나 법과 같은 규범 역시 지배계급의 이익을 보편적으로 정당화하는 지배 이데올로기에 불과한 것이다. 그래서 일찍이 마르크스는 「유태인 문제에 대하여」(마르크스 1996)에서 인권선언과 같은 텍스트 또한 부르주아 계급의 이해관계를 정당화하는 이데올로기에 불과한 것으로 규정했다.

1부. 인권의 철학과 정치적 주체화

로 내세워야만 한다는 것이다. 자신들의 계급적 요구가 '진실로 사회 자체의 권리들과 요구들로' 혁명에 참여하는 다른 모든 계급에게 내면적 수준에서 받아들여져야 한다. 심지어 자기 자신 속에서부터 그래야 한다. 다시 말해, 특수한 계급적 이익을 추구하는 세력이 지배계급이 되고자 한다면 언제나 자신이 지배계급이 되어야 하는 근거를 '사회의 보편적 권리'에서 찾아야 한다. 마르크스가 말하는 이데올로기란 바로 이런 특수한 계급적 이익을 사회의 보편적 이익으로 가상화하는 작업이다. 규범이야말로 이런 이데올로기, 혹은 가상화를 대표하는 것들 중 하나라 할 수 있다.

그러나 우리는 이데올로기에 대한 마르크스의 이런 논리에 대해 다음과 같은 질문을 던질 수 있다. 왜 피지배계급은 지배계급의 이익을 사회의 보편적 이익 혹은 권리로 받아들이는가? 어째서 자신들의 이익이나 권리가 아닌 지배계급의 이익과 권리를 보편적'이익과 권리로 내면화하는가?

발리바르는 이런 질문 속에서 지배 이데올로기에 대한 매우 이례적인 정식을 제시한다. 그에 따르면 지배 이데올로기는 지배자들의 이익만을 중심으로 형성되지 않는다. 지배 이데올로기에는 오히려 피지배자들의 열망이 담겨 있다.

> 지배적 이데올로기가 자신의 효과들을 지배자들 자신의 경험을 넘어서 — 지배자들의 '사적 세계'의 경계들을 넘어서 — 확장시키기 위해서, 그것이 사회에서 '정상적'(또는 규범적)인 것이 되기 위해서, 그것은 순수하게 형식적 의미에서가 아니라 강한 의미에서 보편적이어야 한다.

…… 그것은 우선 지배자들의 '체험된' 경험이 아니라, 오히려 기존의 '세계'에 대한 인정 또는 승인과 저항 또는 반역을 동시에 함축하는(마르크스는 종교에 대해서 이렇게 말했다) 피지배 대중들의 '체험된' 경험이라고 반대로 대답하지 않으면 안 된다. 따라서 우리는 이러한 역설적 테제에 이르게 된다. 즉 최종심에서 이와 같은 지배자들의 이데올로기 그 자체인 지배적 이데올로기는 존재하지 않는다(예를 들어 '자본가적'인 지배적 이데올로기는 존재하지 않는다). 주어진 사회에서 지배적인 이데올로기는 항상 피지배자들의 상상의 특수한 보편화이다(발리바르 1993, 186).

지배적 이데올로기는 일방적으로 지배계급의 이해관계만을 정당한 것으로 내세울 수는 없다. 그것이 지배적인 것이 되기 위해서는 오히려 피지배자들의 '체험된' 경험, 즉 그들의 집단적 상상(가상)imagination이 '특수'하게라도 보편화되어야 한다. 가령 프랑스혁명의 인권선언이 제3신분 내에서도 부르주아지의 헤게모니하에서 작성된 것이라고 하더라도 그 선언이 일방적으로 부르주아지의 이익만을 규범화할 수는 없다는 것이다. 부르주아지의 이익만이 아니라, 비록 '특수하게'라도 피지배자들의 상상, 열망을 동시에 승인할 때에만 인권선언은 보편적 규범으로서의 위상, 즉 지배 이데올로기를 구현하는 권위 있는 문서가 될 수 있다. 단지 부르주아지의 사적 소유권만으로 인권선언은 국가적 규범의 위상을 차지할 수 없었으며, 비록 추상적이지만 자유, 평등, 안전, 압제에 대한 저항 등의 권리 등 피지배자들의 열망을 반영하는 가치가 인권선언에 포함되어야만 했던 것이다.

지배 이데올로기에 대한 발리바르의 이런 논점에 입각해 파악하자면 1789년의 권리선언이 규범의 위상을 확보하게 되었다는 것은 그 선언이 지배 이데올로기가 되었음을 뜻한다고 할 수 있다. 즉 우리의 논의 맥락에서 보자면 1789년의 선언에 담긴 '자유, 평등, 안전, 압제에 대한 저항' 등의 권리들과 이 권리들을 기입한 정치적 주체화의 권리가 국가적 규범, 즉 지배 이데올로기가 되었다고 할 수 있다. 프랑스 인권선언이 갖는 규범적 성격이란 자연법이나 정언명령적 규범성이라기보다는 이런 지배 이데올로기로서의 규범성이라는 것이다.

그러나 발리바르는 동시에 자유, 평등, 정의 등과 같은 피지배자들의 상상이 그 자체로 완전하게 지배 이데올로기가 되는 것은 아니라는 점 또한 강조한다. 피지배자들의 상상이 지배 이데올로기가 될 때 그 상상은 언제나 '특수하게'만 보편화된다. 지배 이데올로기에서 "문제가 되는 것은 '환상'도 '소외'도 아니라는 점"이 중요하다. 지배 이데올로기가 지배자들의 속임수에 의해 만들어진 환상이거나 피지배자들이 경험하는 지적 소외는 아니지만 지배 이데올로기에는 여전히 '기만'이 있다. 그 기만이란 "무엇보다도 지배자들과 피지배자들 사이의 구조적 적대의 부정"(발리바르 1993, 187)이다.

지배 이데올로기란 지배자들과 피지배자들 사이에 존재하는 구조적 적대(가령 계급 적대)를 부인한다는 전제하에서 피지배자들의 이데올로기를 '특수하게', 즉 제약하고 왜곡하는 방식으로 보편적인 규범으로 제시한다. 하지만 이런 특수한 보편화의 방식은 지배 이데올로기 안에 모순을 배태시킨다. 다시 말해, "착취가 잠재적 모순을 내포하는 것과 마찬가지로 이데올로기적 지배 역시 잠재적 모순을 내포한다"(발리바르 1993, 187)는 것이다.

〈인간과 시민의 권리에 관한 선언〉이 프랑스혁명 이후 형성되는 정치 질서의 규범이 되었다는 의미는 이 선언이 근대 정치 질서의 지배적 이데올로기 가운데 하나로 자리 잡게 되었다는 뜻이기도 하다. 그리고 그 선언이 지배적 이데올로기라면 당연히 피지배 대중들의 상상을 특수한 방식으로 보편화할 수밖에 없다. 1789년의 선언이 지배적 이데올로기로서 작동한다면 이 선언 역시 항상 잠재적 모순을 내포하며 그런 만큼 투쟁의 이데올로기적 공간을 만들어 내는 것이기도 하다. 그 선언의 권리 조항이 구체적이지 않고 추상적이라는 점, 명확한 규정성보다는 모호한 지점이 많다는 점 등이 바로 지배 이데올로기에 피지배자들의 상상이 포함되는 방식이며 그로 인한 모순이 드러나는 방식인 것이다.

1789년의 권리선언은 지배 이데올로기로서 규범화되었다. 그리고 이때 지배 이데올로기는 단지 지배자들의 이해관계를 보편화하는 규범이 아니라 오히려 피지배자들의 상상을 특수하게 보편화하는 규범이다. 그러나 지배자들과 피지배자들의 구조화된 적대라는 현실의 부인이라는 방식으로 피지배자들의 상상이 보편화된 것이 지배 이데올로기이기 때문에 지배 이데올로기 안에는 항상 잠재적 모순이 배태되어 있을 수밖에 없다. 이 모순으로부터 지배 이데올로기 안에서 피지배자들의 투쟁이 가능하다. 즉 그들의 정치적 주체화가 가능하다.

역사의 피지배자들이 '위로부터' 그들에게 보내진 그들
자신의 가상의 보편성을 곧이곧대로 믿는다면, 또는 오
히려 그들이 그들 자신의 가상의 요구들에 부응하여 행
동하고 그 결과들을 도출해 내려고 집단적으로 시도한다
면, 그들은 더 이상 기존 질서를 인정하지 않고 그것에 반
대하여 반역하는 것이다(발리바르 1993, 187).

우리의 논의 맥락에서 파악하자면 지배 이데올로기의 모순이
란 바로 지배 이데올로기가 규범의 형태로 승인하는 자유, 평등,
연대 등과 같은 피지배자들의 상상을 지배 권력이 현실의 적대 관
계 때문에 실질적으로 부정하고 제한하게 된다는 것으로 이해할
수 있다. 이때 피지배자들은 지배 이데올로기를 거짓말이라고 부
인하거나 지배 이데올로기에 대항해 투쟁하는 것이 아니라 오히
려 지배 이데올로기를 '곧이곧대로' 믿음으로써 투쟁한다. 즉 피
지배자들의 정치적 주체화는 지배 이데올로기, 규범에 대한 불신
을 바탕으로 이루어지는 것이 아니라 오히려 규범에 대한 충실함
을 바탕으로 이루어지는 것이다.
  이상이 우리가 〈인간과 시민의 권리에 관한 선언〉이 정치적
주체화를 위한 규범이라고 규정하는 의미이다. 이 선언의 일차적
성격은 최초의 정치적 주체화, 1789년의 대중 봉기를 규범화하는
공적 문서라는 것이다. 최초의 정치적 주체화가 프랑스 인권선언
을 통해 규범화되자 이 선언이 제시하는 권리들을 침해당하거나
그 권리들로부터 배제된 자들이 그 선언의 규범성에 입각해 정치
적 주체화를 반복하게 되었다. 그리고 이 반복은 그 어떤 자격 조

건도 없이 무제약적으로 모든 인간에게 가능한 것이었다. 그러므로 1789년의 권리선언이 규범화하는 정치적 주체화는 항상 보편화 가능한 것이다. 그런 보편화 가능성은 지배 이데올로기의 모순으로부터 비롯된다.

1부. 인권의 철학과 정치적 주체화

◇

인간과 시민의 권리에 관한 선언

국민의회를 구성하고 있는 프랑스 인민의 대표들은 인간의 여러 권리들에 대한 무지, 망각 또는 멸시가 공공의 불행과 정부의 부패에 대한 유일한 원인들이라고 간주하여 엄숙한 선언을 통해 자연적이고 양도할 수 없으며 신성한 인간의 권리들을 제시하기로 결의하였다. 그리하여 이 선언이 사회체의 모든 구성원들에게 항시적으로 제시되어 그들이 자신들의 권리들과 의무들을 끊임없이 상기하도록 하고, 입법권과 행정권의 행위들이 매 순간마다 모든 정치제도의 목적과 비교됨으로써 더욱 존중받도록 하고, 이제 단순명백한 원리들에 입각한 시민들의 여러 요구들이 언제나 헌법의 유지와 만인의 행복에 이바지할 수 있도록 하고자 한다. — 따라서 국민의회는 최고존재의 앞에서 그리고 그 비호 아래 다음과 같은 인간과 시민의 권리들을 승인하고 선포한다.

제1조. 사람들은 자유롭게 그리고 권리에서 평등하게 태어나며 또 그렇게 존속한다. 사회적 차별은 오직 공동의 유용성에 입각할 때에만 가능하다.

제2조. 모든 정치적 결사의 목적은 인간의 자연적이고 소멸할 수 없는 권리들을 보존하는 데 있다. 이 권리들은 자유, 소유권, 안전, 그리고 압제에 대한 저항이다.

제3조. 모든 주권의 원리는 본질적으로 국민에게 있다. 명백하게 국민으로부터 유래하지 않은 권위는 어떠한 단체나 개인도 행사할 수 없다.

제4조. 자유는 타인에게 피해를 주지 않는 한 모든 것을 행할 수 있음에 있다. 그러므로 각자가 자연권을 행사할 때에는 사회의 다른 구성원들에게 같은 권리들의 향유를 보장해야 한다는 제약만이 있을 뿐이다. 그 제약들은 법에 의해서만 정할 수 있다.

제5조. 법은 사회에 해로운 행위들에 대해서만 금지할 권리를 갖는다. 법이 금지하지 않는 모든 것은 방해될 수 없으며, 또 누구에게도 법이 명령하지 않은 것을 하도록 강요할 수 없다.

제6조. 법은 일반의지의 표현이다. 모든 시민들은 직접, 또는 그들의 대표를 통하여 그것의 형성에 협력할 권리를 갖는다. 법은 보호해 주는 경우에도, 처벌을 가하는 경우에도 만인에게 동일하여야 한다. 모든 시민들은 법 앞에 평등하므로, 그들의 능력에 따라서 또 그들의 덕성과 재능 이외에는 어떠한 차별도 없이 평등하게 모든 공적인 위계, 지위, 직무에 오를 수 있다.

제7조. 누구도 법이 정한 경우가 아니라면 또 법이 규정한 형식에 의하지 않고서는 고소, 체포 또는 구금될 수 없다. 자의적인 명령들을 간청, 발령, 집행하거나 또는 집행시키는 자들은 처벌받아야 한다. 그러나 법에 의해 소환되거나 체포된 시민은 모두

1부. 인권의 철학과 정치적 주체화

즉시 복종해야 한다. 그것에 저항하는 자는 유죄가 된다.

제8조. 법은 엄격하고 명백하게 필요한 형벌만을 규정해야 하며, 누구도 범법 행위 이전에 제정, 공포되고 또 합법적으로 적용된 법에 의하지 않고서는 처벌될 수 없다.

제9조. 모든 사람은 유죄로 선고되기까지는 무죄로 추정되므로, 그를 체포하는 것이 불가결하다고 판단되더라도 그의 신체를 확보하는 데 필요하지 않은 모든 가혹 행위는 법에 의해 엄격하게 억제되어야 한다.

제10조. 누구도 자신의 의견 표명이 법이 규정한 공공질서를 어지럽히지 않는 한 설사 그것이 종교적인 것일지라도 그 의견 때문에 괴롭힘을 당해서는 안 된다.

제11조. 사상과 의견의 자유로운 소통은 인간의 가장 고귀한 권리들의 하나이다. 따라서 모든 시민은 자유롭게 말하고 쓰고 인쇄할 수 있다. 다만 법이 정한 경우에 그 자유의 남용에 대해서는 책임을 져야 한다.

제12조. 인간과 시민의 권리들의 보장은 공공의 무력을 필요로 한다. 따라서 그 무력은 그것을 위탁받은 자들의 특수한 유용성을 위해서가 아니라 만인의 이익을 위해서 설치된 것이다.

제13조. 공공의 무력의 유지를 위해 그리고 행정의 비용을 위해 공동의 기여는 불가결하다. 그것은 모든 시민들에게 그들의 능력에 따라 평등하게 배분되어야 한다.

제14조. 모든 시민들은 스스로 또는 그들의 대표를 통하여 공공의 기여의 필요성을 검토하고 그것에 자유롭게 동의하고 그 사용을 추적하고 또 그 액수, 근거, 징수 그리고 기간을 정할 권리를 갖는다.

제15조. 사회는 모든 공직자들에게 그들의 행정에 대한 책임을 물을 권리를 갖는다.

제16조. 권리들의 보장이 확보되어 있지 않고 권력의 분립이 정해지지 않은 모든 사회는 헌법을 갖고 있지 못하다.

제17조. 소유권은 불가침의 신성한 권리이므로, 누구도 합법적으로 확인된 공공의 필요성이 명백히 요구하는 경우가 아니고서는 그리고 정당한 사전 보상의 조건이 이루어지지 않고서는 그 소유권을 빼앗길 수 없다.

번역: 최갑수(서울대학교 명예교수)

1부. 인권의 철학과 정치적 주체화

2장

인권의 인간학

— 상호 주체적 권리인가, 관개체적 권리인가

1. 이기적 개인들의 권리를 넘어서

인권에 대한 좌파의 비판 가운데 가장 고전적이며, 대표적인 것은 마르크스가 「유태인 문제에 대하여」에서 전개한 비판이다. 그에게 인권이란 본질적으로 이기적 존재로서 인간이 자신의 이익 추구를 보장받을 권리에 불과한 것이다.

> 무엇보다 먼저 우리는 공민권과 구별되는 이른바 인권이란 시민사회 구성원의 권리, 다시 말해서 인간들과 공동체로부터 분리된 이기적 인간들의 권리 이외에 아무것도 아니라는 사실을 확인한다(마르크스 1996, 354).[1]

인권에 대한 청년 마르크스의 이 유명한 비판은 근본적으로 인권이 상정하는 인간, 즉 인권의 인간학을 겨냥하고 있다. 프랑스혁명의 핵심 이데올로기인 인권이 권리주체로 전제하는 인간이란 다른 인간들 및 공동체로부터 분리된 존재, 즉 자기 완결적인 인간이며 자신의 이익만을 추구하는 '이기적 인간'이다. 타자와 분리된 채 오로지 자기 자신에 의지해 인간의 권리를 획득할 수 있는, 서로가 서로에게 고립된 자족적 개체가 인권이 상정하는 인간이라는 것이다.

마르크스는 자본주의 시장경제의 공간, 즉 시민사회die bürgerliche Gesellschaft의 성립 이후 자신의 경제적 이익을 무한히 추구하는 부르주아의 모습에서 인권이 말하는 인간의 모습을 보았음과 동시에 이 부르주아사회에 철학적 정당성을 부여해 준 자유주의철학의 인간에서 타인과 공동체로부터 분리된 인간을 보았다.[2] 유적 존재가 아니라 자기 완결적 고립을 그 본질로 갖는 이기적 존재로서 인간관, 마르크스의 인권 비판은 바로 이와 같은 인간학에 대한 비판이기도 했다.

엄밀한 견지에서 반드시 마르크스주의자라고 규정할 수는 없지만 분명하게 마르크스의 영향을 강하게 받은 좌파 이론가들 가

---

1 마르크스 당시 시민사회die bürgerliche Gesellschaft는 오늘날처럼 시민운동과 같은 시민의 공익적 활동이 이루어지는 공간이 아니라 사적 이익을 추구하는 자들의 사회적 공간을 의미했다.

2 그 대표자 가운데 한 사람이 존 로크이다. 로크의 권리론이 자기 완결적 인간으로부터 유래되는 양상에 대해서는 로크(2023), 정정훈(2014), 이승원(2019)을 참조하라.

운데서 여전히 인권의 해방적 가치와 효과에 주목하는 이들은 마르크스의 인권 비판에 어떤 방식으로든 응답한 이후에 자신의 논의를 전개할 수밖에 없었다. 이때 이들에게 중요한 문제 또한 '인간학'이었다. 다시 말해, 이들에게 '공동체로부터 분리된 이기적 인간'이 아니라 공동체라는, 타인과의 긍정적 관계에 기초해 권리를 실현하고 확장해 가는 존재로서 인간을 상정하는 인권의 인간학을 규정하는 것이 중요한 문제였다. 이를 대표하는 이론적 작업이 상호 주체성 이론과 관개체성 이론이라고 할 만하다. 이 장에서는 상호 주체성 이론과 관개체성 이론의 인권론이 어떻게 권리주체로서 인간을 자족적이고 자립적인 개별 존재가 아니라 상호성과 호혜성을 바탕으로 한 공동 존재로 규정하는지를 살펴볼 것이다.

위르겐 하버마스와 악셀 호네트의 상호 주체성 이론과 발리바르의 관개체성 이론은 공히 인간을 결코 타자와의 상호작용적 관계로부터 전적으로 고립된 존재로 규정하지 않는다. 이들에게 인간은 오로지 타인과의 특정한 관계 속에서 '함께함'으로써만 인권의 주체가 될 수 있는 존재이다. 즉 인간은 오로지 다른 인간과 상호적이고 호혜적인 관계를 조건으로 해서만 권리주체가 될 수 있다는 것이다.

그러나 양자의 인간학에 공통점만 있는 것은 아니다. 두 이론이 모두 자립적인 개인주의의 인간학에 반대하면서 권리주체의 이론을 구축하지만 양자 사이에 이 공동 존재로서 인간을 이해하는 방식에는 중요한 차이가 있다. 그러므로 이 장에서는 또한 상호 주체성의 인간학과 관개체성의 인간학을 검토하면서 두 이론적 관점 사이에 존재하는 긴장과 쟁점을 부각하고자 한다.

2. 상호 주체성 이론의 인간학

1) 상호 주체성과 의사소통적 행위

각각 프랑크푸르트학파의 2세대와 3세대를 대표하는 하버마스와 호네트는 공동 존재로서 권리주체의 성격을 상호 주체성이라고 규정한다. 하버마스는 자신의 스승들인 막스 호르크하이머나 테오도어 아도르노와는 달리 비판 이론을 해방적 실천과 사회 구성을 위한 규범적 토대에 대한 이론화 작업으로 만들었다. 이때 그 규범론의 핵심이 상호 주체성 개념이다. 상호 주체성이란 사회적 관계로서 세계를 '주체와 대상'(주체-대상)의 관계, 한쪽은 작용하고 다른 한쪽은 그 작용을 수용하는 관계로 파악하지 않고 오히려 '주체와 주체'(주체-주체)의 관계로 파악하고자 하는 주체성 개념이다. 사회적 관계를 주체와 주체의 관계로 파악한다는 것은 그 사회적 관계의 핵심이 의사소통적임을 뜻한다. 즉 사회를 구성하는 이들은 언어를 매개로 하여 각자의 주장이 타당함을 논증하는 과정을 통해 상호 이해에 이름으로써 서로 합의에 도달하게 되고 그러할 때 통합된 공동의 삶을 영위해 갈 수 있다는 것이다(하버마스 2006a, 176-179). 이렇게 강제나 폭력 없이 대화에 참여하는 이들이 주체와 주체로서 상호 이해에 이르게 되는 관계를 하버마스는 상호 주체성이라고 규정한다.

잘 알려진 바와 같이 하버마스가 제시하는 상호 주체성 개념의 근간에는 의사소통적 합리성이 자리 잡고 있다. 자신의 삶을 살아가는 각 개인들은 각자의 목적에 따른 행위의 계획을 가지고 있다. 개인들은 목적을 성취하기 위해 최선의 수단을 선택하고 목적을 성취하는 과정에서 관계를 맺는 타인에게 효과적인 영향력을 행사하고자 한다. 하버마스는 목적을 성취하기 위해 수단, 행위의 규칙, 상황과 사건 등에 효과적으로 개입하는 '성공 지향적 행위'를 '도구적 행위'로 규정하며, 이 과정에 연관된 상대방에게 효과적으로 영향력을 행사하는 행위를 '전략'이라고 규정한다. 성공 지향적 행위의 도구적 차원이나 전략적 차원 역시 합리적 행위이다. 하버마스는 이를 목적 합리성이라고 규정한다(하버마스 2006a, 423).

그러나 의사소통적 행위는 성공 지향적 행위나 전략적 행위와 달리 자신의 성공을 위한 계획만을 중요시하지 않는다. 의사소통적 행위는 항상 상대방을 전제한다.

> 우리가 의사소통적 행위에 관해 말할 때는, 관련된 행위자들의 행위 계획들이 자기중심적 성공 계산에 의해서가 아니라 상호 이해의 행위를 통해 조정되는 경우이다. 의사소통적 행위에서 일차적으로 자기 개인의 성공을 중심으로 태도를 취하지 않는다. 그들은 그들의 행위 계획을 공동의 상황 정의를 토대로 서로 조정할 수 있으며, 그런 조건하에서 개인의 목표를 추구한다(하버마스 2006a, 423, 424).

의사소통적 행위는 상대방과의 상호 이해에 기초한 합의를 조건으로 하여 각 개인이 자신의 목표를 추구하는 활동을 말한다. 이런 상호 이해와 그에 기반한 합의의 관계가 바로 주체-주체 관계이다.

그렇다면 의사소통에 참여하는 모든 당사자들의 행위 계획은 어떻게 상호 이해에 이르게 되어 조정될 수 있을까? 하버마스에 의하면 이런 '상호 이해', '공동의 상황 정의'를 통한 각자의 행위 계획들의 조정이 가능하기 위해서는 이에 참여하는 모두가 동의할 수 있는 합리적 규범이 요청된다. 그러한 상호 이해와 합의를 위한 규범이 바로 의사소통적 합리성이다. 의사소통적 합리성이란 공동의 상황 정의에 참여하는 주체들이 각자의 주장이 갖는 타당성을 검증하고 확인할 수 있는 능력을 말한다. 이는 대상 세계를 정합적으로 이해하는 주체-대상의 관계에서 작동하는 합리성이 아니다. 의사소통적 합리성은 언어를 매개로 각자의 주장이 갖는 타당성을 평가하는 주체-주체 관계 안에서만 작동하는 합리성이다. 즉 의사소통적 합리성에는 항상 이미 주체-주체 관계가 전제되어 있는 것이다. 서로가 주체로서 맺는 관계성을 조건으로 해서만 작동할 수 있는 합리성이 의사소통적 합리성이다.

역시 잘 알려진 바와 같이 하버마스는 현대사회의 병리적 현상 근저에는 '체계에 의한 생활 세계의 식민화'가 자리 잡고 있다고 파악한다(하버마스 2006b, 307). 현대사회의 중요한 특징 중 하나는 다양한 사회적 영역들의 분화, 즉 생활 세계와 체계의 분화이며 근대 세계에서는 각 영역들의 합리성이 분리되어 발전해 왔다. 그런데 목적 합리성에 의해 규제되는 체계의 논리가 의사소통적으로 구조화된 생활 세계의 합리성을 장악하기 시작하면서 근대적 사회 영역들의 기능 분화는 심각한 병리적 현상들을 일으키게 된다. 즉 경제 제도나 국가행정 내에서 작동하는 목적 합리성이 의사소통적 행위들의 지평인 생활 세계를 억압한다는 것이다.

이는 주체-주체의 관계라는 상호 주체적 관계에 근거한 합리성이 주체-대상의 관계라는 자기 자신과만 관계하는 이성에 의해 억압당하는 상황이기도 하다. 근대 세계에 대한 이 같은 이해는 결국 하버마스의 선배인 프랑크푸르트학파 1세대의 비판 이론을 관통하는 도구적 합리성이 지배하는 세계에 대한 하버마스의 재해석이라 할 수 있다. 하지만 하버마스는 이런 상황을 극복할 수 있는 잠재력을 또한 강조한다. 그 잠재력이란 생활 세계에 내재하는 의사소통적 합리성이다.

체계에 특징적인 목적 합리성은 주체-대상 관계에서 작동하는 합리성이다. 하지만 이 합리성은 인간을 손쉽게 대상으로 만들며 그들의 주체성을 소외시키는 억압성을 내포하고 있다. 해방적 사회는 주체-대상 관계가 아니라 주체-주체 관계에 기초하며 이런 관계를 형성하는 합리성은 오로지 의사소통적 합리성밖에 없다. 즉 의사소통적 합리성이 어떤 사회적 질서가 억압적인지 혹은 해방적인지를 가늠하게 하는 규범적 척도라 할 수 있다(문성훈 2006).

결국 하버마스에게 사회적 존재로서 인간이란 의사소통적 행위를 그의 궁극적 본질로 갖는 존재이다. 인간이 사회적 관계 속에 살아야 한다면, 그리고 사회적 관계가 언어를 통해 매개될 수밖에 없다면 언어의 속성상 인간은 상호 이해를 추구해야 하며 상호 이해는 오로지 의사소통적 합리성이라는 규범을 통해서만 가능해지기 때문이다. 다시 말해, 하버마스의 인간학에서 인간이란 의사소통적 합리성이라는 규범에 입각해 행위할 때 자율적일 수 있는 존재인 것이다.

2) 상호 주체성과 인정 관계

호네트 역시 해방된 사회를 위한 규범을 구축하기 위해 노력하면서 그 규범의 근간을 상호 주체성에서 찾으려고 한다는 점에서 하버마스의 문제의식을 일정하게 계승하고 있다. 그러나 상호 주체성 개념을 통해 해명하고자 하는 일차적 관심사 및 이 개념으로 강조하고자 하는 바에서 두 이론가는 일정한 차이를 보인다.[3] 가장 중요한 차이는 상호 주체적 관계의 형성에서 무엇이 핵심인가에 있다. 하버마스는 상이한 행위 계획을 가진 주체들이 의사소통적 합리성이라는 규범에 기초해 소통과 이해 그리고 합의에 이르는 것을 중시한다. 반면 호네트는 상호 주체적 관계를 가능하게 하는 인정으로부터 배제되고 무시당해 온 이들이 집합적 투쟁을 통해 상호 주체적 관계를 재구축하는 갈등과 투쟁에 초점을 맞

---

3 하버마스와 호네트의 상호 주체성 이론의 차이에 관해서는 문성훈(2006)을 참조하라. 이 글에서 문성훈은 양자의 차이를 ① 언어적 상호작용과 비언어적 상호작용이라는 상호작용 양상의 차이, ② 사회 형성 과정의 규범으로서 상호 주체성과 개인 정체성 형성 과정의 규범으로서 상호주관성의 차이, ③ 이성의 실현으로서 자유 개념과 자아실현으로서 자유 개념의 차이, ④ 의사소통적 합리성의 능력과 무시당한 자의 울분이라는 사회 발전 동력의 차이로 나누어 분석한다.

춘다.

호네트에 의하면 "역사적 변혁 과정"에서 인정 투쟁은 "견인차의 역할"(호네트 2011, 268)을 하며 "모든 사회적 투쟁과 갈등의 형태"는 "원칙적으로 인정 투쟁이라는 동일한 유형에 따라 이해"(호네트 2011, 303) 가능하다. 역사적 변혁 과정의 견인차이자 모든 사회적 투쟁과 갈등 형태의 중핵인 인정 투쟁은 인정이 거부되는 사태, 즉 무시로 인해 발생한다. 즉 "인정받고자 하는 근본 기대가 훼손될 때 야기되는 도덕적 경험의 틀 속에서 사회적 저항과 봉기의 동기가 형성된다"(호네트 2011, 301)는 것이다. 결국 호네트에게 인정 투쟁이란 거부된 인정을 투쟁을 통해 타자로부터 쟁취하려는 해방적 실천의 핵심 형태이다. 그렇다면 호네트가 말하는 인정은 무엇이고 인정은 왜 사회적으로 중요한 계기일까?

호네트의 인정 개념은 근본적으로 청년기 헤겔, 보다 구체적으로 말하자면 예나 시기의 헤겔로부터 연원한다. 호네트에 의하면 청년 헤겔은 인륜성sittlichkeit으로서 국가 공동체가 형성되는 과정을 기술하면서 이를 개인의 정신적 발전 단계와 연결한다. 개인의 의식은 다양한 매개를 거치면서 단계적으로 발전해 총체성이 되는데 그렇게 발전하는 과정에서 의식은 타자를, 즉 자기 외부의 총체성으로서 다른 의식과 마주하게 된다. 이런 맥락에서 호네트는 헤겔의 인정 개념을 다음과 같이 정리한다.

이 과정[정신의 발전 과정-역자]은 언어와 도구, 가족 소유물 같은 매개 수단을 통해 단계적으로 수행된다. 그리고 이러한 매개 수단의 사용을 통해 의식은 단계적으로 자신을 '개별성과 보편성의 직접적 통일체'로 이해할 줄 알게 되며, 이에 상응하여 자기 자신을 '총체성'으로 이해하는 단계에 이르게 된다. 이러한 새로운 맥락 속에서 '인정'은 이미 '이념상' 총체성으로 발전한 의식이 '다른 총체성, 즉 타인의 의지 속에서 자기 자신을 인식하게 되는' 인지적 단계를 의미한다(호네트 2011, 72).

헤겔은 '개별성과 보편성의 직접적 통일로서 총체성'의 단계에 이른 의식은 타인이라는 또 다른 총체성을 만나게 되며 이때 의식이 타인의 의지 속에서 자신을 인식하게 되는 단계를 인정이라고 규정하는 것이다. 즉 도구와 같은 사물, 가족과 같은 자연적 공동체의 소유물과의 관계만으로 정신적 존재인 인간은 인륜적 총체성, 즉 국가 공동체에 도달하지 못한다. 인간은 항상 다른 인간과 관계에 기초해 서로가 '타인의 의지 속에서 자신을 인식'하게 될 때, 즉 상호 주체적 관계를 맺을 때 비로소 인륜적 총체성에 도달할 수 있다는 것이다.

그러나 호네트는 헤겔의 인정 이론, 특히 1803/04년의 저작인 『정신철학』 이후의 인정 이론에는 중요한 한계가 있다고 평가한다. 헤겔은 『인륜성의 체계』에서 시도되었던 상호 주체적 개인들의 다층위적 관계에 기초한 인정 이론을 포기하고 『정신철학』이라는 단편에서 '의식 철학'에 입각해 구축하려 했다. 그러나 그와 같은 의식 철학적 관점의 한계로 인해 헤겔은 인정 투쟁을 통해 발전하는 개인들의 상호 인정의 단계와 이에 기반해 구축되는 인륜적 총체성의 형성 과정을 놓쳤다는 것이다.[4] 결국 이런 입장은 이후 헤겔이 인륜성을 선재하는 보편 이념의 자기 실현 과정, 타자가 아니라 오로지 자기와만 관계하는 정신의 운동, 다시 말해 정신의 자기 내 복귀 과정이라고 개념화하는 것으로 귀결된다. 여기서 주체와 주체의 관계는 사라지며 고독한 정신이 자신을 총체성으로 인식하는 독자적 운동만이 남게 된다.

호네트는 청년 헤겔의 이런 한계를 극복하고자 한다. 이는 경험 연구를 통해 인간이란 상호작용의 존재임을 규명하고자 한 조지 허버트 미드의 사회학을 통해 헤겔의 인정 이론을 변환하는 작업을 통해 이루어진다. 이런 변환 작업의 결과를 바탕으로 호네트는 자신의 인정 이론을 구축한다. 이때 호네트에게 중요한 것은 개인이 자신과 맺는 긍정적 관계, 즉 자신의 가치를 긍정함으로써 성공적 자아실현을 가능하게 하는 규범이다(호네트 2011, 183, 184). 호네트는 한 개인이 자기 자신과 긍정적으로 관계를 맺는 것은 오로지 타인이 그의 가치를 존중해 주는 경험을 통해서만 가능하다고 파악한다. 다시 말해, 상호 인정을 통해 각 개인은 성공적으로 자아실현을 할 수 있다는 것이다. 그러므로 각 개인의 성공적 자아실현을 위한 사회적 규범이 바로 상호 인정이다.

호네트는 상호 인정의 형태를 사적 개인들 사이의 정서적 유대인 '사랑',[5] 서로를 자유롭고 평등한 권리 인격체로 인정하는 '권

---

4 즉 헤겔은 인륜적 총체성에서 사회 구성원들 간의 관계가 갖는 다양한 양상, 즉 상호적인 인정이나 혹은 무시 및 그로 인한 갈등과 투쟁 등과 같은 문제를 포착하지 못하고, 통일된 사회 구성원과 국가권력의 관계가 어떻게 규정되는가의 문제를 중심으로 인륜성을 개념화한다. 그 결과는 인륜성으로서 국가를 개별적 의지가 집중화된 단일체로서 실체화한다는 것이다.

리', 한 개인을 다른 개인과 구별되는 개성화된 존재로 인정하는 상호적 가치 부여로서 '사회적 연대'로 구별한다.6 호네트에 의하면 이 세 가지 형태의 상호 인정은 개인의 긍정적 자기 관계의 필연적 조건이다. 사랑, 권리, 사회적 연대라는 상호 인정의 형태들이 동시적으로 개인의 자기실현을 위한 보편적 규범으로 규정될 수 있을 때 그것은 하나의 인륜성이 된다.7 즉 사회적 관계들은 이 세 가지 인정 형태가 유기적 관계 속에서 구축될 때 규범적으로 보편적 타당성을 획득할 수 있는 것이다.

결국 호네트의 상호 주체성 이론에서 인간은 자기 자신과 긍정적 관계를 통해 자신을 실현해 가는 존재이다. 그러나 인간은 오로지 타인과의 관계, 즉 인정 관계 속에서만 자신의 존엄성과 자유를 실현할 수 있다.

> 개인들이 인격체로 형성되는 것은 오직 동의하고 격려하는 타자의 관점에서 특정한 속성과 능력이 긍정적으로 부여된 존재인 자기 자신과 관계하는 것을 습득하게 될 때에만 가능하다. 이러한 속성의 범위와 긍정적 자기 관

---

5 여기에는 성적 친밀성만이 아니라 친구나 동료와 같은 사회적 친밀성이 포함된다.

6 그리고 이 세 가지 인정 형태에 상응하는 각각의 무시 형태는 폭행, 권리의 부정, 가치의 부정이다. 이에 대해 호네트(2011)는 『인정투쟁』의 5장과 6장에서 상세하게 다루고 있다. 사랑, 권리, 사회적 가치 부여와 폭행, 권리의 부정, 가치의 부정에 대한 요약적 설명으로는 백선우(2019)를 참조.

7 호네트는 이를 헤겔적인 '실체적 인륜성'과 구별해 '형식적 인륜성'이라고 부른다. 이에 대해서는 4절에서 논의한다.

계의 정도는 개별자가 자기 자신을 주체로서 인식하는 것을 가능하게 하는 새로운 인정 형태를 통해서 증대된다(호네트 2011, 317).

인간은 인정이라는 상호 주체적 관계를 조건으로 해서만 진정한 의미의 인간일 수 있는 것이다. 그러므로 호네트의 상호 주체성 이론에서 인간은 결코 자기 충족적이고 자기 완결적인 고립된 개별자가 아니다. 인간은 항상 상호 인정이라는 공동의 관계 속에서만 자기를 실현하는 존재일 수 있는 것이다. 헤겔의 말대로 "인간은 인정 행위"(호네트 2011, 97에서 재인용)이다.

3. 관개체성의 인간학

1) 사회적 관계들의 앙상블

자유주의의 인간학과 달리 인간을 공동의 존재로 사고하고 이로부터 그런 인간에 특유한 권리를 사유하고자 한 또 다른 이론이 발리바르에 의해 구축된 관개체성trans-individuality 이론이다. 발리바르는 마르크스와 스피노자에 대한 독창적 해석을 통해 자신의 관개체성 이론을 구성해 낸다. 우선 발리바르의 마르크스 해석으로부터 시작해 보자.

발리바르가 마르크스를 경유해 관개체성 이론을 주조하기 위해 선택한 텍스트는 마르크스의 수고들 가운데서도 완성도가 가장 낮다고 할 수 있는 「포이어바흐에 관한 테제」이고, 그중에서 여섯 번째 테제이다. 이 텍스트에는 하나의 인간학이 제시되어 있기 때문이다. 그 인간학이란 다음과 같다.

> 그러나 인간적 본질은 독특한[개별적] 개체에 내재하는 추상물이 아니다. 그 유효한 현실에서, 인간적 본질은 사회적 관계들의 앙상블이다.[8]

발리바르는 관개체성의 핵심을 "사회적 관계들의 앙상블"이라는 마르크스의 표현으로부터 규명해 낸다. 그런데 이때 '사회적 관계들의 앙상블'이라는 인간 본질 규정에 전제된 "그 유효한 현실에서"라는 문구에 발리바르는 주목한다. 발리바르에 따르면 흔히 '본질'로 번역되는 독일어 Wessen은 또한 '존재'로도 번역될

---

[8] 독일어 원문은 다음과 같다. Aber das menschliche Wessen ist kein dem einzelnen individuum inwohnendes Abstraktum. In seiner Wirklichkeit ist es das ensemble der gesellschaftlichen Verhältnisse. 독일어 원문 및 국역 문장은 발리바르(2018, 280)에서 재인용. 발리바르는 포이어바흐에 관한 테제 6의 프랑스어 번역으로 조르주 라비카의 다음 번역을 채택한다. "테제 6: 포이어바흐는 종교적 본질을 인간적 본질로 해소한다. 그러나 인간적 본질은 독특한[개별적] 개체에 내재하는 추상물이 아니다. 그 유효한 현실에서, 인간적 본질은 사회적 관계들의 앙상블이다. 그러므로 이런 유효한 현실적 본질에 대한 비판으로 들어가지 않는 포이어바흐는 1) 역사적 과정을 사고하지 못하고 종교적 감정을 그 자체로 고정하며, 하나의 추상적 인간 개인 — 고립된 — 을 전제할 수밖에 없다. 2) 그러므로 본질은 '유'로서만, 내적이고 침묵하며 많은 수의 개체들을 자연적 방식으로 연결시키는 보편성으로서만 파악될 수 있을 뿐이다"(발리바르 2018, 280, 281).

1부. 인권의 철학과 정치적 주체화

수 있다. 즉 인간의 본질이란 곧 인간의 존재를 의미하기도 한다는 것이다.

발리바르가 독일어 Wessen의 의미가 본질이자 존재임을 강조하는 이유는 이 테제를 통해 마르크스가 본질과 추상적 존재를 등치해 온 존재 신학 전통을 파괴하고자 했다고 보기 때문이다.

존재 신학 전통에서 '모든 본질의 본질'은 신이라는 '지고한 존재'로 규정된다. 그런데 신의 '본질'이란 사실 인간이라는 '지고한 존재'라는 포이어바흐의 관점은 그저 존재 신학을 단순히 거꾸로 세워 놓은 것에 불과하다는 것이다. 여기서 문제는 본질을 지고한 존재와 등치시키는 존재 신학의 관점 자체는 전복되지 않는다. 더욱이 발리바르에 의하면 존재 신학의 전통과 포이어바흐의 인간학은 결국 헤겔의 입장, 즉 "본질의 본질은 그 자체로 또한 존재론적으로 지고의 존재이기도 한 정신이라는 테제에 종속"된다(발리바르 2018, 292).

존재 신학과 포이어바흐 인간학의 이와 같은 거울 관계를 넘어서기 위해 마르크스는 인간의 본질을 "그 유효한 현실에서"In seiner Wirklichkeit 규정하려 한다고 발리바르는 파악한다.9 그렇다면, '일차적으로 유효한 현실'이란 무엇인가? 그에 의하면 마르크스가 '그 유효한 현실에서'라는 문구로 문제 삼은 것은 단지 인간적 본질이 실제적으로Wirklich 무엇인가의 문제10만이 아니라 "이 인

---

9 발리바르는 마르크스 자신 역시 이 거울 관계의 원환으로부터 결국 완전히 벗어나지 못했고, 이는 마르크스주의 역사를 괴롭혀 온 문제이기도 했음을 지적한다(발리바르 2018, 292, 293).

간적 본질이 유효화/현실화되었을 때, 그러니까 물질적이고 역사적인 작용들의 결과로 생산되었을 때, 이 인간적 본질이 무엇이 되는 것인지"의 문제이다(발리바르 2018, 306). 이 문제는 본질과 그 유효화 과정이 결코 분리될 수 없는 것이라는 논점을 제기하고 있다. 이런 맥락에서 "그 유효한 현실에서"라는 문구는 다음과 같이 '강하게' 해석된다.

> 마르크스는 '테제들' 전체를 통해 프락시스와 'Tätigkeit' (즉 활동)라는 특징적 개념들을 활용함으로써 끈질기게 이점을 강조했던 것이며, 더 나아가 그는 본질을 유효화 /현실화 혹은 '현행적' 실현의 과정과 동일시하는 바를 사고해야 한다고 강조했던 것이다. 이것이 바로 내가 여섯 번째 테제에 대한 강한 해석이라고 부르는 것이다. 'Wessen'(존재 혹은 본질)이라는 개념은 활동 혹은 과정, 다른 용어로 말하자면 프락시스 외에 다른 내용물을 갖지 않는다(발리바르 2018, 306).

---

10 발리바르에 따르면 유효한 현실이 뜻하는 바는 일차적으로 '유효한 현실'과 '물질적 사실성'의 일치를 의미할 수도 있다. 즉 유효한 현실은 물질적 사실의 세계이며 그 물질적 세계 속에서 인간적 본질은 사회적 관계의 앙상블이라는 것이다. 하지만 발리바르는 이를 '약한 해석'이라 평가하며 이어서 자신의 '강한 해석'을 제시한다. 강한 해석은 이 글의 본문에서 상술한다.

1부. 인권의 철학과 정치적 주체화

결국 마르크스가 포이어바흐의 본질론적 인간학을 비판하면서 "그 유효한 현실에서, 인간의 본질"이라는 질문을 던졌을 때, 그는 인간의 본질을 서양철학이 말해 온 불변하는 영원한 동일성과는 다른 어떤 것으로 파악하고자 했다는 것이다. 영원한 동일성에 의해 사유되는 인간의 본질이란 추상물에 불과하다. 인간의 본질이 있다면 그것은 차라리 "물질적이고 역사적인 작용들의 결과로 생산"되는 것이다. 이런 관점에서 '본질/존재'란 사실상 생산행위라는 동적이고 변화하는 과정, 즉 "실천적 변형 운동"(발리바르 2018, 316)으로서 프락시스의 효과이다.11

프락시스의 효과로서 인간의 본질이란 이제 관념론만이 아니라 그 전도에 그치는 '낡은 유물론' 혹은 실체론적 유물론으로부터 탈각되어 '새로운 유물론'적 지평에서 다시 개념화된다.12 이 새로운 유물론적 지평이란 바로 '사회적 관계들'의 장이다. 이제 인간은 사회적인 것, 즉 어떤 관계적 차원과 분리되어 존립하고 행위할 수 있는 단독자로 사고되지 않는다. 새로운 유물론적 지평은 "'인간'과 '사회적'이라는 두 속성 사이의 절합"(발리바르 2018, 313)에 의해 개념화되며 이 절합articulation이 "사회적 관계들의 앙

---

11 마르크스에게 프락시스는 단순히 인간과 자연 사이에서 일어나는 신진대사만을 의미하는 것이 아니라 개인들과 개인들 사이의 신진대사, 즉 상호적 변형 과정의 양상들을 뜻하는 것이다. 인간은 오로지 사회적 관계들 속에서만 실존하고 활동할 수 있는 존재로 파악된다(마르크스 1991).

12 발리바르는 포이어바흐에 관한 열한 번째 테제가 바로 인간의 본질이 새로이 자리 잡는 유물론적 지평으로 파악한다. 그 테제는 다음과 같다. "낡은 유물론의 관점은 부르주아-시민사회이며, 새로운 유물론의 관점은 인간적 사회 혹은 사회적 인류이다."

상블"로 표현되는 것이다.

그런데 발리바르는 '사회적 관계의 앙상블'das ensemble der ge-sellschaftlichen Verhältnisse이라는 마르크스의 표현이 독일어와 프랑스어의 조합으로 구성되어 있음을 주목한다. 이 표현에서 '앙상블'ensemble만 유독 불어로 표기되었는데, 발리바르에 따르면 이 불어 단어는 헤겔의 총체성 개념을 비롯한 모든 유기체적 사회 이론 개념들을 표시하기 위해 사용되는 독일어 단어들에 대항하기 위해 채택된 마르크스의 전문용어이다. 독일어로 표현된 유기체 개념들은 항상 완결성 혹은 총체성, 즉 체계를 구성하는 계기들을 그 체계의 내적 연관 속에서 규정함으로써 체계의 완성을 제시하는 사유와 결부되어 있다. 마르크스가 앙상블이라는 불어 단어를 사용함으로써 피하고자 했던 것이 바로 이 완결성의 사유, 총체성의 효과였다는 것이다. 하지만 동시에 세계를 구성하는 각이한 요소들을 그 자체로 자기-완결적이어서 서로 무관하게 존립할 수 있는 단독자, 고립된 개체로 사고하지 않기 위한 개념어가 또한 앙상블이기도 하다. 사회적 관계들의 앙상블은 이 개체들의 필연적 연관 관계, 상호작용적 관계를 표시하는 개념이기도 하다.[13]

발리바르는 사회적 관계들의 앙상블을 이렇게 해석하면서 그 함의를 다음과 같이 제시한다. 첫 번째는 '수평성의 의미'라고 그가 부르는 것으로 사회적인 것은 서로 교차하며 관계를 맺는 사회

---

[13] 발리바르는 이렇게 요소들, 개체들의 총체화되지 않은 관계성을 "탈총체화된 총체성", "스스로를 탈총체화하는 하나의 총체성"으로 규정한다(발리바르 2018, 320).

적 관계들, 즉 사회적 관계들이 맺는 관계들의 총합으로 이루어지지만 특권적이고 중심적인 유일한 사회적 관계는 없다는 것이다. 사회적인 것을 이루는 관계들은 위계적이지 않으며 수평적이다. 두 번째는 그가 '계열성[연속성]의 의미' 또는 '한계 지어지지 않은 열림의 의미'라고 부르는 것으로서 이 사회적 관계들은 결코 완결되거나 닫힌 체계가 될 수 없는 항상 열린 네트워크라는 점이다. 세 번째는 다수성, 혹은 이질성의 관념을 앙상블이 내포한다는 것으로서 다양한 사회적 관계들은 결코 하나의 유genres나 영역으로 총집總集될 수 없고 오히려 다양한 유와 영역으로 분집分集된다는 것이다. 즉 "이 사회적 관계들이 형성하는 세계는 단순한 '[소]우주'universe가 아니라 'multiversum'(멀티버스multiverse)이다"(발리바르 2018, 322).

이와 같은 발리바르의 논의는 결국 마르크스에게 인간의 본질이라는 것이 있다면 그것은 다층적이고 다양한 사회적 관계들의 앙상블임을 보여 준다. 인간의 추상적 본질이나 (대문자) 존재란 실재하지 않는다. 인간의 본질 혹은 존재란 다질적이고 다차원적 관계들의 총합일 뿐이다.

그런데 우리는 여기서 다음과 같은 점을 주목해야 한다. 사회적 관계들 내에는 항상 프락시스가 내재적으로 작동하고 있으며 프락시스가 곧 실천적 변형 운동인 한에서 사회적 관계들은 결코 고정적이거나 영속적일 수 없다. 하나의 사회적 관계는 그 자체에 항상 이미 동적 과정, 혹은 변형 가능성을 내포하고 있다. 이 변형 가능한 관계들은 또 다른 변형 가능한 관계들과의 절합을 통해 다시 변형되며 변화될 수 있다. 변형의 변형이고 변화의 변화이다.

이런 동역학적인 관계, 변형 가능성 또는 변형의 변형 가능성을 내포한 관계 속에서 파악되는 본질이란 더 이상 본질주의적 함의를 갖지 않는다. 인간의 '본질/존재'를 구성하는 복합적이고 동적이며 변형 가능한 관계들의 전체를 마르크스는 "사회적 관계들의 앙상블"이라고 표현한 것이다.

> 다시 말해, 속성들의 다수성을 갖고서 하나의 총체성을 형성하기 위해 이 속성들의 다수성을 통합하는 대신에, 이 본질이라는 용어는 역사적 변환과 변형의 한계 지어지지 않은 장을 열어젖히는 것이다. (스피노자처럼 표현하자면) 개체들[개인들] ― 마르크스는 이 개체들을 본질의 공동체로 지시한다 ― 은 이 개체들이 능동적으로 생산해 내는 사회적 관계의 양태들이며, 이 개체들은 자신들의 자연적 조건들과의 관계와 동시에 타자들과의 관계 속으로 진입하게 된다(발리바르 2018, 323).

즉 개인은 사회적 관계들을 생산하지만 동시에 그 사회적 관계들에 의해 개인으로 조성composition된다. 이런 관점에서는 사회가 우선적인가, 개인이 우선적인가라는 기원의 문제는 기각된다. 사회적 관계들은 개인들로 이루어지지만 개인들은 자연 및 타인과의 관계 없이는 존재할 수 없기 때문이다. 이 같은 인간학이란 "인간들은 능동적이고 수동적인 '관계 내에' 존재한다는 사실을 존재론적 표지로, 그리고 이 인간에게서 구성적인 관계적 양태로 사고하는 하나의 방식"(발리바르 2018, 326)이다.

1부. 인권의 철학과 정치적 주체화

발리바르는 이렇게 해석된 인간의 본질, 즉 사회적 관계들의 앙상블로서 인간 존재의 성격을 '관개체성'transindividuality이라고 개념화한다. 즉 "개체라는 개념 내에 개체 자신의 다른 개체들에 대한 의존관계를 항상 이미 포함"(발리바르 2018, 324)하는 개체성이 바로 관개체성이다. 개인성(개체성)에는 항상 이미 다른 개인들(개체들)과 맺는 상호작용적 관계들이 내포되어 있는 것이다. 그런데 사회적 관계들에 의해 개인이 조성된다면 그 개인을 조성하는 관계들의 양상에 따라 각 개인은 서로 다른 독특성, 즉 차이를 가진 개인이 된다. 그러므로 사회적 관계들은 차이들의 관계들이기도 하다. 즉 "차이들은 관계를 형성한다"(발리바르 2018, 327).

이미 언급한 바와 같이 이렇게 차이들이 형성하는 관계는 또 다른 차이들이 형성하는 관계와 절합되면서 변형된다. 차이의 차이화가 발생하는 것이다. 그리고 이 과정은 무한히 계속되는 열린 과정이다. 차이적 관계들의 한계 지어지지 않은 망은 또한 결코 폐쇄될 수 없는 무한히 열린 망이며 이 다양하고 다질적인 관계들 가운데 어떤 관계도 중심적이고 특권적인 것이 없는 수평적 관계들의 망이다. 또한 이 수평적인 사회적 관계들의 무한히 열린 망 속에서 존립하고 활동하는 어떤 개인도 유일한 관계의 자장, 곧 '유니버스'에만 속할 수 없다. 개인은 다양한 관계들의 자장, 곧 '멀티버스'에 복합적으로 소속된다.*14*

---

14 그러므로 소속에 의해 규정되는 동일성/정체성 역시 유일한 것이 아니다. 중요한 것은 한 개인의 이 복합적 동일성/정체성이 공존 가능하도록 만드는 어떤 틀이다. 발리바르는 이를 '시빌리테'라고 개념화한다. 이에 대해서는 발리바르(2007)에 게재된 「정치의 세 개념: 해방, 변혁,

그러나 발리바르에 따르면 마르크스는 결국 이 다층적이고 다질적인 사회적 관계들의 망에 특권적 관계를 도입했다. 즉 "노동관계들의 통일성/단일성"(발리바르 2018, 333)이 사회적 관계들의 유일한 중심이 된 것이다. 이렇게 마르크스는 그 자신이 개방한 관개체성의 장을 스스로 닫아 버렸다. 그렇게 마르크스의 '관개체성의 인간학'은 '노동의 인간학'으로 변모된다.

2) 개체화: 개체와 복합체의 관계

그렇다면 관개체성 개념의 합리적 핵심인 사회적 관계들의 다수성과 이질성, 그런 다수성과 이질성이 맺는 관계들의 수평성과 무한한 변화 가능성, 한마디로 세계의 다차원성(멀티버스)을 어떻게 복원할 수 있을까? 즉 노동에 의해 봉합된 관개체성을 어떻게 노동으로부터 탈봉합할 것인가? 발리바르에게 그 탈봉합의 길은 스피노자의 사유 사이로 나있다. 이제 발리바르가 스피노자에 대한 독해를 통해 어떻게 관개체성의 인간학을 '다시' 구성하는지를 살펴볼 차례이다.[15]

발리바르에 따르면 스피노자의 유한 양태 이론 혹은 개체 이론은 "관계 및 소통의 존재론"(발리바르 2005, 212)으로서 특히 개

시민인류」을 참조하라.

15 이 글에서는 마치 발리바르가 마르크스 독해를 통해 관개체성 개념을 구성하고 마르크스적 한계를 넘어서기 위해 스피노자를 해석하는 것처럼 기술하지만, 실제 타임라인상 관개체성에 대한 발리바르의 이론화 작업에서는 스피노자 연구가 앞서는 것으로 보인다.

1부. 인권의 철학과 정치적 주체화

체를 자립적이거나 고립적 실재가 아니라 오직 다른 개체와의 관계 속에서만 실존하고 활동할 수 있는 실재로 파악한다. 발리바르는 스피노자의 이와 같은 개체의 존재론을 '관개체성'이라고 개념화한다. 발리바르는 스피노자의 관개체성 이론을 두 가지 차원에서 분석하는데 첫 번째 차원은 서로 외적으로 구별되지만 상호 연관의 관계를 맺고 있는 개체의 차원이고, 두 번째 차원은 "통합의 규정된 수준으로서의 개체"(발리바르 2005, 220)의 차원이다.

발리바르는 일차적으로 서로 구별되는 개체들 사이에 존재하는 관계, 보다 정확히는 그들의 인과관계의 분석을 통해 관개체성 이론을 구성한다. 이때 핵심이 되는 스피노자의 텍스트는 『에티카』 1부, 정리 27이다.[16] 스피노자의 철학에서 유한 양태인 개체는 결코 자기원인이 아니므로 그 실존과 작업의 원인은 다른 것에 있다. 유한 양태의 수준에서 보자면 그 원인은 다른 개체이다. 그리고 이 다른 개체의 실존과 작업의 원인은 또 다른 개체이다. 이렇게 무한히 원인은 연쇄된다. 하지만 여기서 발리바르는 이 인과관계의 무한 연쇄가 선형적 연쇄가 아니라고 강조한다. 즉 A → B → C → D 순의 선형적 인과관계가 아니라, A가 B의 원인이 될 때 이미 A의 원인 작용은 C의 원인 작용에 의해 변화되는 식으로 무

---

16 "모든 독특한 실재, 곧 유한하고 규정된 실존을 갖는 모든 것은, 그것 역시 유한하고 규정된 실존을 갖는 다른 원인에 의해 실존하고 작업하도록 규정되지 않는 한, 실존하고 작업하도록 규정될 수 없으며, 이 후자의 원인 역시 유한하고 규정된 실존을 갖는 다른 원인에 의해 실존하고 작업하도록 규정되지 않는 한 실존하고 작업하도록 규정될 수 없으며, 이처럼 무한하게 나아간다"(발리바르 2005, 215에서 재인용).

한히 이어지는 비선형적 인과관계이다.

발리바르는 이런 원인 작용("원인 짓다")을 "다른 실재가 작업하는(또는 결과를 생산하는) 방식 자체를 변양시키는 (또는 시몽동이 신호 이론의 어휘를 빌려 와서 말하듯이 '변조하는') 실재의 작업"(발리바르 2005, 217)으로 이해한다. A라는 실재의 작업에 의해 생산된 결과가 B라는 실재이지만 A의 작업 방식은 언제나 C나 D 등의 작업에 의해 변양 혹은 변조되어 있다. 이 변양 혹은 변조는 물론 무한히 진행된다. 그래서 이 관계는 '마르크스의 사회적 관계들'과 같이 '변화의 변화'로 이루어진 관계이다.

> 이 때문에 원인들의 무한한 연관은 독립적인 선형적 계열들의 추가나 원인과 결과의 계보(A는 B를 "원인 짓고", B는 C를 "원인 짓고", C는 ……)가 아니라, 독특한 변조들의 무한한 연관망에 의해서만, 또는 변조하면서 동시에 변조되는 활동들의 동역학적 통일성에 의해서만 제대로 표상될 수 있다(어떤 A의 작업에 대한 B의 변조 활동은 어떤 C들의 활동에 의해 변조되며, C들은 어떤 D들의 활동에 의해 또한 변조되고 ……)(발리바르 2005, 217).

다시 말해 한 개체의 실존과 활동이 다른 것에 의해 원인 지어져 있다고 할 때 그 다른 것은 단지 또 하나의 개체가 아니라는 것이다. 모든 개체는 다른 개체에 의해 변양/변조됨으로써만 다른 개체를 변양/변조하는 전체 구조 내에 존재하며, 한 개체의 인과관계에는 비선형적으로 무한히 연결되는 변양/변조의 복잡한

1부. 인권의 철학과 정치적 주체화

전체가 항상 함축되어 있다.[17] 그래서 발리바르는 "실존하는 양태인 한에서 각각의 개체는 강한 의미에서, 무한하게 많은 다른 개체들로 주어져 있는 자신의 실존 조건들 전체"(발리바르 2005, 219, 220)라고 쓴다. 즉 외적으로 서로 구별될 수 있는 모든 개체는 사실 무한한 다수의 개체들과 비선형적으로 맺는 관계들 전체라는 것이다.

그러나 발리바르에 따르면 이런 복잡성은 아직 '1차 수준의 복잡성'이다. 물론 이 복잡성 역시 관개체성을 보여 주기는 하지만 이는 외연적으로 구별되는 실재로서 개체들 사이의 복잡한 관계만을 보여 주기 때문이다. 다시 말해, 1차적 수준의 복잡성은 어떤 개체를 구성하는 부분들의 수준이 아니라 이미 통합이 잠정적으로 완료된 독특한singular 실재인 개체들의 비선형적 무한 연관을 의미하는 것이다.

그렇다면 2차 수준의 복잡성이란 어떤 것인가? 여기서 핵심적인 역할을 하는 스피노자의 텍스트는 — 일반적으로 '자연학소론'이라고도 불리는 — '물체의 본성'을 다루고 있는 『에티카』 2부, 정리 13의 보조정리들이다. 2차적 복잡성의 수준은 외적으로

---

17 이런 맥락에서 스피노자의 개체적 인과관계의 무한 연쇄에 대한 발리바르의 해석을 알튀세르의 "구조적 인과성"과 연결하는 최원의 논의는 타당하다고 하겠다. 이에 대해서는 최원(2017)을 보라. 하지만 알튀세르의 구조적 인과성이 '지배적 요소를 가지는 구조'라는 개념과 연결되어 있다는 점에서, 또한 이와 연결된 모순의 과잉 결정이라는 개념에는 최종 심급 개념이 존속하고 있다는 점에서 그의 구조적 인과성 개념은 발리바르의 관개체성 개념과 중요한 차이를 가지고 있다. 관개체성에는 지배적 관계란 존재하지 않기 때문이다.

구별 가능한 개체들이 아니라 그런 개체를 구성하는 부분들(하위 개체들)의 통합이라는 수준에 특유한 복잡성이다. 즉 "('하위의' 통합 수준들에 속하는) 다른 개체들을 포섭하고, 또 반대로 다른 개체들과 함께 '상위의' 통합 수준들에 포섭되는 개체, 곧 통합의 규정된 수준으로서의 개체라는 개념"(발리바르 2005, 220)과 관련된 복잡성이다. 그러나 하위 개체들과 그것들이 구성하는 상위 개체라는 관념은 상대적이라는 점이 중요하다. 통합된 개체는 다른 개체들, 곧 하위 개체들로 조성되어 있지만 그 통합된 개체 역시 다른 통합된 개체들과 조성됨으로써 상위의 개체를 이룰 수 있는 것이다.

발리바르는 이어서 『에티카』 2부, 정리 13의 요청 3-6, 즉 인간 신체의 재생에 대한 테제들을 부각하며 인간의 신체는 그 외부의 무수히 많은 다른 물체들에 의해 연속적으로 재생된다는 인간 신체의 동역학에 주목한다. 인간이 하나의 개체로서 실존하고 활동한다는 것은 곧 자신에 특유한 운동과 정지의 항상적 비율을 지속한다는 것이다. 그런데 인간은 "자신을 유지하기 위해"(『에티카』 2부, 정리 13, 요청 4) 자기 외부의 물체들에 의존할 수밖에 없으며 이 물체들에 의해 그 운동과 정지의 비율을 연속적으로 재생한다. 외부 물체의 의한 '개체의 연속적 재생'이라는 동적 과정이 함의하는 바는 "처음부터 모든 개체는 자신의 형태와 실존을 보존하기 위해 다른 개체들을 요구"(발리바르 2005, 222)할 수밖에 없다는 것이다.

인간이라는 개체, 혹은 개인의 신체를 구성하는 부분들, 하위 개체들은 영구불변하는 존재들이 아니다. 그것은 외부의 다른 물

1부. 인권의 철학과 정치적 주체화

체에 의해 재생되는 가변적 존재들이다. 즉 재생이란 "주어진 개체(자아라 부를 수 있는)가 계속해서 개체 자체의 어떤 부분들을 버리고, 다른 개체(타자들이라 불릴 수 있는)의 부분들을 계속해서 받아들인다는 것을 의미"(발리바르 2005, 223)한다. 즉 자신과 타자 사이에서 각자를 구성하는 부분들의 교환이 일어나는 것이다. 그렇지만 이 교환은 한 개체의 동일성이라는 맥락에서 보자면 "이때 이러한 교체는 어떤 '비율' 또는 본질은 불변적으로 남겨 둔다는 것을 전제"(발리바르 2005, 223)한다.**18**

발리바르는 개체들 사이에서 일어나는 부분들의 교환을 '입출입 흐름의 조절'이라고 규정한다. 그런데 이 상이한 개체들은 각자의 역량 혹은 힘에서 구별되는 개체들이기도 하다. 그래서 이 교환은 힘들 사이의 교환인데 개체 간에 있는 역량 차이는 이 교환을 반드시 호혜적인 과정으로만 만들지 않는다. 경우에 따라서는 이 교환의 과정에 참여하는 모든 개체가 자신을 개체로 규정하는 운동과 정지의 항상적 비율을 유지할 수도 있고 때로는 어떤 개체는 자신의 비율을 유지하지만 다른 개체는 이 과정에서 그 비율을 파괴당할 수도 있다는 것이다. 물론 이 파괴 가능성은 자기보존을 위해 교환에 참여하는 모든 개체들에 해당되는 것이다.

모든 개체는 항상 자기 외부의 다른 개체들과 부분들의 교환을 통해 자신을 재생해야 하지만 이 교환 과정에는 언제나 자신을 파괴할 수 있는 위험성이 배태되어 있다. 그렇다면, 개체는 자신

---

18 이 '어떤 비율' 내지 본질이 바로 독특한 개체에 고유한 운동과 정지의 항상적 비율이다.

을 보존하기 위해 자신의 부분을 타자의 부분과 교환하면서도 어떻게 파괴의 위험성을 최소화할 수 있을까?

이에 대한 발리바르의 답변은 개체의 해체를 두 가지 수준에서 구별하는 것으로부터 시작된다. 개체의 해체에는 잠재적 해체와 현행적 해체가 있다. 잠재적 해체란 하나의 개체가 다른 개체와 부분을 교환할 때 겪는 과정으로서, 자신을 구성하고 있는 부분들이 자신으로부터 절단되거나 고립되는 과정을 의미한다. 이렇게 하나의 개체가 다른 개체들과 부분을 교환하는 과정을 통해 그 개체는 자신을 재생하게 되는 것이다. 그리고 그런 교환 과정에서 자신의 부분을 다른 개체의 부분들과 교환하는 개체들은 뒤섞이게 된다. 이를 발리바르는 잠재적 해체, 혹은 전이적이거나 가역적 해체라고 규정한다. 잠재적으로 해체된 개체는 다른 개체들의 부분들을 받아들이는 데 성공함으로써 다시 통합된다. 반면 현행적 해체란 한 개체가 해체된 이후에 다시는 재통합되지 않는 파괴 상태, 자신에게 고유한 운동과 정지의 항상적 비율이 영구적으로 해체된 상태를 말한다.

그렇다면 자기 보존을 자신의 본질로 하는 각 개체들에게 핵심 과제는 재생으로 이어질 잠재적 해체를 반복하면서도 영구적 해체를 결과할 현행적 해체를 피하는 일이다. 발리바르에 따르면 스피노자는 이 길을 외적으로 구별되는 실재로서 개체들로 조성된 복합체, 특히 인간의 입장에서는 복수의 인간들로 구성된 집합체에서 찾는다. 이때 발리바르가 주목하는 스피노자의 텍스트는 『에티카』 4부 유일한 공리이다.

자연 안에는 그보다 더 위력적이고 강력한 다른 실재들이 존재하지 않는 독특한 실재는 아무것도 없다. 어떤 실재가 주어지면, 이 실재를 파괴할 수 있는 더 위력적인 다른 실재가 존재한다.

이 테제는 힘들/역량들의 합성이라는 관점에서 국가의 기초를 탐색하는 스피노자의 『정치론』과 결부해 읽을 필요가 있다(최원 2017). 스피노자는 『정치론』에서 자연권을 '역량만큼의 권리'(스피노자 2008, 34)로 규정한다. 이런 관점에 입각해 그는 권리란 힘들이 합성될수록 증대된다고 주장한다(스피노자 2008, 49). 힘들의 합성이란 개인들이 서로 합치되는 관계, 즉 연합하여 일종의 상위 개체를 형성해 각자의 역량을 공통의 것으로 만드는 작업이다. 이 작업에 성공할 때 개인들이 맺는 관계는 서로에게 합치하는 것이 되며, 공통의 역량으로서의 권리는 증대된다.

스피노자는 이런 관점에 따라 국가의 형성 논리를 제시한다. 자연 안에 존재하는 개별적 실재들은 언제나 그 실재보다 더 큰 힘을 가진 실재에 의해 파괴될 가능성에 직면하고 있다. 개체들이 이런 사태를 방지할 수 있는 길은 타자와의 합치되는 관계, 즉 연합을 구성해 공동의 역량을 증대하는 것 외에는 없는 것이다. 그래서 역량만큼의 권리로 규정된 스피노자의 자연권 개념은 "항상 이미 다른 사람들, 타자들과의 매개 관계를 통해서만 비로소 성립할 수 있는 권리"(진태원 2005a, 17)이다. 그러한 합치되는 관계, 혹은 연합의 형태가 바로 국가이다.

스피노자에 의하면 자연학적 관점에서 서로 본성이 일치되는 개체들이 서로에게 가장 유용하며 가장 잘 합치된다(『에티카』4부, 정리 30, 31). 그러므로 인간에겐 다른 인간이 가장 유용하며 인간은 다른 인간과 가장 잘 합치되는 관계를 구성할 수 있다. 이 점을 발리바르는 다음과 같이 관개체성의 관점에서 다시 표현한다.

> 개체들의 '공통적인 본성' 덕분에 개체들 사이에서 확립되는 관계들은 개체들의 자율성을 제거하지 않고서도 집합적인 또는 '상위의' 개체성을 형성한다. 반대로 이 관계들은 개체들의 행위 역량(여기에는 사고 및 인식 역량까지 포함된다) 및 따라서 개체들의 실존 역량을 증대시킨다. 이제 우리가 이 4부의 공리(외부 세력의 필연적 우월성)를 다시 떠올린다면, 우리는 이로부터 개체들의 상호 '합치'를 수단으로 한 개체들의 다양성의 통합은 개체들 각자가 자신의 자율성(개체화) 및 독특성(개성화)을 유지하기 위한 내생적 조건이라는 결론을 내릴 수 있다. 만약 개체가 이를 재생하기 위해 자신과 '합치하는' 다른 개체들을 발견하지 못한다면, 개체는 한마디로 말해 실존하지 못할 것이다(발리바르 2005, 227).

각 개인들이 자신의 자율성과 독특성을 보존하면서도 다른 개체들에 의해 파괴당하지 않기 위해서는 서로 합치하는 관계를 맺음으로써 상위의 개체, 즉 연합을 구성해야 한다. 이런 연합에 참여할 때 개체들의 역량은 공통화되고, 증대되기 때문이다. 이런 합치에 의한 연합의 구성이 가능한 이유는 그들이 공통의 본성을

1부. 인권의 철학과 정치적 주체화

가지고 있기 때문이다. 즉 개인들의 다양성의 통합은 개인들의 자기 보존을 위한 내생적 조건이다. 각 개인은 항상 이미 다른 개인들과 합치하는 관계를 자신의 실존과 활동의 조건으로 내포할 수밖에 없다. 인간은 언제나 다른 인간과의 합치되는 관계를 통해서만 자율적이고 독특한 존재로 살아갈 수 있다는 것이다. 이것이 발리바르가 스피노자에게서 발견하는 관개체성의 인간학이다. 즉 마르크스에 대한 논의에서도 제시되었던 관개체성, 즉 "개체라는 개념 내에 개체 자신의 다른 개체들에 대한 의존관계를 항상 이미 포함"(발리바르 2018, 324)하는 개체로서 관개체성은 이렇게 스피노자에게서도 나타나고 있다.

그러나 개인들 사이의 합치하는 관계는 결코 자연적으로 보장되지 않으며 그 연합의 안정성은 손쉽게 유지될 수도 없다. 스피노자에 의하면 자신과 공통된 본성을 가진 다른 개체는 한 개체에게 필연적으로 선이지만(『에티카』 4부, 정리 31) 정념에 예속된 인간의 경우에는 그렇지 않을 수 있으며 서로 대립적이 될 수 있음을 보인다(『에티카』 4부, 정리 32, 33, 34). 오로지 인간이 다른 인간에게 유익한 존재일 수 있는 경우는 각 인간들이 이성에 입각해 살아갈 때이다. 그러할 때에 인간의 본성은 일치할 수 있다(『에티카』 4부, 정리 35).

그러나 인간은 그 본성상 이성의 작용보다 정서affect의 작용에 따라 살아가는 실재들이며 이성의 힘은 정서의 힘을 이길 수 없다. 그러므로 이성의 지도에 따라 다른 인간을 자신과 공통의 본성을 가진 존재로 인식하며 다른 인간과 합치된 관계를 구성하기란 매우 어려운 일이다. 만약 여러 요인에 의해 연합을 구성하는 개인들 사이에 안정적 일치, 혹은 평형 관계가 이루어졌다고 하더라도 그것은 매우 잠정적이며 동요하기 쉬운 것이다. 그래서 발리바르는 타인과의 합치되는 관계를 통한 개체의 자율성과 독특성의 성립은, 질베르 시몽동의 용어를 차용해 '준안정적 평형'의 결과라고 규정한다.

> 우리는 개체의 완결된 개념은 고정되지 않은 역동적인 평형을 표현하며, 만약 이 평형이 계속해서 재구성되지 않는다면, 이는 곧바로 파괴될 것이라고 생각할 수 있다. 이러한 평형(시몽동을 따라 준안정적인 평형이라고 부를 수 있는)은 잠재적인 해체 또는 탈구축 과정에는 영속적으로 재합성 또는 재구축 과정이 중첩된다는 것을 전제한다 (발리바르 2005, 227).

그러므로 관개체성 이론의 인간학이 인간을 타인과 합치되는 의존적인 관계 속에서만 구성되는 실재라고 파악한다고 할지라도 그 관계 자체를 결코 영구적으로 안정된 것으로 보지 않는다. 관개체성의 인간학은 개인들이 이루는 연합을 동요하기 쉬운, 혹은 불안정적인 것으로 변모할 가능성이 높은 것으로 파악한다. 그러므로 연합이라는 개인들 사이의 합치하는 관계는 언제나 역동적 평형, 혹은 준안정적 평형 상태에 있으며 그런 평형은 항상 재구성되어야 하는 것이다.

이 역시 인간의 본질로서 '사회적 관계의 앙상블'이 결코 변동하지 않고 영원히 고정된 것이 아니라 프락시스라는 '실천적 변형 운동들'에 의해 관통되면서 항상 변동하는 것으로 파악하는 마르크스적 관개체성 개념과 상통하는 것이다. 즉 인간의 본질을 규정하는 실재적 조건인 타인들과의 관계들의 총합, 사회적 관계들의 앙상블 역시 준안정적 평형의 상태에 있는 것이다.

4. 의사소통적 인정인가 교통인가

발리바르는 이렇게 마르크스의 '포이어바흐에 관한 여섯 번째 테제' 독해와 공명하는 스피노자의 개채성 개념에 대한 독해를 통해 개체/개인은 항상 이미 다른 개체/개인과의 상호적 관계를 자신의 존재 조건으로 갖는다는 점을 밝힘으로써 관개체성 이론을 구축하고 있다. 이런 발리바르의 논의는 그가 마르크스의 관개체성 개념을 분석하면서 했던 문제 제기, 즉 사회적 관계들의 개방적인 무한 연관의 망이 노동관계들의 단일성에 의해 위계화되었다는 마르크스의 한계를 어떻게 넘어설 수 있게 해주는 것일까? 즉 스피노자의 관개체성 개념을 도입함으로써 사회적 관계들 가운데 특권적이고 중심적 위치를 차지하는 노동관계들의 단일성에 의해 봉합된 사회적 관계들을 어떻게 이 단일성으로부터 탈각시킬 수 있는 것일까?

그러나 이 문제는 본고의 근본적인 맥락, 즉 자유주의의 고립적 인간학에 기초한 인권 개념을 넘어서기 위한 공동의 존재론에 기초한 두 가지 인간학들로부터 비롯된 정치학, 즉 상호 주체성의 정치학과 관개체성의 정치학 사이의 쟁점이라는 맥락에서 검토될 필요가 있다.

1) 상호 주체성의 정치학: 하버마스의 권리 체계 이론

세일라 벤하비브의 지적과 같이 "규범적 차원"은 비판 이론을 그 태성으로부터 다른 사회 이론과 구별하도록 만드는 비판 이론의 종별적 특징을 형성한다(벤하비브 2008, 20). 특히 호르크하이머와 아도르노 이후의 비판 이론가들은 "생산으로부터 의사소통 행위로의, 주체의 철학의 정치학으로부터 상호 주체성의 정치학으로의 패러다임 변화"(벤하비브 2008, 30)를 통해 비판 이론을 실천적 사회 이론으로 구축하고자 한다.

하버마스는 오랫동안 규범의 원리들로 여겨져 온 도덕원리 및 법 원리만으로는 사회의 규범적 토대가 충분히 규명될 수 없다고 생각한다.[19] 하버마스는 여기에 '민주주의의 원리'를 더해야 한다고 주장한다. 이는 도덕과 법의 관계에서 도덕을 우위에 두는 철학적 전통이 법의 독자적 자율성을 해명하지 못하기 때문이다. 가령 이마누엘 칸트는 법적 강제의 정당화를 궁극적으로 도덕 원리인 정언명령으로부터 도출하고자 하기에 "칸트에서 법은 도덕에 종속된다"(하버마스 2007, 177). 하지만 하버마스에 따르면 "이 종속 상태는 법이라는 매체 자체 속에서 실현되는 자율성이라는

---

[19] 가령 이마누엘 칸트에게서 도덕원리는 규범에 대한 주체 내면에서의 존중에 입각한 동의, 즉 정언명령에 대한 순복이다. 반면 법 원리란 주체의 외적 행위를 제한하는 강제의 인정, 만인의 동등한 자유와 공존할 수 있기 위한 외적 행위의 제한이다(칸트 2019).

표상과는 양립할 수 없다"(하버마스 2007, 177).

법이라는 매체 자체 속에서 실현되는 자율성이란 법적 강제에 구속되는 법의 수신자들이 곧 법의 저자라는 사실을 의미한다. 즉 주체의 행위를 제한하는 법은 사실 주체 자신이 스스로에게 부과한 제한이라는 것이다. 법의 수신자(법의 제한 속에서 살아가는 시민)와 법의 저자(법을 제정하는 시민)의 동일성, 이 동일성이 정치적으로 자율적인 입법, 혹은 시민들에 의한 자율적 입법의 이념이다.

그러므로 도덕원리는 법 원리를 결코 완전히 정초할 수 없다. 규범은 단지 도덕원리와 법 원리만으로 정초될 수 없고 민주주의 원리에 의해 정당화되어야 하기 때문이다. 하버마스는 민주주의 원리를 다음과 같이 제시한다.

> 민주주의 원리와 도덕원리를 구별하는 분명한 기준을 얻기 위하여 나는 민주주의 원리가 정당한 입법 절차를 확정해야 한다는 사실에서 출발한다. 민주주의 원리가 뜻하는 것은 법적으로 구성된 담론적 입법 과정 속에서 모든 시민들이 동의할 수 있는 법규범들만이 정당성을 주장할 수 있다는 것이다. 다시 말해, 민주주의 원리는 서로를 자유의지에 따라 결성된 법 공동체의 자유롭고 평등한 구성원으로 인정하는 법 인격체들이 공동으로 내리는 자율적 결정의 수행적 의미를 설명해 준다(하버마스 2007, 164, 165).

다시 말해 민주주의 원리는 우선 공동체 구성원들의 외적 행위를 구속하는 법은 그 공동체를 이루는 구성원의 동의에 입각해 제정되어야 정당성을 획득한다는 것을 뜻한다. 동시에 공동체의 구성원들은 모두 자유롭고 평등하며 공동체의 사안에 대해 공동으로 자율적인 결정을 내릴 수 있어야 한다는 원리이다.

그렇다면 이제 사회적 세계의 규범은 일견 도덕원리, 법 원리 그리고 민주주의 원리로 삼원화되어 정초되는 것으로 보인다. 하버마스는 우선 도덕원리와 법 원리 모두가 자율성의 원리라는 점에서 일치하지만 도덕원리는 주관적 자율성의 원리이고 법 원리는 공적 자율성의 원리라는 점에서 양자를 구별한다. 그 이후 이두 가지 자율성은 하나의 공통적 규범, 혹은 상위의 행위 원리가 분화된 것으로 파악된다(박민지 2018, 44). 그것이 '담론 원리'(D)이다.

> D: 가능한 모든 관련 당사자들이 합리적 담론의 참여자로서 동의할 수 있는 행위 규범만이 타당하다(하버마스 2007, 161).

관련 당사자들이 합리적 담론에 동등하게 참여할 수 있게 하는 행위 규범이 담론 원리이다. 이는 의사소통적 행위를 통해 상호 이해를 위한 규범인 의사소통적 합리성의 정치적 번역이라 할 수 있다. 하버마스에 의하면 담론 원리는 일반적 행위 규범, 즉 구체적 행위의 내용이 아니라 행위 일반의 타당성을 보장하는 추상적 형식이다. 타당한 행위의 추상적 형식으로서 담론 원리는 어떤 문제적 상황 속에서 구체화되느냐에 따라 도덕원리나 민주주의 원

리로 각각 "특정화"된다.*20*

결국 하버마스는 가장 일반적 행위 규범으로서 담론 원리를 상정하고, 이로부터 특정한 조건하에서 도덕원리와 민주주의 원리가 도출되는 것으로 파악하면서 규범 이론을 구축한다. 도덕원리를 비강제적 차원에서 개인들의 상호작용을 규제하는 상황에 필요한 담론 원리의 특정화로 파악하며, 법 원리는 독자적 위상을 갖는다기보다는 법 형식 속에서 모든 당사자들의 동등한 참여와 동의라는 민주주의의 원리에 의해 정당화되는 것, 즉 민주주의 원리의 하위 범주로 조정된다.*21*

이런 사회적 행위의 규범 이론에 입각할 때만 인권의 근거를 자연법 등의 초월적 담론과는 다른 방식으로, 즉 내재적인 규범의 차원에서 정초할 수 있게 된다. 하버마스는 의사소통적 행위라는 상호 주체성의 논리에 입각해 담론 원리를 정립한 다음 그 원리가 특정한 조건에서 구체적 행위를 위한 규범으로 분화, 즉 도덕원리와 민주주의 원리로 분절된다고 파악한다. 권리, 또는 인권은 논리적 차원에서 보자면 민주주의 원리, 보다 구체화하자면 '담론 원리와 법 형식의 상호 침투로서 민주주의 원리'에 의해 발생한다

---

20 도덕원리는 "가능한 관련 당사자 모두의 이익을 동등하게 고려할 때에만 정당화될 수 있는 행위 규범을 위하여 이 보편적 담론 원리를 특정화할 때 비로소" 발생하며, 민주주의 원리는 "법적 형식 속에서 등장하는 행위 규범들을 위하여 보편적 담론 원리를 특정화할 때" 발생한다(하버마스 2007, 162). 민주주의 원리는 법 형식과 담론 원리의 상호 침투 속에서 발생하는 것이다(하버마스 2007, 178).

21 이제 법 원리는 민주주의 원리에 의해 규범적으로 정당화되기 때문에 이런 법 원리를 민주적 법 원리라고 부를 수 있을 것이다.

(하버마스 2007, 178). 그가 이와 같은 인권의 논리적 발생에서 담론 원리와 법 형식의 상호 침투를 강조하는 것은 인권을 도덕적 차원에서만 이해하는 것만이 아니라 정치적 차원에서도 파악하고자 하기 때문이다.

그런데 민주주의 원리로부터 인권의 논리적 발생이 가능하지만 아직 이 권리는 실정적이지는 않다. 하버마스는 민주주의 원리로부터 발생하는 인권의 범주들을 총 다섯 가지로 구별22하고 이 범주들의 상호 관련성을 '권리 체계'라고 명명한다. 이 권리가 국가 공동체 내에서 실정적인 것이 되려면 이 권리를 보장하는 강제성의 차원이 형성되어야 한다. 그것이 바로 법, 보다 정확히 말하자면 헌법이다. 헌법은 논리적으로 사전에 존재하는 권리 체계를 특정한 국가 공동체의 경계 내에서 독해함으로써 그 권리 체계를 실정적인 것이 되게 한다(하버마스 2007, 187).

그러나 동시에 하버마스는 "권리 체계는 초월적 순수성 속에서 존재하지 않는다"(하버마스 2007, 187)고 분명하게 못 박는다. 다시 말해, 역사적 현실 속에서 일어난 복잡한 상호작용과 무관하게 그 자체로 항상 이미 완전하게 존재하는 권리 체계란 존재하지 않는다. 역사적으로 파악하자면 근대 헌법의 역사 속에서 등장한 다양한 헌법 모델들로부터 권리 체계는 오히려 귀납적으로 도출

22 이 다섯 가지 권리 범주는 다섯 가지 기본권인데 그것은 다음과 같다. ① 평등한 주관적 행위 자유의 기본권, ② 구성원으로서 기본권, ③ 개인적 권리 보호를 위해 소송을 할 수 있는 기본권, ④ 시민들의 의견과 의지 형성 과정에 동등하게 참여할 수 있는 기본권, ⑤ 생활 조건 보장에 대한 기본권(하버마스 2007, 179-181).

되는 것이라고 할 수 있다. 권리 체계와 헌법은 그것의 논리적, 역사적 발생을 동시에 고찰함으로써만 인권의 규범적 근거가 규정될 수 있다는 것이다.

이렇게 인권의 정치는 규범적 차원에 의해 정당화된다. 하버마스는 의사소통적 합리성에 기초한 상호 주체성으로부터 행위 일반의 규범으로서 담론 원리를 도출해 내고 이로부터 인권의 논리적 발생으로서 권리 체계와 이의 역사적 실정화로서 헌법을 위치 지운다. 그 결과가 인권의 논리-역사적 발생이다. 이런 하버마스의 논의로부터 인권의 규범적 근거는 의사소통적 합리성에 의해 규제되는 상호 주체성임을 알 수 있다. 인권을 침해하는 구체적 행위는 법률과 헌법의 규범성에 의해 규범으로부터 벗어난 일탈적 행위로 비판되며 법률이나 헌법 자체가 권리 체계를 보장하지 않을 경우에는 법과 헌법이 탈규범적인 것으로 비판된다. 역으로 법에 의한 인권의 보장은 의사소통적 상호 주체성이라는 규범을 보장하는 것이 된다.

2) 호네트의 사회적 자유

호네트는 상호 주체성에 입각한 인정을 사회적 세계의 규범적 토대로 설정한 이후 이 규범에 부합하는 사회적 이상을 '형식적 인륜성'이라고 파악한다(호네트 2011, 320). 호네트는 인륜성을 "개인의 자기실현에 필연적 전제 조건으로서 작용하는 상호 주체적 조건 전체"(호네트 2011, 316)로 규정한다. 개인이 하나의 인격체로 형성되기 위해서는 필수적으로 주체가 자기 자신과 긍정적 관계를 형성해야 하는데 긍정적 자기 관계는 항상 이미 타자의 인정을 전제한다. 또한 인륜성이란 주체들이 서로를 인정하는 형태들의 체계를 뜻한다. 이를 '형식적'이라고 그가 규정하는 것은 헤겔의 입헌 국가 등과 같이 인륜성이 실체화될 수 없기 때문이다. 인륜성은 일종의 이상적 규범이며 모든 사회적 관계들의 타당성을 판별하는 규범 형식이다.

이 형식적 인륜성을 정치적 실천의 맥락에서 권리 개념으로 변환한 것이 '사회적 자유'이다. 호네트는 초기 사회주의자들이 프랑스혁명 이후 자유와 우애 사이에 드러난 모순을 극복하기 위해 자유와 우애의 관계를 다시 사고한 점을 높이 평가한다. 초기 사회주의자들에 따르면 개인의 자유는 타자와의 협력에 기초한 공동체를 통해서만 이룰 수 있다는 것이다.

> 사회 전체에서 어떤 이성적 목표의 개인적 실현이 강제 없이 이루어지기 위해서는 이러한 행동이 모든 사람들의 동의를 얻어야 하며, 이들의 보완적 도움 행위를 통해 비로소 완성되어야 한다. 따라서 개인의 자유가 존재할 수 있는 곳은 결국, 헤겔의 용어를 사용한다면, 다른 사회 구성원들이 개개인의 행위 의도 제한의 원인자가 아니라, 이를 실현하기 위해 필요한 협력자로 간주될 수 있는 곳뿐이다(호네트 2016, 63).

즉 개인의 자유가 비강제적 방식으로 실현되기 위해서는 타자가 자유의 실현을 제한하는 자가 아니라 오히려 자유의 실현을

　　　　　　　　　1부. 인권의 철학과 정치적 주체화

위해 반드시 요청되는 협력자가 되는 관계의 장이 전제되어야 한
다는 것이다. 호네트는 그 관계의 장을 '연대적 공동체'로 규정하
며 이 연대적 공동체 내에서 협력과 자유의 실현과 등치되는 사태
를 사회적 자유라고 개념화하는 것이다.

> 이런 점에서 사회적 자유란 한 공동체의 사회적 실천에
> 참가하는 것을 말하며, 이를 통해 구성원들은 서로에게
> 관심을 가짐으로써 각기 타인을 위해 이들의 정당한 욕구
> 실현을 상호적으로 지원하게 된다(호네트 2016, 64).

하지만 호네트가 보기에 초기 사회주의자들은 사회적 자유를
구체화하는 과정에서 심각한 오류를 범했다. 우선 연대적 공동체
를 "배타적으로 경제적 활동 영역으로 제한"함으로써 당시 복잡
하게 분화되던 여타 사회적 영역들의 독자성을 사유하지 못했다.
다음으로 이로 인해 "정치적 의사 결정의 영역"을 통해 성취하는
"법적 자유"를 사회적 자유의 맥락에서 파악하지 못했다. 마지막
으로 사회주의는 자본주의와 혁명적 단절을 통해 사회적 자유의
세계를 일거에 구축할 것이라는 "역사 형이상학"이 되어 버림으
로써 자신들의 실천을 사회변혁을 위한 "실험적 텍스트"로 파악
하지 못했다(호네트 2016, 67).

사회적 자유에 대한 초기 사회주의자들의 개념화가 갖는 한
계를 호네트는 사회적 자유를 경제적 영역만이 아니라 여타의 사
회적 관계의 장을 구축하는 규범으로 재설정함으로써 극복하고자
한다. 그에 의하면 이런 극복은 다양한 사회적 관계들을 사회적

자유의 관점에서 제도화하는 구체적이고 실험적 실천을 통해 이루어져야 한다. 호네트는 이렇게 다차원적 사회적 관계의 영역들에서 사회적 자유를 제도화하는 실천을 사실상 "지금까지 고려되지 않았던 자신들의 요구에 귀 기울이게 하기 위해 의사소통의 장애물을 허물어트리고 이에 상응하는 사회적 자유의 가능 공간을 확장하려는"(호네트 2016, 125) 투쟁, 즉 인정 투쟁으로 파악한다. 사회적 자유는 경제의 영역만이 아니라 사적 개인들의 정서적 유대 관계와 정치적 권리의 영역에서도 실현되어야 하는 것이다.[23]

호네트의 인정 투쟁 이론에서도 의사소통은 매우 중요한 계기가 된다. 다만 호네트는 하버마스보다는 존 듀이의 의사소통 이론에 기대고 있는데, 이는 인정 관계가 단지 의사소통적 합리성에 기초한 관계만으로 규정될 수 없기 때문이다. 호네트는 상호주체적 관계에서 하버마스보다 정서의 문제를 중시한다. 가령 인정의 가장 기본적 형식인 사적 유대 관계에서의 사랑은 전형적인 정서적 인정의 관계이다. 나아가서는 인정 투쟁이 발생하는 원인이 친밀한 관계에서의 폭력, 권리 관계에서 권리 부정, 사회적 연대 관계에서 가치 부정과 같은 무시의 경험이라고 할 때 무시를 경험하는 자의 정서 반응은 인정 투쟁의 중요한 계기가 된다.

그렇지만 개별적 무시의 경험이 사회운동 내지는 사회적 투쟁으로 전환되기 위해서는 "개인적 무시 경험이 한 집단 전체의 전형적인 핵심 체험으로 해석됨으로써, 개인적 무시 경험이 행위 주

---

23 이에 대해서는 이승훈(2018)을 참조하라.

1부. 인권의 철학과 정치적 주체화

도적 동기로서 인정 관계의 확장에 대한 집단적 요구로 나아가"(호네트 2011, 299)는 것이 필요하다. 이때 그런 해석을 가능하게 하는 것은 결국 "사회 공동체에 대한 우리의 표상을 규범적으로 풍부하게 하는 도덕적 이론이나 이념"(호네트 2011, 301)이다. 즉 한 사회 내에 이미 존재하는 "도덕적 이론과 이념"과 같은 규범적 권위를 갖는 지적 해석의 틀을 통해 무시의 부당함을 지적으로 이해하고 그 부당함을 시정하는 투쟁을 전개하게 된다. 다시 말해, 지적 혹은 이성적 차원이 개인적 무시 경험의 사회적 투쟁으로의 변모를 위해 매우 중요한 것이다.

인정 투쟁의 과정을 통해 사회적 자유를 실현하려는 호네트의 권리-정치적 기획에서 자유로운 의사소통이나 열린 공론장과 같은 합리성의 계기는 더더욱 중요해진다. 사회적 자유를 쟁취하려는 투쟁에서는 "오직 모든 참여자들 사이의 가능한 한 제한 없는 의사소통"이 중요하며 이는 "모든 관련자들이 가능한 한 강제 없고 방해 없이 참여할 수 있는 '공론장'이라는 제도적 기관"을 확보함으로써 "토의적 시민들의 민주적 공동체"를 구성하는 방향으로 나아가야 한다는 것이다(호네트 2016, 172).

호네트에 따르면 이런 투쟁은 사회 전체를 일거에 연대적 공동체로 구축하는 급격한 변환이 아니라 각 영역에서 사회적 자유의 구현을 위한 제도들을 구축하는 방식으로 진행되어야 한다. 그리고 이런 제도의 구축은 항상 사회적 자유라는 규범적 이상을 구체화하려는 실험으로 간주될 필요가 있다. 이는 연대적 공동체에 바탕을 둔 자유의 도래를 보증하는 역사 형이상학적 집단 주체가 없음을 강조하는 관점이기도 하다. 사회적 관계의 각 영역에서 제도의 재구성을 통한 사회적 자유의 실현은 헤겔의 세계사적 인물이나 마르크스의 프롤레타리아트에 의해 보증되지 않는다. 그 과제는 모든 시민의 것이다.

최종적으로 호네트는 인격적 관계(사랑), 민주적 의사 형성(권리), 경제적 행위(사회적 연대)라는 사회적 관계의 영역들이 자율적이지만 동시에 유기적으로 서로를 보완하는 체계의 구축을 '수정된 사회주의'의 과제로 제시한다.

> 헤겔과 마르크스가 도입했던 유기체의 유추가 이런 문제를 해결하는 데 도움이 된다면, 부분 영역으로 구성된 전체의 내적 합목적성을 이런 영역들 상호간의 바람직한 관계로 이해하는 것이 당연한 결론일 것이다. 즉 세 가지 자유 영역들은 앞으로 가능한 한 자신의 고유한 규범을 따라야 하지만, 공통적으로는 강제 없는 협력 속에서 전체 사회라는 더 높은 차원의 통일성을 지속적으로 재생산하는 방식으로 연결되어야 한다는 것이다(호네트 2016, 165).

『인정 투쟁』에서 상호 인정의 세 가지 형태로 제시되었던 사랑, 권리, 사회적 연대는 사회적 자유라는 대안적 사회론의 차원에서는 각각 인격적 관계, 민주적 의사 형성, 경제적 행위의 영역에서의 사회적 자유로 구체화된다. 더불어 이 세 가지 영역들의 사회적 자유가 상호보완적 체계를 형성해 사회구성체의 규범으로 제시될 수 있을 때 '수정된 사회주의'의 수립을 위한 방향 역시 설정될 수 있다. 호네트는 수정된 사회주의의 규범적 지향을 "민주적 생활양식"이라는 개념으로 총괄하는데, 그 핵심은 각 사회적 영역을 관통하는 "전체 생활양식으로서의 민주주의가 의미하는 것은, 각각의 독립된 영역의 기능적 특수성 속에서 민주적 참여라는 일반적 구조가 반영되어 있는 평등한 참여 경험을 개인과 사회의 매개 중심으로 만들어 내는 것"(호네트 2016, 166)이다.

결국 호네트의 작업은 상호 주체적 관계의 규범적 형태인 인정을 사회적 자유라는 권리 개념으로 변환함으로써, 인정 관계에 기초한 대안적 사회상을 구축하고자 하는 시도라 할 수 있다. 즉 경제와 같은 특정한 부문만을 특권화하는 방식이 아니라 개인들의 인격적 관계들과 공적 의사 결정의 관계들과 같은 다양하게 분화된 사회적 관계들의 영역을 동등하게 연결하는 규범을 사회적 자유라는 개념을 통해 설정하고자 하는 것이다.

사회적 자유라는 권리에 기초해 수정된 사회주의는 "상호 주체적 자유 영역들이 강제 없이 협력"(호네트 2016, 167)하는 세계와 다른 것이 아니다. 사회적 자유는 그러므로 상호 주체적 인정이라는 규범으로부터 도출되어 각각의 사회적 관계의 영역들에서 실현되어야 하는 보편적 권리라고 할 수 있다. 다시 말해, 사회적 자유라는 보편적 권리는 인정이라는 상호 주체적 규범성에 기초한 권리이다.

3) 교통의 정치학

(1) 교통, 이성적일 뿐만 아니라 정서적인

비판 이론은 근본적으로 규범 이론이며 하버마스와 호네트는 상호 주체성을 축으로 하여 자신들의 비판 이론을 구축한다. 그들은 각각 의사소통적 합리성과 상호 인정을 비판 이론의 규범적 토대로 내세우며 이에 입각해 사회의 병리적 사태들을 비판하고, 이런 병리적, 탈규범적 사태를 극복하기 위한 대안을 의사소통적 합리성의 복원이나 상호 인정의 성취로 제시한다. 사회문제 발생의 이유는 상호 주체성의 훼손 때문이고 사회문제 해결의 원리는 상호 주체성의 복원인 것이다.

하지만 비판 이론은 사회문제를 판단하는 기준 및 그 문제의 해결 기준을 명확하게 제시하지만 그런 문제의 발생 메커니즘에 대해서는 논의하지 않는다. 왜 사람들은 규범으로부터 벗어나는 일탈 행동을 하는가? 왜 사회적 제도는 병리화되는 것일까? 왜 의사소통적 합리성은 작동하지 않으며, 서로 간의 무시가 발생하는 것일까? 왜 상호 주체적 권리인 인권의 침해가 발생하는가? 비판 이론은 이런 사태가 규범으로부터 일탈이라고 판단할 뿐 일탈의 기제를 설명하지 않는다.

상호 주체성 이론은 개인의 주관성이란 근본적으로 타인의 주관성과 맺는 관계를 내재적 조건으로 하여 성립된다고 파악하는 관계(론)의 철학이다. 이 점에서 발리바르의 관개체성 이론 역시 마찬가지이다. 하지만 이 관계가 이루어지는 방식, 그 관계의 성격을 파악하는 방식에서는 중요한 차이가 있다. 즉 개인들(개체들)은 오직 타자와의 관계 내에서만 개인으로 성립되지만 그 관계 내의 개인들 사이에서 이루어지는 상호작용의 핵심이 무엇인가라는 쟁점에 대해서는 상호 주체성 이론과 관개체성 이론이 서로 다른 입장을 가지고 있는 것이다.

이 문제는 정서affect24라는 상호작용의 문제를 어떻게 파악하느냐와 관련되어 있다. 상호 주체성 이론에서 상호작용적 관계의 핵심은 합리성, 혹은 의사소통적 합리성이다. 의사소통적 합리성을 사회적 삶의 규범으로 파악하는 하버마스가 상호 주체적 관계의 중핵을 '합리적인 것'으로 설정하고 있다는 점은 비교적 쉽게 이해될 수 있을 것이다. 반면 상호 인정을 규범으로 내세우는 호네트에게 인정은 단지 합리성의 차원만이 아니라 정서의 차원 역시 포함한다. 이런 면에서 인정 관계의 제도적 구축에 있어서 정서는 출발점으로서 의미를 갖는다. 하지만 이미 사회적 자유에 대한 논의에서 살펴본 바와 같이 인정의 문제가 사회적 투쟁으로 전환과 그 투쟁을 통해 성취되는 인정의 제도화는 여전히 합리적 차원을 중심으로 이루어진다. 호네트에게 정서의 문제는 상호 주체적 관계의 규범화 과정에서 합리성에 비해 여전히 부차적인 것이다.

반면 발리바르는 상호작용의 관계에서 합리성보다는 오히려

---

24 affect는 국내에서 흔히 '정동'으로 번역되지만, 나는 '정동'으로 번역되는 affect 개념에 문제가 적지 않다고 생각하기에 이 책에서는 affect를 정서로 번역해 사용하고자 한다. 다만, 필요에 따라 소위 '정동 이론' 계열의 논자들이 사용하는 affect는 '정동'으로 번역해 사용할 것이다. '정동 이론'에 대한 비판으로는 정정훈(2017)을 참조하라.

정서를 더 관건적인 계기로 파악한다. 그리고 바로 이 정서의 문제로 인해 인간들이 상호 주체적 관계로부터 이탈하는 메커니즘 또한 설명이 가능하다.

이미 스피노자의 관개체성 이론에 대한 발리바르의 해석에서 본 바와 같이 인간에게는 인간이 가장 유용한 타자이다. 본성의 공통성으로 인해 합치되는 관계를 조성할 수 있는 가능성이 가장 높기 때문이다. 단 인간이 이성의 지도에 따라 행위할 때에만 이는 유효하다. 반면 인간이 정념, 곧 수동적 정서에 의해 이끌려 갈 때 인간은 서로 본성상 합치될 수 없다. 그런데 인간은 이성보다는 정서의 힘에 더욱 강하게 좌우되는 존재이다. 그러므로 인간은 다른 인간과 호혜적 관계를 형성하기보다는 적대적 관계를 형성할 가능성이 현실적으로는 더욱 높다.

관개체성에 기초한 사회적 관계는 물론 이성에 의해 발생한다. 다른 인간을 자기 보존에 유용한 실재라고 판단하는 데에는 이성이 중요하다. 하지만 사회적 관계가 단지 이성의 차원에 의해서만 조성되지 않는다. 사회적 관계는 정념의 차원에 의해서도 발생한다. 그리고 이성적 판단은 정념에 의해 변조될 수 있다.

개인들 사이의 호혜적 관계는 개인들이 타인을 자신의 '동류' semblabe라고 파악할 때 구성될 수 있는데 이때 동류는 자연적으로 주어져 있는 존재가 아니다. 타인과 동류로서 관계를 맺기 위해서는 우선 개인들이 그 타인을 동류로 인지해야 한다. 그런데 이 인지 방식에서 관건적인 것이 상상이다.

동류 ― 우리 자신이 그와 동일시할 수 있고, 우리가 '이

타주의적인' 감정을 느낄 수 있는 다른 개인 …… — 는, 이미 주어져 있는 존재자라는 의미에서 자연적으로 실존하는 게 아니다. 반대로 이는 스피노자가 '정서적 모방'(『에티카』 3부, 정리 21)이라고 부르는, 그리고 개인들의 상호 인정 속에서만이 아니라 개인적 정념들의 불안정한 집합체로서의 '다중'의 형성에서도 작용하는 상상적인 동일시/정체화 과정에 의해서도 구성된다(발리바르 2005, 129, 130).[25]

호혜적 관계의 형성에 대한 스피노자의 이론에서 발리바르가 강조하는 것은 정서적 모방, 즉 타인에 대한 상상적 동일시이다. 정서적 모방이란 타인을 자신과 유사한 존재로 인지하는 한에서 타인이 느끼는 기쁨과 슬픔에 내가 공감하는 정서의 작용이다.[26]

이는 개인들 사이에서 발생하는 상호 인정의 관계와는 두 가지 차원에서 다른 의미를 갖고 있다. 우선 상호 인정 관계는 개인과 개인의 관계라는 측면이 강하지만 정서적 모방은 다중(혹은 대중들)이라는 동요하기 쉬운 집합체의 구성과 관련된다. 즉 정서적 모방은 대중들의 형성이라는 집단성의 동역학과 결부된다.[27] 다

---

25 강조는 인용자의 것이다.

26 "우리들이 아무런 정서도 느끼지 않은 것이, 우리와 유사한 것으로서 어떤 정서에 자극되는 것을 우리들이 표상한다면 우리는 그것으로 인하여 유사한 정서에 자극된다"(『에티카』 3부, 정리 27); "우리와 유사한 어떤 것이 어떤 정서에 자극되는 것을 상상하는 것에서 우리는 그것과 유사한 정서에 의하여 자극된다"(『에티카』 3부, 정리 27의 증명).

음으로 개인과 개인의 관계라고 할지라도 한 개인이 타인을 동류로 인식해 그와 호혜적 관계를 형성하게 되는 것은 그 개인이 타인을 자신과 유사한 존재로 상상할 때, 정서적 모방 관계를 이룰 때이다. 다시 말해, 타인을 자신과 상상적으로 동일시할 때에 개인들은 서로를 동류로 인지하게 된다. 호혜적 관계, 상호 주체적 관계의 형성은 일차적으로는 합리성에 의해 작동한다기보다는 정서에 의해 작동한다는 것이다.

그런데 타인에 대한 상상적 인식이 항상 타인을 자신과 동류라고 파악하게 하는 것은 아니다. 실제로는 타인이 나의 보존에 유용한 실재이지만 그 타인은 나의 자기 보존을 위협하거나 내가 사랑하는 대상을 두고 다투는 경쟁자로 상상될 수도 있다.[28] 이때 나는 타인에 대해 증오의 정서를 갖게 되며 그와 적대적 관계를 형성하게 된다. 정서는 사회적 관계를 구축하는 토대이기는 하지만 정서가 반드시 개인과 개인의 관계에 호혜성을 보장하지는 않는다. 정서는 적대적 관계의 발생적 토대이기도 하다. 그러므로 사회성의 정서적 또는 정념적 계기는 양가성을 띠게 된다.

발리바르에 따르면 사회성이란 이성적 계기와 정서적(정념적)

---

27 이 쟁점은 이후에 다루기로 한다.

28 발리바르는 이를 암비치오(명예욕)와 관련해 해석한다. 암비치오는 다음과 같은 것이다. "모든 정서를 조장하고 강화하는, 명예에 대한 과도한 욕망", "오직 다른 사람들을 기쁘게 하기 위한 목적으로 어떤 것을 하거나 하지 않으려는 노력. 특히 우리 자신이나 다른 사람들에게 미칠 피해를 고려하지 않은 채, 맹목적으로 우중을 기쁘게 하려고만 하는 경우" (발리바르 2005, 130, 131).

1부. 인권의 철학과 정치적 주체화

계기의 통일이다(발리바르 2005, 131). 사회적 관계의 구축이라는 차원에서 정서는 양가성을 갖는데 그 양가성이란 개인들이 서로에 대한 사랑과 증오 사이에서 동요하는 불안정성을 의미한다. 사회적 관계가 파괴되지 않고 안정화되려면 일차적으로 사회 구성원들이 서로에게 가질 수 있는 증오의 정서는 억제되어야 하고 사랑의 정서는 함양되어야 한다. 물론 가장 좋은 길은 서로가 서로에게 유용한 존재임을 이성적으로 인식하는 것이다. 하지만 이미 지적한 바와 같이 정서의 힘은 이성의 힘보다 강하다.

그렇기에 개인들은 상호 주체적인 관계를 맺어야 한다는 규범에 대한 인식을 가지고 있어도 사람들은 이 규범으로부터 이탈하기도 한다. 개인들이 서로를 증오의 정념 속에서 인식할 수 있기 때문이다. 스피노자적으로 말한다면 개인들이 호혜적 관계를 맺어야 한다는 것이 자연학적 사실이라고 할지라도 동일한 자연학적 사실로 인해 인간은 다른 인간을 자신의 적으로 상상할 수 있다. 이런 견지에서 보자면 비판 이론의 상호 주체성 이론은 인간들이 맺는 상호작용적 관계에 대한 정서의 강력한 영향력을 이론적으로 파악하지 못하기 때문에 상호 주체성이라는 규범으로부터 일탈을 단지 병리적 현상으로 비판할 뿐 그 일탈의 메커니즘을 규명하지 못하는 것이다.

관개체성 이론은 인간이 형성하는 사회적 관계, 그들의 상호작용은 그러므로 이성적 계기와 정서적 계기에 의해 동시적으로 구성되어 있는 것으로 파악한다. 발리바르는 스피노자의 관개체성 이론에 대한 규명에 입각해 상호작용 관계를 교통communication이라고 명명한다. 관개체성이란 개인성이 타자와의 상호작용적 관계를 조건으로 형성되는 것, 즉 타자와의 상호작용이 항상 이미 개인성에 내재함을 의미한다. 그러므로 개인성은 교통의 효과이다. 즉 "개인성이 실현되는 형태 자체는 교통의 일정한 양상의 결과"이며 "정념과 이성은 최종 분석에서 신체들 사이의, 그리고 신체들의 관념들 사이의 교통의 양상들"이다(발리바르 2005, 141).

(2) 교통과 대중들의 운동

발리바르는 교통에 대한 이와 같은 개념화를 통해 이를 정치를 새로이 사고하기 위한 축 가운데 하나로 삼는다. 스피노자는 교통이 어떤 방식으로 제도화되는가에 대한 분석을 통해 정치체, 혹은 국가라는 문제를 교통의 체제, 혹은 교통 양식이라는 관점에서 재설정하고자 한다.

교통의 관점에서 파악하자면 국가는 두 가지 형태로 구별될 수 있다. 발리바르에 따르면 스피노자는 국가의 두 가지 한계 상태를 구별한다. 하나는 강력한 권력을 지닌 주인에 대한 공포로 인해 결집하는 사람들로 구성된 정치적 관계이다. 이런 정치적 관계가 제도화된 국가 내에서 개인들은 정념적 동일성을 체험하며 이 정념적 관계 안에서 교통하지만 이들의 관계가 진정한 의미에서 합치되는 것은 아니다. 이미 지적했듯이 합치는 이성에 입각해 서로의 공통적 본성을 인식할 때 이루어지는 것이다. 하지만 주인에 대한 공포로 인민이 결집하는 국가 내에서 개인들 사이의 교통은 공통적인 것에 대한 인식에 기초하고 있지 않기 때문에 "실질적으로 교류되는 것은 최소"(발리바르 2005, 142)에 그칠 뿐이다.

1부. 인권의 철학과 정치적 주체화

다른 하나는 공통적인 것에 대한 인식에 기초해 성립하는 정치적 관계이다. 발리바르에 의하면 스피노자는 심지어 가장 억압적인 국가 내에도 항상 이미 '공통적인 어떤 것'이 내재할 수밖에 없다고 파악한다. 국가가 억압적인 한에서 개인들은 정념에 기초해 교통한다. 하지만 그 국가가 아직 지속되고 있는 한 이 교통은 결코 완전하게 정념적일 수만은 없다. 정념적인 것이 아무리 우위에 있다고 하더라도 동시에 그 국가가 하위 개체들의 복합체인 한 개인들 사이의 공통적인 것에 기초한 교통의 계기가 존속하고 있으며 이를 통해 그 국가의 지배적 교통 양식은 전화될 가능성을 갖고 있다. 이 공통적인 것으로 인해 "각자는 다른 사람들의 역량을 활용하면서 자신의 역량을 최대한 발전시키기 시작하며, 따라서 객관적인 연대를 생산하기 시작"(발리바르 2005, 142)할 수 있다.

모든 교통은 정념적 계기와 이성적 계기의 통일인데 이 통일은 항상 두 계기의 영속적인 긴장 관계를 포함한 통일이다. 그러므로 교통 양식은 또한 전화될 수 있는 것이다.[29]

---

[29] 발리바르가 억압적 국가 내에도 언제나 내포되어 있는 공통적인 어떤 계기를 강조하는 것은 억압적 국가가 자기 보존, 즉 국가의 지속을 위해서는 민주적 국가로 이행될 수 있는 경향을 그 국가의 구성 원리 내에서 찾고자 하기 때문이다. 발리바르는 스피노자의 『정치학』에 대한 분석을 통해 모든 국가는 지속하기 위해서는 공식적으로 그 국가가 자신의 정치체를 어떤 것으로 표방하건 민주화의 경향을 내재할 수밖에 없다고 제시한다. 이를 발리바르는 '민주화주의'라고 표현하는데 진태원은 그 의미를 "민주주의는 완성된 형태로 존재하는 게 아니라, 구성과 봉기, 해체와 재구성을 거듭하는 과정으로 존재한다는 것을 뜻한다"라고 해석한다(진태원 2005b, 306).

이 때문에 관념들과 운동들의 연쇄 사이에는 영속적인 긴장이 생겨난다. 그러나 이러한 긴장은 우리가 이를 정적인 대면 관계로 인식한다면, 어떠한 의미도 갖지 못한다. …… 개인들의 개체인 정치체가 자신의 고유한 역량을 발전시킴에 따라 스피노자가 인식한 사회적 관계의 현실적-상상적 복합성은 하나의 운동 원리임이 드러난다. 국가와 종교, 도덕이 제도화하는 복종 그 자체(및 그것에 상응하는 '법'에 대한 표상과 함께)는 불변의 기정사실이 아니라, 진행 중인 이행의 축이다. 좀 더 정확히(왜냐하면 어떠한 진보도 보증되어 있지 않기 때문이다) 말하면, 이것은 교통 양식 자체의 변혁을 결정적 계기로 삼고 있는 어떤 실천적 쟁점 — 어떤 투쟁의 쟁점이라고 할 수도 있을까? — 이다(발리바르 2005, 143, 144).

다시 말해 정념과 이성의 긴장을 함축한 통일인 교통은 결코 정역학적인 것이 아니다. 그것은 항상 이미 이행의 과정에 있는 동역학적인 것이다. 그러므로 교통이 실제로 작동하는 틀, 즉 교통 양식은 정치적 실천 혹은 투쟁을 통해 변혁할 수 있는 대상이 된다. '공포와 희망'이라는 정서30에 기초한 교통 양식, 결국은 인민의 예속과 정치체의 파괴로 이어질 수 있는 교통 양식을 공통적인 것에 적극적으로 기초한 교통 양식으로 변혁하는 정치라는 문

---

30 스피노자는 『신학정치학 논고』에서 억압적 국가는 희망과 공포라는 정서를 활용해 대중들을 통제하고 있음을 강조한다.

1부. 인권의 철학과 정치적 주체화

제가 등장하는 것이다.

이미 3절에서 논의한 바와 같이 마르크스는 포이어바흐에 관한 여섯 번째 테제에서 개념화한 사회적 관계들의 앙상블이라는 이질적 관계들의 수평적이며 개방적인 복수성의 장을 이후 노동 관계들을 중심화·특권화함으로써 폐쇄해 버렸다. 그 결과 마르크스의 정치학은 '생산의 정치'로 제한된다. 이 때문에 이후 마르크스주의자들은 정치에 특유한 역동을 사유할 수 있는 길을 잃어버렸고 이는 마르크스주의적 실천에 중요한 걸림돌이 되었다.

일찍이 알튀세르는 이런 마르크스의 '생산의 정치'로 인해 발생하는 걸림돌을 마르크스주의의 두 가지 이론적 공백, 즉 계급투쟁을 수행하는 조직론의 공백과 국가론의 공백에서 찾아낸 바 있다(알튀세르 1992). 그리고 그 공백들을 타개하기 위해서는 무엇보다 이데올로기에 관한 이론이 필요하다고 역설했다. 이런 알튀세르의 주장은 결국 대중 정치, 혹은 대중들의 운동에 참여해 그 운동을 공산주의적으로 전화할 수 있는 마르크스주의 정치를 요구하는 것인데 이를 위해서는 "대중에 기초한 '이데올로기적 형태들'을 찾아내지 않으면 안 된다는 점"(알튀세르 1992, 19)이 그에게는 중요했다. 이데올로기론의 저발전 상태로 인해 마르크스주의는 대중들의 운동에 개입하지 못하는 무능력한 상태에 처하게 된 것이다.

이상의 마르크스주의 이론의 이 두 가지 '공백', 이 두 가지 '약점'은 우리에게 매우 중요한 문제들을 제기한다. …… 특히 — 과거와 미래의 문제들 중 가장 중대한 것인

— 노동조합과 당 간의 전통적 구분을 뛰어넘고 있으며 인민 가운데서 창의들의 발전을 용인할, 통상 경제 영역들과 정치 영역들의 분할에 조화되지 않는 (심지어는 '동반적으로 가산되는') 대중들의 운동과 관계들을 어떻게 확립할 수 있는가?(알튀세르 1992, 37).[31]

생산양식의 변혁만이 아니라 교통 양식의 변혁이라는 발리바르의 문제 설정 역시 알튀세르의 이런 고민과 연결된다. 발리바르가 노동관계들, 즉 경제적인 것에 의해 봉합된 다질적인 사회적 관계들의 앙상블을 탈봉합하는 하나의 방식이 바로 스피노자에 입각해 구축된 '교통의 정치'라는 문제 설정이다. 그러나 이런 발리바르의 입장이 '생산의 정치' 자체를 폐지하는 것 혹은 생산양식의 변혁을 교통 양식의 변혁으로 대체하는 것은 아니다. 오히려 발리바르에게 중요한 것은 생산의 정치와 교통의 정치의 교차이다.

이 교차를 시도하는 「스피노자, 루소, 마르크스: 정치적인 것의 자율성에서 정치의 타율성으로」[32]라는 글에서 발리바르는 정치의 자율성과 정치의 타율성을 구별한다. '정치적인 것의 자율성'은 정치를 "인민과 인민을 구성하는 개인들의 활동, 또는 '구성적' 권력으로서의 자기 자신 위에 합리적으로 기초"(발리바르 2005, 233)하는 것으로 파악한다. 즉 정치는 자신의 조건을 스스로 창출

---

31 강조는 인용자의 것이다.
32 발리바르(2005)에 수록.

1부. 인권의 철학과 정치적 주체화

해 내는 자율성을 그 특징으로 한다. 이런 정치관의 대표자가 바로 장-자크 루소이다.

하지만 발리바르는 정치적인 것이 그 자체로 완전히 자율적일 수 없음을 지적한다. 그가 보기에 정치는 자신의 타자에 의해 조건 지어질 수밖에 없는데 정치의 타자에는 두 가지가 있다. 그 하나는 마르크스에 의해 구축된 타율성의 정치이다. 다시 말해, 정치의 조건은 정치 그 자신이 아니라 타자, 즉 "넓은 의미에서 경제의 모순들"(발리바르 2005, 234)이다. 또 다른 정치의 타율성은 상상, 즉 이데올로기이다. 이는 정치체의 기초로서 대중운동으로부터 비롯되는 정치의 조건이다. 대중들은 정치체를 구성하고 보존하는 역량이기도 하지만 정치체를 그 내부로부터 위협하고 파괴하는 역량이기도 하다. 발리바르는 스피노자가 대중들의 운동을 "상상의 요소 안에서 구성되고 진화되는 현실태"로 파악했으며 이로부터 "정치의 상상적 토대"를 이론화하고자 했다고 생각한다(발리바르 2005, 237). 이 정치의 상상적 토대가 바로 이데올로기이다. 정치의 또 다른 타자는 이데올로기인 것이다.

그런데 정치의 타자로서 경제와 이데올로기는 단지 병렬적으로 나열되는 것은 아니다. 발리바르는 이 두 가지 정치의 타자가 어떻게 관련을 맺어야 하는가를 대중운동의 관점에서 고민해야 할 필요성을 역설한다. 발리바르에 따르면 마르크스와 스피노자는 서로 보완적 관계 안에 있다. 마르크스가 중요하다고 생각했지만 충분히 개념적으로 사고할 수 없었던 어떤 것이 스피노자의 개념들을 통해 설명될 수 있으며, 역으로 스피노자에게서 개념적으로 지각되지 못했던 어떤 것을 마르크스의 개념들이 설명할 수 있다는 것이다.

> 스피노자에게는 (정서들의 모방으로부터 시작되는) 대중의
> 동일시/정체화에 대한 이론 속에 심리학적 분석 또는 상
> 호 개인적인 정신 현상33에 대한 분석의 한 요소가 존재
> 하며, 우리는 이것을 단지 마르크스주의의 한계로서만이
> 아니라 유물론적 역사관에 본래적인 아포리아로 간주할
> 수 있을 것이다. 하지만 후자(마르크스-인용자)는 분명히
> 정치에 내재적인 경제적 조건 및 더 나아가 그것에 내재
> 적인 적대들이라는 개념을 포함하고 있는데, 이는 사회
> 의 '생산'에서 개인적 역량들의 합성을 보는 공리주의적
> (이고 낙관주의적인) 관점 때문에 본질적으로 스피노자가
> 파악하지 못하고 있는 점이다(발리바르 2005, 245).

즉 마르크스는 대중운동이 역사 속에서 갖는 결정적 역할에
주목했음에도 불구하고 스피노자와 같이 대중운동을 해명하는 '상
호 개인적 정신 현상'에 대한 분석을 가능하게 하는 개념적 도구
들을 만들지 못했다. 반면 스피노자는 자기 보존을 위한 사회적 생
산을 궁극적으로는 '개인적 역량들의 합성'으로 파악하는 낙관주
의로 인해 정치의 조건으로서 경제에 필연적으로 내재하는 적대
들을 사유하기 위한 개념적 자원을 벼려 낼 수 없었다.

---

33 강조는 인용자의 것이다.

그러므로 정치를 관개체성의 틀 안에서 다시 사유하기 위한 발리바르의 프로젝트는 "마르크스의 질문들과 스피노자의 질문들의 상호 보완성을 정치에 대한 현재의 사고를 위한 특권적 지평으로 — 적어도 하나의 연구 방향으로서 — 파악"(발리바르 2005, 246)하는 것이다. 즉 발리바르는 스피노자의 '교통의 정치'와 마르크스의 '생산의 정치' 사이의 쟁점을 주목함과 동시에 양자의 보완적 관계를 구성하면서 사회적 관계들의 앙상블을 다시 개방하고 이질화하며 복수화하고자 하는 것이다.

발리바르가 정치의 타율성을 단지 마르크스만이 아니라 스피노자로부터 사고하려는 것, 생산의 정치만이 아니라 교통의 정치에 주목하는 것은 정치에 있어서 환원 불가능한 축이 바로 대중 정치, 혹은 대중들의 운동이기 때문이다. 오늘날 정치는 한국은 물론 전 세계적으로 상상에 입각해 정치적인 것을 정념적 충돌의 장으로 만들어 가는 대중운동에 의해 규정되고 있다. 그런 현상을 포퓰리즘으로 부르건 대중 정치로 명명하건 현재 정치적 장에서 대중운동 내지는 대중들의 동학은 관건적 역할을 하고 있다.

상호 주체성 이론은 이런 대중운동을 어떻게 분석하고 여기에 어떻게 개입할 수 있을까? 더욱이 대중운동이 민주적 지향이나 해방적 방향으로 움직이리라는 그 어떤 보장도 없으며 실제로는 억압적 정치 질서를 지지하는 방향으로 나아가고 있는 상황, 인권의 보장이 아니라 소수자에 대한 혐오와 배제를 대중들이 요구하는 동학을 의사소통적 행위 이론이나 상호 인정 이론으로 분석할 수 있을까? 하버마스의 의사소통 행위 이론이나 권리 체계 이론은 기본적으로 일종의 대면 관계를 규제할 수 있는 안정화된 틀이다.

대중들의 역동을 분석하기에 하버마스의 규범 이론은 너무나 정역학적인 것이다.

호네트의 경우 하버마스보다는 상호 주체적인 정치적 실천에서 대중운동을 주목한다고 할 수 있다. 그의 인정 투쟁 이론은 '개인이 경험하는 무시가 한 집단 전체의 전형적인 핵심 체험으로 해석됨으로써, 개인적 무시 경험이 행위 주도적 동기로서 인정 관계의 확장에 대한 집단적 요구'로 나아간다고 파악하는 점에서 인정 투쟁이 기본적으로 집합행동, 혹은 대중운동적 성격을 가진 것으로 사고할 수 있게 만든다. 하지만 이때의 집단적 수준에서 이루어지는 인정 투쟁은 상호 인정이라는 규범적으로 정당한 방향으로만 향한다. 그렇지만 현실에서 목도하는 대중운동은 이 규범으로부터 일탈하는 경우가 허다하지 않은가? 대중운동은 상호 인정이 아니라 오히려 무시와 배제의 방향으로 작동하는 경우가 비일비재한 것이 현실이다. 이런 현상을 분석하기에 인정 투쟁의 집단적 차원은 너무나 규범적으로 그 방향이 미리 설정되어 있다.

발리바르의 관개체성 이론에 의하면 타자와의 상호작용은 개체의 실존과 활동의 조건이지만 이때의 상호작용은 단지 이성적이기만 한 것이 아니라 정념적이기도 한 것이다. 특히 관개체성이 대중들이라는 불안정하고 동요하기 쉬운 집합체의 형태로 작동할 때 정념의 계기는 더욱 분출한다. 관개체성 이론의 상호작용론은 정념/정서, 그리고 상상의 문제를 중요하게 고려함으로써 대중들의 양가적 운동, 단지 해방적이기만 한 것이 아니라 억압적인 운동을 분석할 수 있는 개념적 도구들을 제공하고 있다. 그렇다면 포퓰리즘의 시대인 오늘날 인권의 정치를 다시 사고하는 데 적합한 공동성의 인간학은 상호 주체성의 인간학보다 관개체성의 인간학일 것이다.

5. 인권의 인간학과 정치적 주체화

이상으로 우리는 근대 정치의 핵심적인 이념적 좌표 중 하나였던 인권을 자유주의의 자기 완결적이고 고립적인 인간학으로부터 탈각하기 위한 이론적 시도들로서 상호 주체성 이론과 관개체성 이론을 살펴보았다. 하버마스나 호네트의 상호 주체성 이론도 발리바르의 관개체성 이론도 인간을 타자와의 상호작용적 관계를 내생적 조건으로 하여서만 존립하고 활동할 수 있는 공동 존재로 파악하고 이로부터 정치적 주체화의 조건들을 탐색하려는 시도였다.

이는 사실 마르크스가 공산주의 사회라는 착취와 억압이 폐절된 해방된 사회의 상을 그리고자 할 때 나타나는 '권리의 인간학'이기도 했다. "진정한 공동체 속에서는 개인들이 그들의 연합 속에서 그리고 그들의 연합을 통하여 동시에 자신들의 자유를 획득한다"(「독일이데올로기」), "각인의 자유로운 발전이 만인의 자유로운 발전의 조건이 되는 사회"(「공산주의선언」), "공동의 생산수단으로 노동하면서 각자의 개별 노동력을 하나의 사회적 노동력으로 인식하며 지출하는 자유인들의 결사체"(『자본』 1권) 등의 언명들은 마르크스에게 해방된 사회에서 개인들이 누리게 되는 권리는 언제나 사회적으로 조직된 타인과의 호혜적 관계('진정한 공동체', '결사체')를 전제한다.

그러나 우리는 이상의 논의를 통해 마르크스조차 이런 공동 존재의 인간학을 개념적으로 구축하는 데 충분하지 못했으며 이후 그의 문제의식을 일정하게 이어받은 상호 주체성 이론과 관개체성 이론이 그와 같은 인간학을 구축하는 과정을 일별했다. 그러나 동시에 우리는 이 두 이론 사이의 쟁점을 검토하는 과정을 통해 상호 주체성이 사회적 관계의 근본 규범임을 논증하는 것으로 사회적 관계들에서 발생하는 탈규범적 행위의 동학이나 대중운동의 양가성을 해명하기에는 불충분함을 제시했다. 그리고 이런 문제들을 분석하기 위해서는 상호작용의 양가적 측면, 즉 이성적 계기와 정념적 계기의 착종을 사유할 수 있어야 하며 이를 관개체성 이론이 개념적으로 제시한다고 보았다.

오늘날 대한민국은 불안정 노동자들이 작업 중에 사망하고 성소수자들이 실질적인 시민적 권리로부터 배제당하고 여성들은 끊임없이 성애적 대상으로 격하되며 성폭력에 노출되고 차별당하고 죽어 가는 사태들로 채워져 있다. 특히 이런 반인권적인 사태들은 대중들에 의해 강화되고 있다. 이런 상황 속에서 어떻게 다시 인권의 정치를 실천하는 주체성을 구성할 수 있을까? 다시 말해, 인권의 지평 속에서 정치적 주체화는 어떻게 가능할까? 상호 주체성 이론과 관개체성 이론은 이런 정치적 주체화를 사고하기 위한, 유일하지는 않을지라도 유용한 도구가 될 수 있을 것이다. 이 도구들을 더욱 적합하게 사용하기 위한 실천/연습practice은 계속되어야 한다.

3장

인민이 인민이 되지 못하게 하는 것
— 작은 포퓰리즘들의 각축을 넘어서 교통의 민주화로

1. 포퓰리즘인 듯 포퓰리즘 아닌 포퓰리즘 같은······

한국 정치에서 포퓰리즘은 상대방을 공격하기 위한 오래된 수사적 무기였다. 포퓰리즘은 대중의 꼬리를 따라다닌다는 의미에서 대중 추수주의, 인기 영합주의 등으로 규정되며 국가 전체의 장기적 공적 이익보다 대중의 단기적 이익에 충실해 지지를 끌어내는 위험한 정치 전술 정도로 폄하되었다.

그러나 포퓰리즘populism은 poplus라는 라틴어를 어원으로 하며 이 라틴어 단어가 영어에서 people(피플)로 변용되었음을 상기해 볼 때, 포퓰리즘은 의미론적으로 피플, 즉 인민이 중심이 되는 정치를 뜻하는 것임을 알 수 있다. 더욱이 서양 정치사상사에서 민주주의가 인민이 정치의 주체, 혹은 주권자가 되는 정치 질서로서 사유되어 왔음을 생각해 본다면, 포퓰리즘은 민주주의와 밀접한 관계를 가진다고 추측할 수 있다.

특히 2008년 전 지구적 금융 위기 이후 남부 유럽에서 좌파 정치가 포퓰리즘적 입장을 천명하며 등장해 집권에 성공하기까지 한 사례는 포퓰리즘의 진보적 가능성 내지는 민주적 차원을 실천적으로 보여 주고 있다.[1] 이런 맥락에서 보자면 최근 한국 사회에서 정치권뿐만 아니라 좌파적 입장을 가진 이론 진영이나 사회운동 진영에서 포퓰리즘에 주목하는 것도 의미 있는 시각이라 할 수 있을 것이다. 포퓰리즘에 대한 주목에는 계급 정치와 진보 정당의 위기, 그리고 진보적 시민운동의 위기 이후 정치적 주체로서 인민의 형성이나 대중이 중심이 되는 정치의 가능성은 어디에 있느냐는 질문이 자리 잡고 있기 때문이다.

가령 2016년 겨울과 2017년 봄, 박근혜 퇴진을 요구하는 촛불이 타오르던 광장은 많은 이들에게 마치 정치철학 고전에만 존재하던 것 같았던 인민이 현존하는 듯한 감각을 느끼게 했다. 한 국가의 최고 권력자인 대통령의 퇴진조차 결정할 수 있는 존재가 바로 주권자 인민이며, 미국의 〈독립선언문〉이나 프랑스의 〈인간과 시민의 권리에 관한 선언〉이 밝히듯이 그 주권자 인민이 바로

---

1 물론 현재의 시점에서 그리스의 시리자(급진좌파연합)나 스페인의 포데모스가 성공적이라고는 할 수 없을 것이다. 하지만 기존의 좌파 정치 전략, 조직된 노동과 이에 기초한 정당, 그리고 시민사회 운동의 결합이라는 전략이 갖는 유효성이 다해 가는 시점에서 포퓰리즘적 좌파 정치의 실험이 어떻게 진행되며 변용되어 갈지는 좀 더 지켜볼 필요가 있다.

'우리'라고 느끼게 만들었다.

박근혜 대통령의 탄핵이 2017년 3월 최종적으로 결정되었고 그해 5월 촛불 정부임을 천명한 문재인 정부가 시작되었다. 그러나 그 촛불 정부에서도 이미 촛불 시위 때 드러난 '우리'의 균열은 봉합될 수 없었다. 아니, 그런 균열은 더욱 다양한 층위에서 발생하기 시작했다. 성소수자들의 권리는 '다음'이라는 정무적 판단과 함께 영구 유예되었고, 외주화된 위험 속에서 수많은 비정규직 노동자들이 죽어 갔다. 더욱이 노동의 권리와 소수자들의 권리를 요구하는 목소리들은 문재인 대통령의 수호 기사단을 자청한 대중들에 의해 온라인에서 조리돌림을 당했다. 촛불 정부를 자임하는 문재인 정부에서도 평등한 인민으로서 '우리'는 존재하지 않는다.

하지만 인민으로서 우리가 존재할 수 없게 된 것은 단지 인민의 힘으로 집권한 뒤 인민의 요구에 얼굴을 돌려 버린 정치권력 때문만은 아니었다. 2020년 6월 인천국제공항 보안 업무를 담당하는 비정규직 노동자를 인천국제공항이 청원경찰로 직접 고용한다는 소식이 전해지자 청년층을 중심으로 불공정한 처사라는 비판이 제기되었고, 인천국제공항 정규직 노조의 강력한 반대가 이어졌다. 정규직 노조에 의한 비정규직의 정규직화 조치 거부 운동이 일어난 것이다. 이와 비슷한 일들이 2018년 철도공사에서도 있었으며, 2021년 국민건강보험공단에서도 일어났다.

2018년 예멘 난민의 국내 수용을 거부하는 주장이 일부 여성주의 활동가들과 여성 대중들 사이에서도 확산되었으며, 2020년 초에는 숙명여대 트랜스젠더 합격자의 입학을 여성의 권리와 안전을 명분으로 반대하는 활동이 숙명여대 안팎에서 전개되었고 결국 트랜스젠더 여학생 스스로 숙대 입학을 포기했다.

그런가 하면 2021년 5월 GS25 광고의 포스터에 형상화된 손가락 모양이 한국 남성의 작은 성기를 비웃는 '메갈리아'의 로고와 비슷하다며 다수의 청년 남성들을 중심으로 한 GS25 불매운동이 벌어졌으며, 이후 다양한 상업적, 문화적 상징에 대해 메갈리아라는 혐의를 제기하는 활동들이 전개되었다. 이는 여성가족부 폐지 주장, 'girls do not need a prince' 문구가 새겨진 메갈리아 4.0 후원 티셔츠를 입은 사진을 소셜 미디어에 게시한 여성 성우를 특정 게임에서 퇴출시킨 압력 행사, 『82년생 김지영』 독서를 소셜 미디어상에서 인증한 여성 아이돌에 대한 사이버 괴롭힘 등 페미니즘에 대한 지속적인 공격의 연장이었다.

어쩌면 박근혜 탄핵을 외치며 함께 촛불을 들었을지도 모를 2016, 17년의 '우리' 인민은 이렇게 고용 형태에 따라, 성별에 따라 서로 다른 '우리들'로 갈라지게 되었다. 특히 2019년 조국 사태는 또다시 박근혜 대통령 퇴진을 위한 촛불 광장의 '우리, 인민'을 극적으로 갈라놓았다. 촛불 광장에서 함께 촛불을 들었던 아버지와 어머니는 조국을 지키겠다며 조국 수호 촛불을 검찰청 앞에서 들었고, 아들과 딸은 조국이 법무부 장관에 임명되어서는 안 되며, 그 가족의 비위에 대한 엄정한 수사를 촉구하는 글을 연일 소셜 미디어에 게시했다. 촛불 광장의 '우리'였던 친구들이, 동료들, 사제 지간이, 그리고 동지들이 대척점에 서게 되었다. 이렇게 박근혜 대통령의 퇴진이라는 과제에 대한 합의를 통해 탄생했던 '우리, 인민'은 사라졌다. 인민은 그 문자의 뜻 그대로 결렬決裂, 즉 끊어지고決 찢어진裂 것이다. 그렇게 인민인 '우리'가 결렬되자 그보다 작은 '우리들'이 새로이 출현했다. 단지 정규직인 우리, 오직 생물학적 여성인 우리, 그저 남성이기만 한 우리, '대가리가 깨져도' 현 정권을 지지할 뿐인 우리, 좌파의 음모를 분쇄하는 것만이 나라가 사는 길이라고 철석같이 믿는 태극기와 성조기를 든 우리로.

이 글은 특정한 동일성을 자신들의 결정적 정체성으로 상상하며 결집한 대중들의 운동을 한국의 포퓰리즘이 갖는 독특성과 더불어 생각해 보려는 시도이다. 포퓰리즘에 대한 엄격한 정의는 학자마다 매우 달라서 그 용어에 대한 합의된 개념을 제시하는 것은 사실상 불가능하다.[2] 만약 포퓰리즘을 누가 진짜 국민/인민인가라는 쟁점을 두고 거시적 수준에서 벌어지는 대중들의 정치 운동이나, 박탈감을 느끼는 대중을 자극해 정치적으로 동원하는 정치인 내지 정치 세력의 전술 정도로 이해한다면, 앞에서 제시한 작은 우리들의 운동은 포퓰리즘이라고 보기 힘들 것이다.

하지만 자신들 또한 주권자인 인민의 일부인데 정치권력이 자신들을 배반하거나 외면하고 있기에 직접 행동을 통해 자신들의 주권을 회복하겠다는 대중들의 자생적 활동, 이를 위해 어떤 인물이나 가치 등과 같은 특정 상징을 중심으로 이루어지는 결집, 결집을 이룬 우리를 위협하는 타자에 대한 설정 등이 또한 포퓰리즘을 규정하는 요소라면, 위에서 말한 각이한 대중들의 운동은 포퓰리즘적인 것이라 할 수 있다.

그래서 단지 정규직인 우리, 오직 여성인 우리, 그저 남성인

---

2 포퓰리즘에 대한 다양한 개념 정의와 세계 각국의 포퓰리즘 역사 및 현황에 대해서는 진태원 엮음(2017)을 참조.

우리, '대깨문'인 우리, 태극기 부대인 우리 등등의 이러저러한 '우리들'의 활동은 포퓰리즘인 듯, 포퓰리즘 아닌, 포퓰리즘 같은 대중운동이다. 이 글에서 나는 그런 대중운동을 작은 포퓰리즘이라고 규정하고 이 작은 포퓰리즘의 형성 과정을 어떻게 이해할 것인지를 논의하고자 한다. 마지막으로 이 작은 포퓰리즘을 극복하기 위한 정치적 과제를 어떻게 사고해야 할지 조심스럽게 제안할 것이다.

2. 인민이 인민이 되게 하는 것: 라클라우와 무페의 경우

1) 인민에 대한 마키아벨리 전통의 사고

박근혜 대통령의 퇴진에 대한 합의에 기초해 촛불 광장에 현전했던 주권자 인민은 촛불의 이름으로 집권한 문재인 정부 이후 결렬되었으며, 윤석열 정부 출범과 이재명 민주당 성립 이후에도 이들은 서로에 대해 불화하는 작은 인민들peoples로 나타나고 있다. 그리고 지금은 이 작은 인민들이 충돌하며 서로 우위를 점하기 위해 각축하고 있는 상황이다. 이 상황을 '작은 포퓰리즘들'의 각축이라고 규정할 수 있지 않을까?

이런 상황은 정치철학의 역사에서 오랫동안 논의되어 온 인민의 역설을 잘 보여 준다. 그것은 민주주의국가에서 주권은 인민에게 있으나 주권자 인민의 실체를 명확하게 규정할 수 없다는 역설이다. 인민people은 국민nation과 동일하지 않으며 하나의 종족

1부. 인권의 철학과 정치적 주체화

집단일 수도 없다. 그렇다고 하나의 주권적 정치 공동체 내에 거주하는 모든 사람들의 단순한 총합이 인민인 것도 아니다. 개인들이 모여 인민을 구성하나 그렇게 구성된 인민은 그 개인들의 산술적 합과도 일치하지 않기 때문이다.[3] 인민은 주권의 실체이지만 누가 인민인지는 모호하다.

그렇다면 민주주의를 규정하는 합리적 핵심 가운데 하나인 주권자 인민이란 그 실체가 부재하지만 현실에서 영향을 발휘하는 유효한 가상에 불과한 것일까? 혹은 마치 도덕과 행복의 일치를 위해 요청되는 칸트의 신처럼 인민은 민주주의의 정당성을 보장하기 위해 필요한 논리적 요청과 같은 것일까? 그도 아니라면 인민이란 기존의 지배 체제를 전복하기 위한 다수의 공동 행동을 통해서만 일시적으로 출현했다 사라지는 민주주의의 유령이라고 해야 할까? 아니, 어쩌면 주권자 인민이란 하나의 동일성에 의해 규정되는 일자—者이기에 독특성과 차이를 배제하는 억압적 집단성에 불과한 것은 아닐까?

앞의 질문들이 주권자 인민에 대한 개념적 규정에서 출발하는 연역적 이론화의 관점을 보여 준다면, 현실에서 인민이 구성되는 과정, 즉 인민이라는 이름의 정치적 주체화에 대한 경험적 이론화의 관점도 존재한다. 그것은 마키아벨리적 전통의 인민 이론이라고 부를 만한 것으로서, 기존의 지배 체제를 전복하고 새로운 정치 질서를 형성하기 위한 정치적 행동의 집단 주체로서의 인민

---

3 인민 개념의 모호함과 난점에 대해서는 캐노번(2015)을 참조.

을 만들어 내야 한다는 문제의식에 바탕을 두고 있다.

군주를 통해 사분오열된 이탈리아 사람들을 하나의 의지에 입각해 통일하고 이를 바탕으로 강력한 독립된 국민국가를 세우고자 했던 니콜로 마키아벨리의 기획, 착취당하는 노동자들을 조직해 지배계급으로 형성함으로써 최종적으로는 계급 지배 자체를 폐지하고자 했던 마르크스의 기획, '현대의 군주'라고 명명된 정치 정당을 바탕으로 북부 이탈리아의 노동자계급과 남부 농민을 하나의 민족적·인민적 집단 의지로 묶어 내어 이탈리아를 현대적 사회주의 국민국가로 변혁하고자 했던 안토니오 그람시의 기획 등이 바로 그런 전통에 속하는 인민에 대한 사고이다.

이런 입장은 인민을 선험적으로 실존하는 주체가 아니라 현실 속에서 정치적 실천을 통해 형성해야 하는 수행적 존재라고 파악한다. 나는 오늘날 한국 사회의 작은 포퓰리즘들의 각축이라는 현상을 이해하고 이에 개입하기 위해서는 마키아벨리적 전통의 관점, 즉 인민의 구성을 수행적 실천의 효과로 파악하는 시각이 유효하다고 생각한다. 특히 주지하듯 오늘날 포퓰리즘 논의에서 매우 중요한 역할을 하고 있는 에르네스토 라클라우와 샹탈 무페의 '헤게모니 접합론'은 마키아벨리적 전통의 최신 판본 가운데 하나라고 할 수 있다.[4]

이들의 논의는, 어떻게 다양한 요구들을 가지고 투쟁하는 주체들이 잠정적인 연합을 통해 민주주의를 급진화하는 집합적 주

---

4 라클라우와 무페의 포퓰리즘 이론에 대한 전반적 고찰로는 한상원(2020)을 참조하라.

체가 될 수 있는가의 문제를 다룬다는 점에서 인민의 구성을 사고하기 위해 중요한 참조점을 제공한다. 그러나 이들의 논의는 또한 다수의 사람들이 단일한 주권자 인민(대문자 인민People)이 되게 하지 못하는 것이 무엇인지를 사고할 수 있는 개념적 도구들을 제공한다는 측면에서도 유효하다.

2) 헤게모니 접합과 인민의 잠정적 구성

여기서 라클라우와 무페의 헤게모니 접합 이론을 상세히 검토하지는 않을 것이다. 이미 국내에서도 그들의 논의를 해설하거나 비판적으로 해석하는 작업들은 적잖이 이루어졌기 때문이고, 또 이 글의 논점이 라클라우와 무페의 이론을 재구성하는 데 있지 않기 때문이다. 다만 여기서는 내가 작은 포퓰리즘들의 각축이라고 명명한 현상을 해석하기 위해 활용하고자 하는 그들의 개념들과 논리들만을 부각해 살펴보고자 한다.

그저 다수로 존재하는 사람들은 어떻게 정치적 주체로서 하나의 인민이 되는가? 주지하듯 라클라우와 무페에게 그것은, 담론의 차원에서 이루어지는 헤게모니 접합의 효과이다. 그들에 의하면 헤게모니는 하나의 원리로 환원할 수 없는 이질적 항들을 접합하는 담론을 통해 형성된다. 다시 말해, 헤게모니는 담론에 의한 접합의 결과로 구축되는 것이다. 이는 접합되는 항들, 즉 사회적, 정치적 요구들이 위계화될 수 없는 등가적인 것이라는 점과 그럼에도 불구하고 어느 하나의 항 내지 요구가 특정한 국면에서는 중심적으로 기능/역할을 할 수 있다는 점을 동시에 의미한다.

접합되는 항들의 등가성에 대한 그들의 주장은 잘 알려진 바와 같이 사회적 갈등을 초래하는 적대들 가운데 근본적이거나 본질적으로 중심적인 것은 없다는 반본질주의의 입장을 보여 준다. 이는 단순히 규정된 적대들의 등가성을 말하는 것이 아니다. 이들에게 적대란 고정된 본질을 갖는 요소들 사이에서 발생하는 것이 아니다. 사회를 구성하는 모든 요소들의 본질을 규정해 체계 내에 편성하는 총체화 작업의 불가능성 혹은 그런 총체화의 한계 그 자체를 적대라고 그들이 파악하기 때문이다.

라클라우와 무페는 흔히 적대 개념을 구성하는 기초 개념들로 파악되어 왔던 대립과 모순은 적대와 다른 층위에 놓인 것임을 주장하며 적대를 대립과 모순으로부터 분리하고자 한다. 대립은 객관적 차원에서 발생하는 실재들 사이에서 일어나는 충돌과 갈등의 관계 규정이며, 모순은 논리적 차원에서 발생하는 개념들의 관계 규정이다. 실재적 대립과 모순은 모두 그것에 대한 논리적 규정이 가능하다.[5]

하지만 적대는 그렇지 않다. 적대는 그런 규정 자체의 한계이자 불가능성이다.

> 적대는, 객관적 관계이기는커녕, 모든 객관성의 한계를 보여 주는 — 말할 수는 없지만 보여 줄 수는 있다고 비트

---

5 "실재적 대립은 사물들 사이의 객관적 — 즉 결정 가능하고 규정 가능한 — 관계이다. 모순도 마찬가지로 개념들 사이의 규정 가능한 관계이다" (라클라우·무페 2012, 228).

겐슈타인이 말하곤 했던 그런 의미에서 — 관계이다. 그러나 만일, 우리가 논증한 대로, 사회적인 것이 사회 — 즉 차이들의 객관적이고 폐쇄된 체계 — 를 구축하기 위한 부분적인 노력으로서만 존재할 뿐이라면, 최종적 봉합의 불가능성에 대한 증인으로서 적대는 사회적인 것의 한계에 대한 '경험'이다. 엄밀히 말해, 적대들은 사회에 내재적인 것이 아니라 외재적인 것이다. 오히려 적대들은 사회의 한계들, 즉 사회가 완전히 구성되는 것의 불가능성을 구성한다(라클라우·무페 2012, 228, 229).

즉 적대는 본질을 가진 요소들 사이의 특정한 관계에서 발생하는 것이 아니다. 이렇게 본질적 요소들과 그 요소들이 맺는 관계의 객관적 성격으로부터 적대는 결코 이해될 수 없다고 라클라우와 무페는 주장한다. 적대란 오히려 그런 객관성 자체를 좌초시키는 어떤 것이자, 사회적 관계의 본질적 성격을 종국적으로 규정 불가능하게 만드는 것이다. 적대란 사회적 관계의 객관적 규정 및 총체화의 한계이자 그것의 불가능성을 가리키는 이름이다.

하지만 이것이 사회적 관계 내에서 '적대적인 것'이 구성될 수 없음을 뜻하지는 않는다. 적대적인 것은 기존의 사회적 관계 내에서 출현한다. 하지만 그것은 언제나 담론 구성체에 의해서만 출현한다.

문제는 종속 관계들로부터 억압 관계가 어떻게 구성되는지를 설명하는 것이다. …… 종속적인 주체 위치가 가지는 실정적이고 변별적인 성격이 전복될 경우에만 적대가 출현할 수 있다. '농노', '노예' 등은 그 자체로 적대 위치를 가리키지 않는다. 이런 범주들의 변별적 실정성이 전복되고 동시에 종속이 억압으로 구성되는 것은, '모든 인간에 내재하는 권리들'과 같은 상이한 담론 구성체에 의해서만 가능하다. 이것은 곧 종속의 담론을 방해할 수 있는 담론적 '외부'의 현존 없이는 어떤 억압의 관계도 존재하지 않음을 의미한다(라클라우·무페 2012, 267).

즉 노예들이나 농노들이 신분제를 정당화하는 담론 구성체가 아니라 신분제를 억압 질서로 문제화하는 담론 구성체, 즉 '모든 인간에게 내재하는 권리들' 같은 인권이라는 담론 구성체에 의해 자신들의 상황을 해석하고 평가할 수 있을 때 종속은 억압으로 구성되는 것이다. 이때 적대는 신분제에 대한 갈등과 투쟁으로 표출될 수 있다. 물론 이렇게 어떤 담론 구성체가 기존의 담론 구성체에 개입하거나 그것을 대체할 수 있는 이유는 사회질서를 가능하게 만드는 담론의 질서가 결코 완결적이거나 폐쇄적 일관성을 가질 수 없기 때문이다. 담론적 외부는 항상 존재하기에 기존의 담론 구성체와 다른 담론 구성체가 형성될 수 있는 것이다.

그러므로 다양한 갈등과 투쟁을 유발하는 요구들은 어떤 담론 구성체 내에서 적대를 인지하느냐에 따라 그 성격이 달라진다. 동등한 가치를 가지는 다양한 정치적, 사회적 요구들과 투쟁들을 본질적 정체성에 입각한 사회운동이나 고정된 정체성의 정치로 파악하는 것은 라클라우와 무페에게서는 가능하지 않다. 서로 다른 각각의 요구들과 투쟁들은 상황에 대한 다양한 형태의 담론적 인식으로부터 발생한 것이다. 그리고 서로 다른 요구에 입각한 투쟁들은 또 다른 담론 구성체를 통해 연결되고 결합될 수 있다.

이미 존재하는 요구 투쟁들을 등가적으로 연결하고 결합하는 담론 작업, 즉 그런 투쟁들 사이에 등가 사슬을 구축하는 실천이 바로 헤게모니 접합이다. 그런데 헤게모니 접합의 실천에는 등가의 연쇄를 일시적으로 고정하는 잠정적이지만 중심적인 지점이 필요하다.

> 만일 사회적인 것이 그 자신을 명료하고 제도화된 사회 형태들 속에서 고정시킬 수 없다면, 사회적인 것은 그런 불가능한 대상을 구축하려는 노력으로서만 존재할 뿐이다. 모든 담론은 담론성의 영역을 지배하기 위한 시도, 즉 차이들의 흐름을 억제하고, 중심을 구축하기 위한 시도로서 구성된다. 우리는 이렇게 의미를 부분적으로 고정하는 특권적인 담론 지점들을 결절점이라고 부를 것이다(라클라우·무페 2012, 205).[6]

라클라우와 무페에게 총체적으로 통일된 질서로서 사회란 실

---

[6] 이어서 이들은 다음과 같은 문장을 괄호 안에 적는다. "(라캉은 그의 누빔점, 즉 의미화 사슬의 의미를 고정하는 특권적인 기표라는 개념을 통해, 이런 부분적 고정화를 강조했다. 이렇게 의미화 사슬의 생산성을 제한함으로써 서술을 가능하게 만드는 위치가 설정될 수 있다. 만일 어떤 담론이 어떤 의미도 고정시킬 수 없다면, 그것은 정신병자의 담론이다.)"

재하지 않는다. 사회적인 것이란 실재하지 않는 통일성을 담론적으로 표상하려는 시도일 뿐이다. 즉 사회적인 것이란 다양한 항들이 특정한 담론 구성체를 통해 일시적으로 결합되어 고정되는 것이다.

하지만 이들은 모든 담론에는 "의미의 잉여"라는 차원을 필연적으로 내포할 수밖에 없기 때문에 사회적인 것의 고정성은 결코 영구적인 안정성을 획득할 수 없다고 주장한다. '의미의 잉여'란 모든 담론의 구성에서 필연적이면서도 그 담론의 의미를 완벽하게 고정할 수 없게 만드는 차원을 말하는데, 라클라우와 무페는 이를 "담론성의 영역"field of discoursivity[7]이라고 규정한다.

담론성이란 특정한 담론의 구성을 가능하게 하는 것이자 동시에 그 담론의 질서를 초과하는 것이다. 이 담론성을 통제해 특정한 의미의 체제를 만드는 봉합의 작업이 성공할 때 비로소 사회적인 것이 형성될 수 있다. 사회적인 것이란 특권적인 기표, 즉 '결절점'을 중심으로 다양한 요구들의 등가 사슬을 만드는 담론 작업의 효과일 뿐이다.

지배 질서, 현존 사회질서가 어떤 결절점을 중심으로 의미들의 연쇄 방식을 조직함으로써 구성되는 것이라면, 그 질서에 저항

---

7 "모든 담론적 상황에 내재하는 이 '잉여'는 모든 사회적 실천의 구성을 위해 필수적인 지형이다. 우리는 그것을 담론성의 영역이라고 부를 것이다. 담론성은 잉여가 모든 구체적인 담론과 맺는 관계의 형태를 가리킨다. 즉 그것은 필연적으로 모든 대상의 담론적 성격을 결정하는 동시에, 어떤 주어진 담론도 최종적으로 봉합되지 못하도록 한다"(라클라우·무페 2012, 203).

하는 혹은 그 질서를 전복하고자 하는 시도 역시 기존의 결절점과는 다른 결절점을 통해 담론을 재구성함으로써 가능해진다. 기존의 헤게모니에 맞서는 대항 헤게모니의 출현 역시 바로 이 결절점에 입각해 다양한 저항운동들을 담론적으로 접합함으로써 이루어지는 것이다.

대항적 차원의 헤게모니 접합이 수행된 결과, 적대가 새로운 방식으로 인지되고 각기 다른 요구들이 이 적대에 대한 새로운 인식 속에서 연결될 때 기존 질서에 대항하는 새로운 정치적 주체화가 가능할 수 있게 된다. 이들이 스스로를 주권자로 명명한다면 그 집단 주체는 비로소 대문자 인민People으로 나타나게 되는 것이다. 그러므로 라클라우와 무페에게서 인민이 인민이 되게 하는 것이란 바로 헤게모니의 담론적 접합이다.

3. 인민-되기를 방해하는 것: 작은 주인 기표들의 증식

1) 라클라우와 무페의 논의를 뒤집기

라클라우와 무페가 헤게모니 접합을 사유했던 맥락에는 케인스주의적인 헤게모니 구성체의 위기가 자리 잡고 있다. 즉 이들의 이론적 작업은 케인스주의의 위기가 보수적이고 억압적 헤게모니 구성체의 성립으로 이어지는 것을 저지하기 위해, 기존의 민주주의를 급진화하고 이를 통해 이미 그 활력을 상실해 버린 사회주의 정치를 새로이 구축하기 위한 것이었다. 그리고 이는 다양한 사회운동들이 위계화되지 않은 채 연대하고 연합할 수 있는 새로운 담론적 등가 사슬을 구축하고, 급진 민주주의를 실천할 수 있는 '인민'을 잠정적으로 구성하려는 실천적 경로를 탐색하기 위한 것이기도 했다.[8]

　이런 의미에서 라클라우와 무페의 작업은 새로운 좌파 정치의 주체로서 인민의 (재)구축을 위한 기획이다. 가령 무페는 "좌파 포퓰리즘 전략은 '인민'이란 경험적 지시 대상이 아니라 담론적 구성물이라고 보는 반본질주의적 접근법에 의해 제공된다"(무페 2019, 97)[9]라고 쓰는데, 이는 억압자들에 맞서 투쟁하는 집단적 주체를 조직하는 작업이 좌파 포퓰리즘을 통해 가능하다는 의미이다. 즉 다양한 정체성과 요구를 가진 이들이 최대한 결합한 다수, 즉 인민을 형성해야 한다는 것이다. 이들의 헤게모니 기획에는 해방을 위한 정치적 주체를 어떻게 구성할 것인가라는 질문이 근저에 자리 잡고 있다. 그러므로 우리는 라클라우와 무페의 논의 속에서 '인민은 결절점을 중심으로 수행되는 담론적 헤게모니 접합에 의해 구성된다'라고 요약할 수 있을 것이다.

　그러나 결절점을 중심으로 구축된 등가 사슬을 바탕으로 특

---

8 최근 무페의 좌파 포퓰리즘 논의 역시 이런 기획의 연장선상에 있다. 2008년 전 지구적 금융 위기로 인해 신자유주의 헤게모니 구성체에 위기가 발생한 이후 새로운 좌파 정치를 구축하기 위해 좌파가 포퓰리즘적 방식으로 급진적 인민을 구성해야 한다는 것이 『좌파 포퓰리즘을 위하여』의 근본 논지인 것이다.

9 이 책에서 역자는 people을 대중으로 옮기고 있으나 나는 인민으로 옮기는 것이 맥락상 더 적합하다고 생각해 여기서는 people을 대중이 아니라 인민으로 바꾸어 썼다.

정한 집합적 주체성이 만들어지는 과정이, 그것이 진보적이건 보수적이건, 결국 대문자 인민의 구성으로만 귀결된다고 할 수 있을까? 주지하듯 라클라우와 무페에게는 헤게모니 접합이 반드시 기존 질서에 도전하는 인민, 좌파 정치의 주체들만을 형성하는 것은 아니다. 기존 질서를 정당하다고 느끼며 이 질서를 지키고자 하는 인민 역시 헤게모니 접합에 의해 구성된다.

그러나 라클라우와 무페가 결절점에 입각한 항들의 접합을 '헤게모니'적인 것이라고 파악하는 것은 이 접합을 통해 복수의 항들이 잠정적인 균형 및 통일을 이룬다는 점 때문이다. 보수적이건 진보적이건 다양한 사회적 정체성들과 주체 위치들은 헤게모니 접합에 의해 균형과 통일성을 가진 인민이 되는 것이다.

그런데 작은 포퓰리즘들이라 명명한 작금의 대중운동들은 오히려 이 결절점에 입각한 접합의 과정, 즉 '결절점-접합'의 과정이 반드시 헤게모니적이지 않을 수 있음을 보여 주는 것은 아닐까? 다시 말해 헤게모니적으로 작동하지 않은 결절점-접합은 도리어 대중들의 인민-되기를 방해하는 과정을 해명해 주지 않는가? '인민'People이 아니라 서로 갈등하는 '인민들'peoples이 형성되는 동학, 혹은 '인민이 인민이 되지 못하게 하는 것'을 라클라우와 무페의 논의는 더욱 잘 드러내 보이고 있는 듯하다. 물론 이를 위해서는 라클라우와 무페의 논의를 뒤집어 생각해 볼 필요가 있다.

즉 대문자 인민의 구성을 가능하게 하는 결절점-접합의 모색이 아니라 대문자 인민의 구성을 불가능하게 하는 결절점-접합의 메커니즘에 대한 사고가 필요하다. 이때 우리는 이런 정식을 제시할 수 있을 것이다. '인민은 다양한 주체 위치들이 헤게모니에 도달하지 못한 결절점을 중심으로 접합될 때 그 구성을 방해받는다', 혹은 '비헤게모니적 결절점은 대중들을 소문자 인민들로 접합한다'.

2) 작은 주인 기표들과 인민들의 생성

라클라우와 무페가 말하는 결절점이란 자신들이 명시하는 바와 같이 자크 라캉의 '누빔점'quilting point 개념을 원용한 것이다. 잘 알려져 있다시피 기표가 기의에 닿지 못하고 끝없이 미끄러지게 만드는 무한한 기표 연쇄를 중지시키고 일시적으로 기표와 기의를 봉합하는 것이 누빔점의 기능이다.[10] 즉 라캉의 누빔점 개념이 라클라우와 무페의 헤게모니 이론에서는 다양한 정치적 요구들의 의미를 일정하게 고정하고 연결하는 역할을 하는 결절점nodal point으로 변용되어 있다. 주지하듯 라캉의 상징계 이론에서 부유

---

10 슬라보예 지젝은 『헤게모니와 사회주의 전략』의 핵심 개념이 바로 이 누빔점에 있다며 라클라우와 무페에 의해 활용되는 누빔점 개념의 정치적 차원, 보다 구체적으로는 이데올로기 투쟁의 차원을 다음과 같이 제시한다. "'누빔'은 총체화를 수행하며, 이 과정을 통해 자유롭게 떠돌아다니는 이데올로기의 요소들을 고정하게 된다. 다시 말해, 누빔을 통해 그 요소들은 그 의미의 구조화된 네트워크의 일부가 된다. 만일 우리가 떠돌아다니는 기표를 '공산주의'를 통해 '누비게' 된다면 '계급투쟁'이라는 요소가 다른 모든 요소들에, 예를 들어 민주주의(합법적인 착취 형태인 '부르주아적 형식적 민주주의'와 대립되는 소위 '실질적 민주주의')·페미니즘(계급에 의해 결정된 노동의 분할에서 기인한 여성에 대한 착취)·생태주의(이윤 추구적인 자본주의적 생산의 논리적인 결과로서 나타난 자연 자원의 파괴)·평화운동(평화를 위협하는 주된 요인은 사행적인 제국주의이다) 등에 정확하고 고정된 의미를 부여하게 될 것이다"(지젝 2001, 156).

하는 기표들의 기의를 고정하는 누빔점은 결국 '아버지의 이름', 즉 주인 기표이다. 주체는 주인 기표를 중심으로 형성된 상징계, 즉 현실적인 의미의 세계 내에서 출현하고 살아가게 된다. 그렇다면 헤게모니 접합을 통해 형성되는 인민이란 주인 기표에 의해 형성된 상징계 속에서 만들어지는 주체와 같은 위상을 갖는다.

그런데 이 결절점이 접합하는 등가 사슬의 범위가 매우 협소하다면 어떻게 될까? 자신이 접합해 내는 요소들이 몇 개 되지 않는 결절점들이 존재하고 그런 결절점들을 중심으로 여러 가지의 담론 구성체들이 복수로 존재하며 서로 경쟁하는 상황은 불가능할까? 이런 상황은 복수의 결절점들이 존재하지만 그 어떤 결절점도 헤게모니적 위치를 점하지 못할 때 발생하게 될 것이다. 특정한 기표에 의해 다양한 정체들이 오직 하나의 동일성으로 결정되도록 하는 담론적 상황이 동시다발적으로 발생하는 사태가 가능하다는 것이다.

우리가 작은 포퓰리즘들이라고 부르는 현상이 바로 그와 같은 상황을 보여 주고 있지 않은가? 비정규직의 정규직화를 반대하는 정규직 노동자들, 생물학적 여성만을 챙긴다며 트랜스젠더와 난민을 배격하는 소위 '랟펨'들, 남성을 혐오하는 페미들을 축출해야 한다며 '메갈' 사냥에 나서는 남성들, 대통령을 지켜야 한다며 집권 세력에 대해 비판적인 모든 사람들을 조리돌림 하는 정치 팬덤들, 박근혜 탄핵은 빨갱이의 음모라며 문재인 정권을 타도하고자 집결하는 태극기 부대의 노인들 등등.

그들 가운데 그 누구도 단지 정규직 노동자이기만 하거나 오직 생물학적 여성이기만 한 개인은 없다. 하지만 정규직이 되기 위한 노력, 생물학적 차이 때문에 당하는 차별의 부당성과 같은 어떤 기표들, 즉 상징적 보편성을 획득하지 못한 기표들을 중심으로 개인들의 다양한 정체성들이 하나의 정체성에 고착될 때 이들은 작은 인민들이 된다. 곧 유일한 정체성에 입각해 자신들의 고통과 부당함의 인과관계를 파악하고 해결하고자 하는 작은 포퓰리즘의 주체들이 생성되는 것이다.

이렇게 상징적 보편성에 도달하지 못한 채 개인들의 복수적 정체성을 하나로 고착하는 기표를 이 글에서는 '작은 주인 기표' little master signifier라고 부르고자 한다. 물론 '작은 주인 기표'는 라캉에게는 존재하지 않는 용어이며 주인 기표에 대한 라캉적 용법에 부합하지도 않는 개념이다. 그렇지만 마치 주인 기표처럼 작동하지만 보편적 상징계를 구성하지 못하는 어떤 기표, 주인 기표에 미달하지만 제한된 범위 내에서 주인 기표와 유사한 효과를 갖는 기표를 라캉을 참조해 '작은 주인 기표'라는 개념으로 표시하고자 하는 것이다. 일단의 사람들이 어떤 이유/명분cause을 통해 자신이 경험해 온 부당함을 의미화할 수 있을 때 그들의 동일성은 이 작은 주인 기표에 의해 고착되며, 작은 포퓰리즘은 이런 고착으로부터 발생한다.

3) 노무현주의라는 사례

하나의 사례를 들어 보도록 하자. '친문', '문파', '대깨문' 등으로 불리는 직업 정치인들, 관료들, 지식인들, 전문가들, 그리고 대중들이 존재한다. 이들은 각자의 수준에서 특정한 역할을 수행하

1부. 인권의 철학과 정치적 주체화

며 정치적 활동을 전개하는데, 나는 이 세력의 정치 활동 방식을 '노무현주의'라는 개념으로 규정할 수 있다고 생각한다.[11] '노무현주의'란 2002년 대선에 노무현이 출마하면서부터 본격적으로 형성되기 시작해, 현재 한국의 '민주화 정치 블록'을 구축하게 된 하나의 정치적 전략이자 세력을 뜻한다. 마치 '대처리즘'Thatcherism처럼 노무현의 이름으로 대표되는 이 정치 전략과 세력을 하나의 '주의'ism라고 규정하고자 하는 것이다.

노무현주의는 한국 사회의 구조적 문제점과 해결책에 대한 나름의 이론 및 전략, 그리고 담론 등을 가지고 있다. 또한 그것들이 제시하는 과제를 여러 방면에서 다양한 방식으로 수행하는 다층적으로 구성된 정치 세력 역시 가지고 있다. 즉 이를 정치권력을 통해 수행하고자 하는 정치인들, 그 담론을 정책으로 만드는 전문가들, 이를 정당화하는 이데올로기를 생산하고 확산하는 지식인들, 소셜 미디어 등 인터넷 공간을 비롯한 일상의 영역에서 이 세력을 지지하고 옹호하는 대중 등 기능적으로 층위에 따라 편성된 정치 세력 역시 노무현주의는 갖추고 있다.

노무현주의가 가시적 세력으로 형성되기 시작한 것은 2002년 대선 국면이지만 노무현주의 형성의 구조적 조건은 1987년 체제의 성립 및 1991년 5월 투쟁의 패배와 밀접하게 관련되어 있다. 1987년 6월 항쟁을 통해 분출한 변혁의 에너지는 '민주화'라는 기

---

11 이 글에서 제시된 '노무현주의'는 아직은 아이디어 수준에서 제시된 가설적 개념이다. 이 개념을 이론적으로 보다 정교화하는 작업은 차후 본격적 연구를 통해 수행될 것이다.

표를 중심으로 체제 내에서 관리되었고, 사회의 변화는 투표와 선거를 통한 정치 세력의 합법적 교체라는 경로를 따라 이루어져야 한다는 합의가 만들어졌다.[12] 1987년에 이루어진 이런 합의에 저항하던 급진적 변혁 운동 세력은 1991년 5월 투쟁에서 전면적으로 패배하게 되고, 사회 변화에 대한 대중적 열망은 이제 정당을 중심으로 한 제도 정치의 공간 내로 포획된다. 그리고 제도 정치의 일원이 되지 않은 사회 변화 세력들 역시 사회운동의 합법성이 보장되는 시민사회로 활동의 장을 이전하게 되고 김영삼 정부와 김대중 정부를 거치면서 시민운동은 한국 사회운동의 우세종이 된다. 즉 1987년 체제의 성립과 1991년 변혁 운동의 패배 이후 체제의 변혁을 추구하던 에너지는 정치권력과 시민운동을 통한 법과 제도의 개혁으로 코드화되었다.

노무현주의는 바로 이런 사회적 조건 속에서 출현했다. 자본가계급의 착취와 제국주의에의 종속 등과 같은 모순적 체제의 변혁이 아니라 정치권력과 시민운동을 통해 재벌 개혁, 세제 개혁, '권위주의' 시대의 법제와 문화의 개혁 등을 성취하는 것, 즉 각종 개혁을 통해 1987년 체제의 민주적 계기를 실현하는 것이 곧 사회의 진보적 변화를 의미하게 된 것이다. 특권과 반칙이 없는 세상을 외쳤던 노무현은 이런 공간 내에서 가장 진보적인 정치인으로 표상되었고 사회의 진보적 변화를 원하는 일단의 대중들, 지식인들, 정치인들의 지지를 끌어냈다.

---

12 이에 대해서는 정정훈(2007)을 참조.

1부. 인권의 철학과 정치적 주체화

그런데 신권위주의 세력의 집권 시기에 그가 억울하게 목숨을 버리게 된 사건은 한국 사회의 진보적 변화를 가로막는 거대한 기득권 카르텔의 불의함과 폭력성을 대중들로 하여금 새롭게 인식하게 했다. 그리고 그의 부당한 죽음은 노무현을 저 불의하고 폭력적인 기득권 세력에 맞서 싸우다 안타까운 죽음을 맞이한 숭고한 희생자로, 자신들이 지켜야 했으나 지켜 주지 못한 영웅적 희생자로 표상하게끔 했다. 이와 더불어 노무현주의 새로운 국면이 열리게 된다.

즉 노무현을 중심으로 한 대중적인 정치적 상상계가 만들어진 것이다.[13] 이 상상계에서는 친일파로부터 독재 정권으로 계승되어 이명박, 박근혜 정권에까지 어어진 보수 기득권 세력이 양극화, 부정부패, 소수자 차별, 부동산 투기, 살인적 입시 경쟁, 비민주적 일상 문화 등등 소위 '적폐'라고 일컫는 한국 사회의 모든 문제의 원인으로 지목된다. 그러므로 사회의 진보적 변화, 즉 '사람 사는 세상'을 만들기 위해 그 기득권 세력은 반드시 타도되어야 하는 대상이 된다. 그런데 기득권 세력을 타도하는 방식은 선거를 통한 정권 교체, 그것도 어디까지나 노무현의 정신을 계승하는 정치 세력에 의한 정권 교체와 정권 재창출이어야만 한다.

---

13 이 글에서 사용하는 상상계의 개념은 라캉적인 것이 아니라 스피노자-알튀세르적인 것이다. 라캉의 상상계 개념은 거울 이미지에 대한 동일시를 통해 자아를 통합적으로 파악하는 정신의 발달 단계를 의미한다. 반면 스피노자에게 상상계란 인간이 세계를 자기 신체의 변용 및 그 관념을 중심으로 이해하는 방식 일반을 의미한다. 알튀세르에게 스피노자의 상상 개념은 '자신의 실재 조건에 대해 개인들이 맺고 있는 상상적 관계'로서 이데올로기를 의미한다. 이에 대해서는 진태원(2008)을 참조.

이런 노무현주의의 정치적 상상계에 따르면 대한민국이 사회적 고통을 해결하고 진보하기 위해서는 적폐 기득권 세력의 집권, 즉 국민의힘 집권에 반대하는 모든 사람들이 하나로 결집해야 한다. 노무현주의 정치 세력이 연속으로 집권해야 적폐 세력의 완전한 타도가 가능하니 노무현주의 정치 세력의 집권을 위태롭게 할 수 있는 정치적, 사회적 쟁점들, 곧 차별 금지법 제정, 노동자의 권리, 부동산 가격 폭등 등의 문제는 차후 논의할 문제로 미뤄질 필요가 있게 된다. 만약 지방선거, 총선, 그리고 대선 등 보수 기득권 적폐 세력과 백척간두의 정치투쟁을 벌이는 상황에서 이런 쟁점들을 들고 나와 노무현주의 정치 세력을 비판하는 이들은 모두 '입진보'이며 결국 적폐 세력의 공범들이라고 규정된다. 노무현주의의 지속적 집권은 정의당과 같은 진보 정당만이 아니라 사회운동 역시 복무해야 하는 과제라는 것이다.[14]

이렇게 노무현주의는 그 형성 자체가 다양한 계기와 복합적 조건을 바탕으로 이루어졌지만 그 다양성과 복잡성을 노무현이

---

[14] 그런데 이런 노무현주의 대중의 사회운동에 대한 인식은 1991년 이후 시민운동이 한국의 중심적 사회운동으로 자리매김하는 과정과 일정하게 연결되어 있다고 할 수 있다. 즉 1991년 5월 투쟁의 패배 이후 급진적 변혁 운동 조직들은 사실상 해체되거나 축소되었고 변혁의 전망 역시 불투명해지면서 사회를 바꾸고자 하는 힘은 시민운동을 중심으로 재조직되기 시작했으며 시민운동은 한국의 사회운동에서 헤게모니를 갖게 된다. 그리고 이 시민운동 출신 활동가들은 이후 노무현주의 정부, 즉 노무현-문재인 정부의 의원, 관료 등을 충원하는 인재 후보군으로 기능하고 있다. 가령 역대 사무총장, 전문위원을 비롯한 주요 구성원이 민주당의 국회의원이나 관료가 된 참여연대의 경우는 시민운동이 노무현주의 정치 세력의 시민사회 내 분견대와 같은 역할을 하고 있음을 보여 준다고도 할 만하다.

1부. 인권의 철학과 정치적 주체화

라는 작은 주인 기표를 중심으로 감축해 한국 사회의 복잡한 갈등들을 국민의힘으로 대표되는 '친일 독재 기득권 적폐 세력인 세력' 대 '반칙과 특권 없는 사람 사는 세상'을 추구하는 노무현 정신의 대결로 환원해 버렸다. 이런 감축과 환원을 통해 다양한 정치적, 사회적 지향들 및 요구들이 접합된 것이다.

그런 면에서 법무부 장관 후보자 인사청문회에서 조국 후보자가 자신을 사회주의자이자 자유주의자라고 말할 수 있었던 것도 이 작은 주인 기표에 의한 접합으로 인해 가능했다고 할 수 있다. 그는 노무현주의라는 담론 구성체 내에서 사회주의와 자유주의라는 대립항을 접합할 수 있었던 것이다.[15] 이렇게 노무현주의는 한국 사회의 구조적 갈등들, 그 해결 방향과 방법, 이를 수행하기 위한 주체의 성격 등을 노무현이라는 작은 주인 기표를 중심으로 접합해 냄으로써 성립했다. 그리고 이런 접합 과정은 그 기표에 의해 구축된 의미망과 불화할 수 있는 모든 존재들을 적대시하는 주체들의 형성, 즉 작은 인민들의 형성으로 이어졌다.[16]

노무현주의의 사례가 보여 주는 바와 같이 작은 주인 기표를

15 이런 좌우의 접합이 노무현주의의 담론 구성체 내에서 가능했던 것은 조국의 사례에만 국한되지는 않는다. 조국 가족의 비리 혐의들이 언론을 뒤덮었고 격렬한 논쟁이 벌어지던 시기 조국을 지지하던 소위 '좌파' 이론가들, 진보 활동가들의 경우도 이런 접합을 잘 보여 준다. 그들은 여전히 좌파이며 진보 진영에 속했음을 자임하면서도 마르크스, 자크 데리다, 질 들뢰즈, 미셀 푸코 등을 동원해 조국을 옹호했던 것도 이런 접합의 효과라고 볼 수 있다.

16 노무현주의라는 용어를 사용하지만 노무현에서 문재인으로 이어지는 팬덤 정치의 포퓰리즘적 성격에 대해서는 차태서(2021)를 참조.

중심으로 한 상상적 동일성의 구성은 이 동일성을 창출하는 기표에 대한 애착의 정념과 동시에 그 동일성과 다른 것, 그 동일성에 대해 비판적인 모든 것에 대한 배격의 정념을 배태하고 있다. 역사 속에서 존재했던 대규모의 포퓰리즘 운동이 그러하듯이 '우리'와 같지 않은 모든 이들을 '우리'에 대한 위협, 혹은 적으로 규정함으로써 다시 '우리'를 강화하는 정념적 결집이 작은 포퓰리즘 운동들에서도 상동적으로 나타나고 있는 것이다.

아직 이 작은 포퓰리즘들 가운데 어느 하나가 다른 것들을 압도하는 강력한 우위를 점한 상황은 아닌 듯하다. 하지만 각각의 작은 포퓰리즘들이 나름의 영향력을 행사하며 대중들을 조직한다는 측면에서 한국 사회의 포퓰리즘은 작은 포퓰리즘들이 각축에 의해 특성화된다고 할 수 있다.

4. 정치적 주체화, 헤게모니적 접합에서 교통 양식의 민주화로

라클라우와 무페의 논의에 입각해 파악하자면 작은 포퓰리즘의 형성은 다양한 정체성들이 작은 주인 기표에 의해 하나의 정체성으로 고착되게 하는 담론 구성체에 기인한다고 해석할 수 있다. 그렇다면 다양한 정체성들이 하나의 동일성으로 고착되는 사태는 어떻게 발생하는 것일까? 작은 주인 기표를 중심으로 한 특수한 담론 구성체가 만들어지는 계기는 무엇인가? 오늘날 작은 포퓰리즘들의 발흥을 라클라우와 무페의 설명을 단순히 뒤집어서 분석하는 것에 그치지 않으려면, 즉 작은 포퓰리즘의 각축 현상이란 작은 주인 기표를 중심으로 한 동일성의 고착 효과라고 설명하는 것에 그치지 않으려면 헤게모니적 접합이 이루어지는 조건과 비헤게모니적 접합, 곧 개인들이 갖는 다양한 동일성들이 하나의 동일성들로 고착되는 조건의 차이를 규명할 필요가 있다.

나는 이 지점에서 개인들의 관계를 호혜적인 것이 되게 하거나 적대적인 것이 되도록 규정하는 실재적이고 인식론적인 조건의 문제를 사고할 필요가 있다는 점을 강조하고 싶다.[17] 이 문제를 사고하기 위해 필요한 이론적 자원이 스피노자에 의해 가공된 정서affect, 정념passion, 상상imagination, 그리고 신체corporeality라는 개념군이다. 발리바르는 이 개념들을 통해 사회성이 어떻게 구축되는지, 사회적 관계가 연합과 적대로 어떻게 편성되는가의 문제를 관개체성과 교통이라는 개념을 통해 사고한 바 있다. 관개체성과 교통의 개념에 대해 이미 2장에서 상세하게 논의했으므로 여기서는 호혜적 관계성의 구축을 통한 인민의 형성 가능성이라는 관점에서 이 개념들에 대해 간략하게만 논의하고자 한다.

우선, 상상으로부터 시작해 보자. 스피노자에 따르면 실재적 질서에 따라 인간에게 가장 유익한 타자가 다른 인간이라고 할지라도 인간은 그 인식의 존재론적 조건으로 인해 다른 인간의 유익성을 파악하지 못할 수 있다. 인간은 개체들의 합치와 불합치의 관계를 인과성에 따라 객관적으로 파악하기보다는 그 본성상 자기를 중심으로 주관적으로 판단하는 성향을 가진 개체이기 때문

---

17 이 부분이 라클라우와 무페의 헤게모니 접합론에 부재하는 지점이다.

이다. 이와 같은 세계에 대한 자기중심적 파악을 스피노자는 '상상'이라고 개념화한다.

스피노자는 상상을 "인간 정신이 자신의 신체의 변용의 관념에 의하며 외부 물체를 관찰"(『에티카』 2부, 정리 26의 보충의 증명)[18] 함으로써 이루어지는 인식이라고 정의한다. 인간은 타자가 내게 어떤 의미를 가지는 존재인지에 대해 기본적으로 상상에 입각해 판단하는 존재자들이다. 인간의 삶이란 항상 다른 신체들이나 물체들, 혹은 어떤 신체나 물체의 이미지에 의해 끊임없이 영향을 받는 과정의 연속이다. 그러므로 모든 개인들은 타자의 영향에 의해 항상 변용될 수밖에 없는 존재자이다.

그런데 나의 신체를 변용하는 다른 신체나 이미지는 나를 유익한 방향으로 변용할 수도 있지만 해로운 방향으로 나를 변용할 수도 있다. 실재적 차원에서 나와 합치되는 관계를 형성하는 신체나 이미지는 나를 좋은 방향으로 변용할 것이고 그렇지 못한 신체와 이미지는 나를 나쁜 방향으로 변용할 것이다. 이 변용의 인과관계에 대한 적합인 인식이 바로 이성이다. 그러나 인간은 적합한

---

18 스피노자는 다음과 같은 경우를 상상적 인식의 예로 든다(『에티카』 2부, 정리 35). 인간의 눈에는 태양이 마치 60미터 정도 거리에 있는 것으로 나타난다. 이는 태양의 본성을 반영하기보다는 태양이 인간의 시각을 자극한 결과 인간의 신체에 일어난 변용을 반영하는 정보이다. 스피노자에게 상상은 그래서 외부 물체의 본성을 더 많이 반영하는 인식이 아니라 그 물체에 의해 자극된 내 신체의 본성을 더 많이 반영한 인식이다. 그런데 흥미로운 것은 인간이 자신과 태양의 거리가 실제로는 1억 5000킬로미터라는 것을 알게 된다고 하더라도 그의 눈에는 태양이 여전히 60미터 거리에 있는 것으로 나타난다는 것이다. 그것은 인간의 인식에서 상상은 제거 불가능한 초기 조건임을 의미한다고 하겠다.

　　　　　　　　　　1부. 인권의 철학과 정치적 주체화

인식, 즉 이성적 인식을 갖기 어렵다. 왜냐하면 나는 다른 신체와 내 신체의 관계가 합치되는가 불합치되는가의 여부를 각 신체의 실재적 본질을 통해 인식하기보다는 다른 신체가 유발한 내 신체의 변용의 관념에 의해 파악하기 때문이다. 타인과의 관계가 내게 유익한지 아닌지를 판단하는 기준이 내 신체의 변용에 대한 관념이기 때문에 이는 타인과의 관계에 대한 주관적 판단일 수밖에 없다. 이것이 상상이며 상상은 인간에게 인식의 기본값default이다.

그러므로 이성적 인식이 적게 작용할수록, 그리고 대부분의 경우 인간은 이성보다는 상상에 의해 인식하는 존재자들인데, 개인들이 타인들과 맺는 관계는 그들이 타인을 상상하는 양상에 따라 달라진다. 이미 논의한 바와 같이 상상의 방식이 타인을 자신과 '동류'로 인지하게 한다면 한 개인은 타인과 더불어 호혜적인 관계를 형성하기 위해 노력하겠지만, 반대로 타인을 적으로 인식하게 만든다면 그 개인은 타인과 적대적인 관계를 형성하게 된다는 점이 이를 잘 보여 준다.

그런데 스피노자가 히브리 신정에 대한 분석[19]에서 보여 주는 바와 같이, 그리고 역사적 포퓰리즘의 많은 경우처럼 상상에 따라 어떤 타인을 동류로 인식하는 과정은 또 다른 타인들을 적으로 파악하는 과정과 동시에 이루어진다. 대부분의 상상적 인식은 적의 규정을 통한 우리의 구성, 즉 적대적 관계의 형성을 조건으로 하여 연합의 관계를 만들어 낸다.[20]

---

19 스피노자의 히브리 신정 분석이 우리의 논의 맥락에서 갖는 의미는 이어지는 내용에서 상술하도록 한다.

그런데 사회질서 속에서 타인에 대한 인지 방식은 개인이 온전히 자율적이고 능동적으로 형성할 수 있는 것이 아니다. 그것은 교육, 종교, 미디어 등과 같은 사회의 제도들이나 기구들의 영향력하에서 형성된다. 이런 제도들과 기구들은 같은 인간 중에서도 누가 동류이고 누가 적인지, 누가 유익한 친구이고 누가 위험한 타인인지의 경계를 설정한다. 개인들이 민족, 세대, 성별, 종교, 정치적 지향 등을 중심으로 동일자와 타자를 나누고 타자에 대한 특정한 입장과 태도를 취하게 되는 것은 이런 제도들과 기구들의 효과라고 할 수 있는 것이다. 이런 방식으로 개인들이 서로를 인지하는 방식은 개인적 차원을 초과한 사회적 차원을 갖게 된다. 그와 같은 사회적 차원의 인지 방식에 의해 형성되는 개인들의 상호작용 관계가 '교통 양식'이다.

그렇다면 이제 우리는 작은 주인 기표에 의한 동일성의 고착, 이로 인한 배타적 담론 구성체가 어떻게 형성되는지를 사고할 수 있다. 그것은 내게 유익한 타자와 위험한 타자에 대한 상상적 인식, 그런 상상과 결부된 정념의 효과인 것이다. 다시 말해, 정념의 계기에 의해 지배되는 교통 양식, 개인들 사이에 맺어지는 관계의 복잡성을 축약하고 그 관계망에서 발생하는 여러 갈등들의 원인

---

20 스피노자에 의하면 상상적 인식은 정념과 결부되어 있다. 정념passio이란 정서의 수동passio적 본성을 강조하는 것인데 내가 느끼는 정서는 타자의 자극에 의해 작동하는 것이기 때문이다. 개인이 특정한 정서를 느끼게 되는 원인에 대해 알지 못한 채 그 정서에 완전히 지배당할 때, 그 정서는 정념이 된다. 이런 정념, 곧 수동성은 부적합한 인식으로 인해 강화되는 것이고, 상상적 인식은 부적합한 인식이므로 상상은 정념과 깊이 결부되어 있다.

과 해결책을 상상하게 하는 교통 양식이 바로 작은 포퓰리즘들의 작동 조건인 것이다. 이렇게 정념과 상상에 의해 지배되는 교통 양식에 의해 '우리'와 '적들'의 동시적 구성이 가능해진다.

스피노자가『신학-정치론』에서 분석한 히브리 신정은 상상과 정념이 지배적인 교통의 체제에서 '우리'와 '적들'이 어떻게 동시적으로 구성되는지에 대한 하나의 사례를 제시한다. 발리바르에 의하면 히브리 민족의 신정 체제는 권력의 분산과 국가 구성원의 경제적 권리를 제도적으로 보장함으로써 "거의 완전한 정치적 통합의 실현"(발리바르 2005, 74) 가능성을 보여 준다.21 더불어 선택된 민족들 내에서 이웃 사랑에 대한 종교적 믿음과 강력한 애국주의는 히브리 신정을 매우 안정적인 것으로 만드는 토대가 된다.

하지만 스피노자가 지적한 바와 같이 이런 신정 체제는 기본적으로 미신에 기초하고 있으며, 미신은 강력한 정념과 상상, 특히 공포의 산물이다. 히브리 신정의 정서적이고 상상적인 토대는 인격적 존재로 상상된 신에 대한 공포인 것이다.

---

21 히브리 신정을 안정적인 것으로 만드는 권력 분산의 제도화란 "재판관과 군대 지휘관의 임명에서, 또는 제사장과 예언자의 종교적 권한 분배"로, 경제적 권리란 "양도 불가능한 토지 소유권의 반환 규정" 등이다(발리바르 2005, 74). 히브리 신정은 정치적 권력에서는 재판관과 군대 지휘관이 분리되어 임명되거나 종교적 권력에서는 제사장과 예언자가 서로를 견제하도록 하면서 권력을 분산했다. 경제적 차원에서는 히브리 신정은 가장들에게 토지를 분배해 양도 불가능하게 했고, 만약 그 가장이 빚 때문에 토지소유권을 일시적으로 양도했다고 하더라도 50년마다 토지소유권이 원주인에게 반환되는 제도를 실시함으로써 경제적 권력의 집중을 막았다.

각 개인은 매 순간마다 신의 판단을 두려워하면서 이러한 불안을 타자에게 투사하며, 그가 공동체에 신의 분노를 야기시키지나 않을까 의심하면서 그의 행동을 감시한다. 각자는 결국 다른 사람을 잠재적인 '내부의 적'으로 간주하게 된다. 이렇게 되면 '신학적 증오'는 의견들과 야심들이 낳는 모든 갈등을 일으킬 수 있으며, 이 갈등이 화해될 수 없게 만든다(발리바르 2005, 75, 76).

히브리인들은 신을 그들이 순종할 때는 축복을, 순종하지 않을 때는 징벌을 내리는 존재로 상상했으며 이런 상상에 기초해 이웃을 사랑할 뿐만 아니라 감시하게 되는 것이다. 이웃이 신의 법을 어긴다고 여길 때 그는 이제 이웃이 아니라 히브리 국가 전체에 신의 징벌을 불러올 수 있는 배교자이자 적으로 상상된다. 자신이 신의 뜻이라고 믿는 바를 함께하는 이들은 참된 히브리인이 되고, 그 믿음에 어긋나는 자는 배교자이자 사실상의 이교도(이방인)가 되는 것이다. 이렇게 신에 대한 공포에 기초한 시민들의 사랑은 이렇게 언제든 '신학적 증오'로 전도될 수 있다.

스피노자의 히브리 신정에 대한 발리바르의 분석은 작은 포퓰리즘들이 구축되는 동학을 해명하는 데 도움이 될 수 있다. 정념과 상상이 지배적인 교통 양식 내에서 작은 주인 기표들에 의한 배타적인 담론 구성체들이 형성될 때 작은 포퓰리즘들이 만들어지는 것이다. 개인들이 경험하는 부당함의 원인은 복잡한 사회 맥락들과 계기들에 의해 과잉 결정되지만 특수한 정치적 상상계 내에서 그 복잡성은 '노력의 부정', '공정의 상실', '생물학적 여성에 대한 차별', '보수 기득권의 적폐', '좌파의 음모' 등등으로 단순화되어 인식된다. 문제의 복잡성이 단순화되면 당연히 그 해결책의 복잡성 또한 단순화된다.

비정규직은 정규직이 될 수 있게 충분히 노력하고, 능력에 따른 성취를 보장하는 공정성을 보장하면 문제는 해결된다는 식이다. 그런 해결을 위해 개인들은 공정성이나 능력, 생물학적 성, 노무현이나 윤석열 같은 특수한 기표를 중심으로 결집하는 것이다. 그러나 그런 정치적 상상계들 가운데 그 어떤 것도 다른 것보다 더 광범위한 대중의 결집을 이루어 내지 못할 때 작은 포퓰리즘들의 각축이 발생한다.

5. 포퓰리즘과 정치적 주체화의 조건

거듭 지적한 바와 같이 지금은 포퓰리즘적 경향을 보이는 대중운동들이나 제도 정치 세력들 가운데 어느 세력도 대문자 인민을 구성할 수 있는 대중의 결집에 성공하지 못하고 있는 국면이다. 다시 말해, 작은 포퓰리즘들은 사회의 여러 층위에서 충돌하고 각축하고 있지만 어느 세력도 다른 세력을 압도하지 못하는 교착 상태에 빠져 있다고 하겠다. 어쩌면 이 교착 상태가 그나마 다행스러운 것으로 보일지도 모른다. 좌파 포퓰리즘도 형성되지 않았지만, 대규모 우파 포퓰리즘도 만들어진 상황은 아니니 말이다.

그러나 작은 포퓰리즘의 각축과 교착은 이미 심각하게 사회경제적으로 불평등하고, 젠더, 성적 지향, 출신 국가, 종교, 학력,

고용의 형태 등등에 따른 차별이 극심한 한국 사회의 체제를 변혁할 수 있는 동력의 형성을 또한 방해하고 있는 것은 아닌가? 체제의 변혁, 평등과 자유를 실현할 수 있는 연합과 연대의 주체 형성을 작은 포퓰리즘들의 각축이 저지하고 있지 않은가? 다시 말해 정념적-상상적 계기가 중심이 되는 교통 양식에 의해 구성된 작은 포퓰리즘들은 여전히 필요한 해방적이고 변혁적인 정치의 가능성, 혹은 정치적 주체화의 가능성을 봉쇄하고 있지 않은가 말이다.

그래서 우리는 발리바르가 제기한 "교통 양식 자체의 변혁을 결정적 계기로 삼고 있는 어떤 실천적 쟁점"(발리바르 2005, 144)에 대해 고민할 필요가 있다. 다양한 정체성들을 공존 가능하게 하면서 그와 같은 복수의 정체성을 가진 개인들이 서로를 서로에게 유익한 존재로 인식하도록 이끄는 교통 양식의 구성이 필요하다는 말이다. 새로운 교통 양식을 구성하는 정치는 곧 기존의 교통 양식을 변혁하는 정치적 실천의 결과이기도 할 것이다. 물론 이 교통 양식을 변혁하는 정치가 구체적으로 어떤 것이어야 할지는 다양한 개인들의 연합과 연대를 통한 평등과 자유의 보편화를 원하는 우리 모두가 탐구해야 할 과제이다. 다만 그 출발점은 타인과의 호혜적인 교통을 자기 삶의 실재적 조건으로 갖고 있는 개인성에 대한 인식이 되어야 할 것이다. 출발점이 모든 것일 수는 없으나 출발점이 적합한 것이어야 도달점 또한 적실한 것이 되기 때문이다.

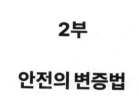

2부

안전의 변증법

4장

존엄과 안전에 관한 4.16 인권선언
— 사건화와 주체화의 장치

우리는 상실과 애통, 그리고 들끓는 분노로 존엄과 안전에 관한 권리를 선언한다. 우리는 약속한다. 세월호 참사를 기억하고 진실을 밝히고 정의를 세우기 위한 실천을 포기하지 않을 것임을. 또한 우리는 다짐한다. 이 세계에서 벌어지는 각종 재난과 참사, 그리고 비참에 관심을 기울이고 연대할 것임을. 우리는 존엄과 안전을 해치는 구조와 권력에 맞서 가려진 것을 들추어내고 목소리를 내는 데 주저하지 않겠다. 이 선언은 선언문으로 완결되는 것이 아니라 수많은 우리가 다시 말하고 외치고 행동하는 과정 속에서 완성되어 갈 것이다. 함께 손을 잡자. 함께 행동하자.

─〈존엄과 안전에 관한 4.16 인권선언〉 중에서

1. 세월호 참사와 〈4.16 인권선언〉

2015년 12월 10일 세계인권선언 기념일에 대한민국 서울 광화문에서 또 하나의 인권선언이 발표되었다. 〈존엄과 안전에 관한 4.16 인권선언〉(이하 〈4.16 인권선언〉)이. 그 제목에서도 알 수 있듯이 이 선언은 2014년 진도 앞바다에서 너무나도 참담하게 가라앉은 세월호 사건과 밀접하게 연관된 인권선언이다. 세월호 사건이 발생하게 된 경과에서도, 구조 과정에서도, 그 이후 진상 규명과 책임자 처벌, 배상 절차에서도 우리는 대한민국이 결코 안전한 삶과 존엄한 인간성을 보장하지 않는 국가임을 확인했다. 인간의 권리보다 돈벌이와 권력의 유지가 먼저인 나라임을 분명하게 목도했다.

그렇기 때문에 세월호 참사 진상 규명을 요구하는 운동은 단순히 세월호 사건에만 그치는 것이 아니라 그와 같은 참사를 반복하게 만드는 우리 사회의 구조적 부정의와 반인권적 시스템을 근본적으로 바꾸어 인간의 존엄성이 안전하게 보장되는 사회를 만들자는 운동으로 변모할 수밖에 없었다. 〈4.16 인권선언〉은 바로 그 운동이 담고 있는 정신을 인권의 언어로 표현한 선언문이다.

그러나 선언문이 지향하는 가치와 선언문에 담긴 권리들은 선언문의 문장이 자동적으로 보장하는 것일 수는 없다. 선언문의 문장들이 듣기 좋은 말들, 그러나 아무런 현실적 파급력과 영향력이 없는 공문구가 되지 않기 위해서는 선언문의 말들을 현실의 힘으로 만들어 낼 실천이 필요하다. 선언은 선언의 주체와 결코 분리될 수 없다.

앞에서 인용한 선언문의 마지막 부분이 보여 주는 것이 바로 그 점이다. 선언을 통해 세월호 사건의 의미를 분명히 천명하고, 세월호 사건이 우리 사회에 요구하는 것에 응답하며, 세월호 사건의 의미를 따라 인간의 존엄한 삶이 안전하게 지켜지는 새로운 체제를 구성하려는 자들과 〈4.16 인권선언〉은 구별 불가능한 관계를 맺고 있다. 〈4.16 인권선언〉은 권리를 선언함과 동시에 그 권리의 실현을 위해 응답하고 책임지는 주체들을 함께 구성해 가는 장치인 것이다.

2. 세월호 사건을 둘러싼 정치: 계열화의 두 양상

세월호 사건과 관련된 가장 분명한 날짜는 2014년 4월 16일이다. 그러나 세월호 사건이 4.16이라는 숫자로 표기되면서 4.16은 세월호가 침몰한 날짜에만 국한되지 않는 하나의 시계열을 의미하게 되었다. 마치 4.19가 단지 1960년 4월 19일 하루만을 뜻하지 않으며, 5.18이 그저 1980년 5월 18일 단 하루를 의미할 수 없는 것처럼 말이다. 4.19와 5.18처럼 4.16도 그날에 시작되어 상당 기간 지속되는 어떤 시간적 계열을 의미한다. 그러나 4.16은 4.19와 5.18처럼 그 의미가 대체적으로 규명되어 종결된 시계열이 아니다. 4.16의 의미는 아직 규정되지 않았으며 이 시계열의 작동은 아직 종결되지 않았다.

4.16이라는 숫자가 가리키는 사건의 의미는 미정의 상태이다. 그것이 미정인 이유는 이 사건의 의미를 규정하려는 힘들이 서

로 갈등하고 길항하고 있기 때문이다. 4.16으로 표시되는 시계열은 그런 의미에서 여전히 투쟁의 장이다. 우리가 이미 목도하고 경험했듯이, 세월호 사건을 그저 교통사고나 부주의에 의한 재해로 규정하려는 세력과 그 사건을 반인권적이고 반민주적 사회 시스템이 일으킨 참사이자 그 참사를 일으킨 시스템을 근본적으로 변혁하는 출발점으로 규정하려는 세력 사이의 충돌이 발생하는 장인 것이다. 이 투쟁, 이 충돌은 세월호 사건의 의미sens를 어떻게 자리매김할 것인가를 둘러싼 투쟁이며, 4.16이라는 시계열의 방향sens을 어떻게 설정할 것인가를 둘러싼 싸움이다.1 우리는 이렇게 사건과 의미의 관계라는 어떤 문제계 안으로 진입한다.

한 사건의 의미는 어떻게 결정되는 것일까? 사건이란 우선 상태가 아니다. 어떤 것이 자기 동일성을 유지하고 있는 상태를 우리는 사건이라고 하지 않는다. 사건은 상태의 변화와 관련되는 개념이다. 사건이 일어나면 동일성의 질서는 변화한다. 그리고 이는 역사적 차원, 혹은 경제 질서나 정치 질서의 지평에서 발생하는 파급력과 영향력이 큰 사건부터 무표정한 얼굴에 웃음이 번지는 아주 일상적이고 미세한 사건에 이르기까지 사건의 일관된 성격이다. 다시 말해, 사건은 무엇보다 변화이다. 그러나 그 변화로서 사건이란 무엇인가?

질 들뢰즈에 의하면 사건이란 물질적 세계에서 일어나는 변화와 관련되어 있다. 가령 여기 내 앞에 있는 유리컵이 '깨진다'고

---

1 익히 알려진 바와 같이 프랑스어의 sens라는 단어는 의미라는 뜻과 방향이라는 뜻을 모두 가지고 있다. 또한 감각이라는 뜻 역시 가지고 있다.

생각해 보자. 깨진다는 어떤 변화가 발생하면 그 이전과 이후의 컵의 상태는 전혀 다른 것이 된다. 컵은 깨짐으로 인해 유리 조각들로 변화되었다. 하나의 물질적 상태에서 다른 물질적 상태로의 이행이 일어난 것이다. 컵이 깨지기 이전에 그것은 자기 동일성을 유지하는 하나의 상태로 실존했다. 그리고 깨진 이후에도 유리 조각들이라는 또 다른 자기 동일성을 유지하는 하나의 물질적 상태로 그것은 실존한다. 그런데 도대체 깨진다는 사태 그 자체는 무엇인가? 어떤 유리컵에 가해진 충격으로 인해 더 이상 그 컵의 형태를 구성하는 질서가 유지될 수 없게 되어 컵의 형태가 와해되는 어떤 순간인 '깨진다'라는 사태 자체 역시 하나의 물질적 상태인가? '깨진다'는 '컵'과 '유리 조각'이라는 상태와는 구별되는 사태가 아닌가?

들뢰즈는 바로 이 깨진다는 사태 그 자체를 '사건'이라고 부른다. 그에 의하면 사건이란 물체 그 자체는 아니지만 물체들을 원인으로 인해 발생하는 '비물체적인 어떤 것'이다(들뢰즈 1999). 깨진다는 사건 자체는 결코 온전한 컵이라는 물체의 상태에도(온전한 컵의 상태 어디에도 깨진다는 사건이 포함되어 있지 않다), 조각난 유리들이라는 또 다른 물체의 상태에도(조각난 유리들이라는 상태 어디에도 깨진다는 사건은 역시 포함되어 있지 않다) 귀속되지 않는다. 사건은 이렇게 하나의 물질적 상태와 다른 물질적 상태의 사이에서 발생했다 사라진다. 그런 한에서 깨진다는 사건은 온전한 컵이라는 물체적 상태의 경계면과 깨어진 유리 조각들이라는 물체적 상태의 경계면 사이에서 일어난 어떤 것이다. 들뢰즈는 이 경계면을 '표면'이라고 부른다. 또한 사건은 그 존재의 지속이 매우 일시적이다.

즉 "사건들은 표면에서 발생하며 안개보다도 더 일시적인 것이다" (들뢰즈 1999, 51).

> 우리가 '커지다', '작아지다', '붉어지다', '푸르러지다', '나뉘다', '자르다' 등등으로 의미하는 것⋯⋯. 이들은 사물들의 상태가 아니며 심층에서의 혼합물도 아니다. 이들은 이 혼합물들로부터 유래하는, [물체의] 표면에서의 비물체적 사건들이다. 나무는 푸르러지고 ⋯⋯(들뢰즈 1999, 53).

그래서 들뢰즈는 사건을 표면 효과라고 부르는 것이다. '커지다'는 어떤 물체의 작음이라는 상태와 그 물체의 큼이라는 상태 사이에, 경계면에, 즉 표면에서 발생한다. 물체의 표면 위에서 안개처럼 찰나적으로, 눈의 깜빡임과 같이 순간적으로 명멸하는 것이 바로 표면 효과로서 사건이다.

그러나 사회 안에는 오직 물체의 차원에서만 발생하는 사건은 존재하지 않는다. 사회 속에서 발생하는 사건은 언제나 의미와 결부된다. 컵이 깨지는 사건은 사람이 컵을 만들어 물을 마시는 세계 속에서 발생한다. 깨지기 이전의 컵은 어쩌면 사랑하는 사람이 준 선물일 수 있다. 그런데 그 사람이 더는 나를 사랑하지 않는다며 떠났다. 나는 그 사람이 미웠다. 이제는 그가 선물로 준 컵을 보는 것마저 싫다. 이런 항들의 연결, 다시 말해 계열화 속에서 그 컵에 깨진다는 사건이 발생했다면 그 사건의 의미 역시 규정된다. 다시 말해, 사건이 의미의 세계 속에서 발생하는 것이라면 사건은 항상 특정한 의미를 가진 사건일 수밖에 없다.

그런데 방금 보았던 것처럼 사건의 의미는 그 사건 자체에 본질적으로 귀속되어 있지 않다. 사건은 이미 의미가 규정된 다른 사태들(항들)과 계열을 이루게 될 때 의미를 획득하게 된다. "계열들 안에서 각각의 항은 오직 다른 항들과의 상대적 위치에 의해서만 의미를 갖는다"(들뢰즈 1999, 149).2 그러므로 어떤 항이 관계를 맺고 있는 항이 달라지면 그 항의 의미 역시 달라진다. 사건은 어떻게 계열화되느냐에 따라 그 의미를 달리하게 되는 것이다. 컵이 깨진다는 사건은 물체의 상태와 상태의 표면에서 일어나는 일임과 동시에 또한 물체의 세계와 이미 만들어져 있는 의미의 세계 사이의 경계면, 즉 표면에서 발생하는 일이기도 하다. 컵은 그저 물체로서만 깨지지 않는다. 그것이 깨지면서 의미 역시 만들어진다.

> 의미는 결코 원리나 시원이 아니다. 그것은 생산된다. 그것은 발견되거나 복구되거나 재사용될 수 있는 것이 아니라 새로운 장치를 통해 생산될 수 있는 것이다. 그것은 단지 고유한 차원으로서의 표면으로부터 분리될 수 없는 표면 효과일 뿐이다(들뢰즈 1999, 151).3

세월호라는 사건의 의미규정 역시 이 같은 사건의 메커니즘, 의미화 메커니즘을 벗어나지 않는다. 세월호 사건의 의미를 둘러

---

2 번역 일부 수정.
3 강조는 인용자의 것이다.

싼 싸움은 정확히 그 사건을 무엇과 연결할 것인가, 다시 말해 어떻게 계열화할 것인가의 싸움이다. 세월호 사건을 해경으로 대표되는 정부의 무능력과 무성의, 사람의 생명과 안전보다는 돈을 더 중시해 온 자본의 행태, 박근혜 대통령의 종적이 묘연한 일곱 시간, 한국 사회의 반민주적 제도와 반인권적 질서, 정부와 기업을 비롯한 책임 당사자들의 작위와 부작위에 의해 발생했던 또 다른 재난들과 계열화하는가, 아니면 매일 벌어지는 교통사고나 간혹 벌어지는 인간의 힘으로 어찌할 수 없는 자연재해와 계열화하는가에 따라 세월호라는 사건의 의미는 달라진다.

세월호를 둘러싼 투쟁은 바로 이 두 계열 사이에서 발생한다. 편의상 그 두 계열을 각각 참사의 계열과 사고의 계열이라고 부르자. 참사의 계열은 세월호를 한국 사회에서 벌어졌던 반민주적인 사건들, 한국 사회를 관통하고 있는 반인권적 제도들 및 관행들과 계열화함으로써 세월호 사건을 민주화와 인권을 요구하는 사건, 한국 사회의 체제와 질서를 그 근저에서 변혁할 것을 요구하는 사건으로 의미화하고자 한다. 사고의 계열은 세월호 사건을 그저 한국 사회에서 안타깝지만 언제든지 일어나고, 또 일어날 수 있는 사고들과 계열화함으로써 그 사건을 그 어떤 변화의 요청과도 무관한 일로 의미화하려 한다. 세월호를 둘러싼 투쟁은 이렇게 이 사건의 계열화 방식, 이 사건의 의미화를 두고 작동하고 있다.

2부. 안전의 변증법

3. 통념의 지배와 역설의 정치

　이 두 계열 간의 투쟁은 처음에는 세월호의 침몰 원인과 피해자의 구조 과정에서 벌어진 문제들을 중심으로 전개되었다. 한편에는 규제 완화, 관리 감독의 소홀, 승무원의 비정규직화, 해경의 직무유기, 정부 대응의 총체적 부실 등의 항들과 세월호의 침몰 및 구조 실패를 묶는 계열. 다른 한편에는 선장을 비롯한 승무원의 무책임, 맹골수도의 급격한 조류, 세월호를 운행한 기업의 파렴치함 등의 항들과 세월호 사건을 엮어 내는 계열. 이 두 계열이 초기 세월호 사건의 의미화를 둘러싸고 충돌한 것이다.

　하지만 세월호의 침몰과 구조 실패의 원인에 대한 진상 규명이 이루어지지 않으면서 세월호 국면은 희생자들에 대한 애도와 진상 규명 요구로 넘어가게 되고 장기화된다. 그리고 애도와 진상 규명의 요구는 현 정권의 책임을 추궁하는 보다 정치적인 성격과 한국 사회체제를 문제 삼는 보다 급진적인 성격을 가지게 된다. 이에 대항하는 세력들 — 정권, 보수 언론, 우익 대중 등 — 의 투쟁 역시 보다 공세적이 된다. 세월호 희생자 아버지의 부모 자격을 문제 삼고, 유가족의 요구를 자식의 죽음을 대가로 보상금을 더 받으려는 작태로 몰아붙이고, 진상 규명을 요구하는 시위를 종북 좌파와 결부하고, 애도의 행위를 국론 분열 및 경기 침체와 연결하는 반동적 정치를 강화한다.

　이런 정치적 충돌의 과정에서 세월호 사건의 의미는 침몰 및 구조 실패의 차원을 넘어 정권의 정당성과 한국 사회의 민주주의 문제로까지 확장되어 갔다. 참사의 계열은 세월호 사건을 배의 침몰과 구조 실패의 문제만이 아니라 현 정권의 반민주성과 돈벌이를 위해 인간의 존엄성과 민주적 가치를 손쉽게 무시하고 훼손하는 현 지배 질서의 문제로 의미화했다. 반면 사고의 계열은 세월호 사건을 예기치 않은 사고일 뿐이며, 그것을 부정하는 것은 종북 좌파, 폭력 세력, 경제성장의 장애물, 자식의 죽음으로 돈을 벌려는 파렴치한 자들, 국가를 부정하는 불순분자로 의미화하고자 했다.

이미 언급했던 바와 같이 사건은 물체들의 표면에서 발생함과 동시에 그것은 기존의 의미 세계, 즉 사회 속에서 발생한다. 그렇기 때문에 사건이 일어난다는 것은 또한 의미가 생성된다는 뜻이기도 하다. 그러나 사건이 의미를 획득하게 되는 기존의 의미 세계, 즉 사회는 지배적 질서에 의해 일정하게 구조화되어 있는 세계이다. 즉 어떤 사건이 일어나면 그 사건이 계열화되는 지배적 방식이 이미 존재하는 세계, 사건의 의미가 만들어지는 양상이 미리 규정된 세계라는 것이다. 들뢰즈는 사건의 통상적인 계열화 방식, 지배적 의미화의 방식을 '통념'doxa이라고 개념화한다.

통념은 '양식'bon sens과 '공통감[상식]'sens commun으로 이루어져 있다. 양식이란 좋은 의미bon sens이자 일방향bon sens을 뜻한다. 즉 "그것은 한쪽으로만 나 있는 방향이며, 하나의 방향을 선택해 그에 만족하도록 하는 질서의 요구를 표현한다"(들뢰즈 1999, 155). 양식이란 지배 질서의 입장에서 사건이 계열화되어야 하는 유일한 방향, 그것이 의미화되어야 하는 좋은 방향을 말한다. 그로부터 어긋나는 것은 나쁜 것이다. 그래서 "양식/일방향은 유일한 의미/방향을 규정하는 데 그치지 않는다. 그것은 유일한 방향 일반

2부. 안전의 변증법

의 원리를 규정한다. 이 원리는 주어지면 우리로 하여금 다른 방향보다는 그 방향을 선택하게 만든다는 점을 드러내는 한이 있어도"(들뢰즈 1999, 155) 그러하다.

반면 공통감은 주체의 동일성을 구성하는 감각이다. 개체의 다양한 부분적 감각들을 자아라는 어떤 중심 안에서 통일해 내는 것이 바로 공통감이다. 또한 주체가 감각하는 대상의 부분들을 통일해 내는 것 역시 공통감이다. 공통감을 통해 주체는 자아의 동일성과 대상의 동일성을 확보할 수 있다. 즉 "주체의 측면에서, 공통감은 영혼의 다양한 능력들을, 또는 신체의 분화된 기관을 포함하며, 그들을 자아라고 말할 수 있는 하나의 통일성에 관련"지으며, 또한 "대상의 측면에서, 공통감은 주어진 다양성을 통일시키며 그것을 대상의 특수한 형성이나 세계의 개별화된 형상의 통일성에 관련시킨다"(들뢰즈 1999, 159).4

통념은 바로 양식과 공통감의 상호 보완적 힘 속에서 사건의 의미를 객관화함과 동시에 주관화하는 작용을 뜻한다. 어떤 사건의 의미가 특정한 방향에 따라 사회적으로 결정되어 지속되려면 그 의미는 사회 구성원들의 주관에 의해 받아들여져야 한다. 즉 내면화되어야 한다. 한 사회가 사건을 의미화하는 지배적 방식으로서 통념은 이렇게 양식과 공통감의 상보적 작용에 의해 기능한다.

한 사회의 통념은 그러므로 권력과 무관한 것이 아니다. 사건을 계열화하는 유일한 방향을 설정하고 사건의 의미를 그런 방향

---

4 번역 일부 수정.

에 입각해 일관되게 파악하는 감각을 주체가 내면화하도록 하는 작업이야말로 권력의 일인 것이다. 세월호 사건의 의미화를 둘러싸고 벌어지는 싸움에서 국가의 공권력, 거대 미디어, 막대한 자금 등의 권력 수단을 갖춘 세력이 우세할 수밖에 없는 것은 이들이 사건을 의미화하는 양식을 결정하고 공통감을 주조하고 있기 때문이다. 박근혜 정권과 보수 언론, 그리고 대자본 등이 이 사회에서 사건의 의미를 생산하는 지배적 계열화 방식, 즉 통념을 장악하고 있기 때문이다.

그러나 통념이 사건을 계열화하는 일반 원리를 장악하고 그것을 사회 구성원에게 감각적 수준에서 내면화하는 작용을 한다고 하더라도, 사건의 다른 계열화 자체가 불가능한 것은 아니다. 아무리 미시적인 수준에서 발생한 사건일지라도 그것이 사건인 이상은 사건은 항상 변화의 문제이다. 하물며 전 사회적으로 영향을 미친 사건은 더 큰 변화의 문제일 수밖에 없다. 물론 사건 자체가 기존 의미 세계의 질서 그 자체를 곧장 변화시키는 것은 아니다. 하지만 무수히 많은 이들에게 무엇인가 변화했음을 감각하게 하는 영향력이 큰 사건은 통념을 위태롭게 할 수밖에 없다.

들뢰즈식으로 말하자면 통념이 아무리 강력하더라도 하나의 사건이 다른 방향에 따라 계열화될 수 있는 잠재성을 모두 원천봉쇄할 수 있는 것은 아니다. 사건의 잠재적 층위에서는 언제나 지배적 계열화의 방향인 통념과는 다른 계열화를 가능하게 하는 또 다른 방향, 현실적으로 지배적인 방향에 대해 잠재적으로 평행한 방향이 존속한다. 들뢰즈는 이 잠재적 방향을 역설paradoxa이라고 부른다. "역설은 바로 이 양식과 공통감을 동시에 전복시키는 존재이다"(들뢰즈 1999, 160). 그런 의미에서 역설은 통념의 지배에 저항하는 전복적 행위이며, 권력이 통제하는 의미의 질서를 변혁하려는 정치적 활동과 결부된다.

세월호 사건을 참사의 계열 속에서 의미화하려는 많은 투쟁들이 바로 이 역설, 또 다른 계열화를 현실화하는 정치이다. 팽목항에서, 안산에서, 광화문에서, 대한민국 곳곳에서 세월호 희생자들의 참담한 죽음을 애도하고 세월호의 침몰과 구조 실패의 진상규명을 요구하고, 돈보다 인간의 생명과 존엄이 우선시되는 질서와 체제를 요구하는 다양한 투쟁들 — 이 투쟁들을 총칭해 4.16운동이라고 부르자 —, 즉 4.16운동은 세월호 사건을 사고로 의미화하려는 권력의 통념doxa에 맞서 세월호 사건의 다른 의미를 창출해 가는 역설para-doxa을 현행화해 가는 정치인 것이다.

4. 영원한 현재인가, 사건과 더불어 닥쳐오는 장래인가

〈4.16 인권선언〉역시 바로 통념에 입각한 세월호 사건의 계열화에 대항하는 정치, 양식과 공통감이 만들어 내는 세월호의 의미와는 다른 세월호의 의미를 생산하려는 정치의 맥락에 자리 잡고 있다. 그러나 왜 인권선언인가? 세월호 인양, 특별조사위원회 정상화, 단원고 희생자 교실 존치 등 당면한 투쟁들과 시급한 싸움들이 산적해 있는데 '인권선언'이나 하는 것은 너무나 한가롭지 않은가? 세월호 사건을 권력의 통념과는 다르게 계열화하고 이 사회의 지배 질서가 세월호 사건에 부여하려는 의미와는 다른

의미를 창출하려는 정치에서 '인권선언'은 어떤 의미를 갖는 것일까?

우리는 이 질문에 답하기 위해 세월호라는 사건의 위상에 대해 먼저 살펴볼 필요가 있다. 들뢰즈가 사건의 개념을 명확하게 규정하기 위해 끌어들이는 개념 가운데 하나가 독특성singularité이다. 사건이란 독특성에 의해 정의된다. 독특성은 기존의 상태를 규정하는 질서가 종결되고 다른 질서와 상태로 변화되는 점이다. 가령 세 꼭짓점으로 이루어진 삼각형의 각 꼭짓점, 어떤 곡선의 변곡점이 독특성이며, 물이 얼음으로 넘어가는 온도상의 점 0℃나 물이 기체로 변화하는 온도상의 점 100℃가 독특성이다. 그뿐만 아니라 우리의 심리 상태가 기쁨에서 슬픔으로 변화하거나, 신체가 병든 상태에서 건강한 상태로 넘어가는 임계점이 바로 독특성이다. 시간의 차원에서 보자면 '이전'과 '이후'를 나누는 매우 특별한 시점이다. 그 시점은 '이전'의 시간성을 규정하는 질서에 의해서도, '이후'의 시간성을 규정하는 질서에 의해서도 규정될 수 없다. 사건이란 독특성이다.

우리의 일상은 이런 독특성으로서의 사건들로 가득 차 있다. 수축과 이완을 오가는 내 심장의 박동, 얼굴에 나타났다 사라지는 갖가지 표정들, 이전까지 직진하다 좌회전을 하는 방향의 전환 등등. 우리가 살아가는 세계는 명멸하는 사건들의 세계이다. 들뢰즈에게는 이렇게 작고 미세한 사건들도 하나의 상태와 다른 상태를 분기해 내는 독특성이지만 카이사르가 기어이 무장한 채 루비콘강을 건넜던 순간, 1789년 7월 파리 인민이 바스티유 감옥의 문을 부숴 버린 순간, 제1차 세계대전을 일으킨 사라예보의 총성이 울린 순간 등과 같이 세계사의 경로를 바꾼 역사적 사건 또한 똑같이 하나의 상태와 다른 상태를 분기해 내는 독특성이다. 사건의 '비존재론'[5]이라는 관점에서 보자면 얼굴에 나타났다 사라진 표정이나 바스티유 감옥의 문이 열린 순간은 모두 독특성으로서의 사건이다.

그러나 우리의 일상적 어법의 견지에서 보자면 심장박동이나 얼굴의 표정을 사건이라고 하지는 않는다. 물론 그 개념에 엄밀하게 입각해 파악하자면 그런 변화의 점들은 모두 사건이라 해야겠지만, 사건이라는 말은 우리에게는 그보다 더 강렬한 의미를 지닌 어떤 것을 뜻한다. 그것은 아마도 각 사건-독특성이 갖는 역사적, 혹은 사회적 위상의 차이 때문일 것이다. 사건의 비존재론이라는 관점에서 모든 사건-독특성은 하나의 평면 위에 존재하지만 사건의 사회적, 역사적 성격이라는 관점에서 보자면 사건-독특성의 위상은 다를 수밖에 없다. 그런 맥락에서 들뢰즈의 사건론에 대한 이진경의 다음과 같은 문제 제기는 설득력이 있다.

5   일반적으로 존재론ontology이란 존재의 근본원리를 규명하는 철학적 사유를 말한다. 그러나 전통적으로 존재론이 사유의 대상으로 삼아 온 존재란 결코 변화하지 않으며, 영원히 지속되며 존재하는 모든 것들의 기반이 되는 있음 자체를 뜻한다. 그러나 사건이란 명멸하는 것이고 나타났다 사라지는 것이기에 전통적 존재론의 대상에서 배척되어 왔다. 사건 그 자체는 있음의 정도가 가장 적은 것, 거의 없는 것과 진배없는 어떤 것이다. 그래서 사건의 있음(존재)을 다루는 사유는 전통적 의미에서 존재론이라고 표현하는 것이 적합하지 않기에 여기서는 전통적 의미에서의 존재론이 아님을 표시하기 위해 그 앞에 '아니다'라는 뜻에서 '비'非 자를 붙인다. 또한 사건은 없음, 즉 부재否在가 아니기에 사건의 있음을 다루는 사유를 비존재론이라고 표기한다.

들뢰즈가 사건이란 개념을 정의할 때, 거기에는 상반되는 두 가지 상이한 위상이 겹쳐지면서 만들어지는, 서로 상충되는 듯이 보이는 어떤 모호성이 있는 것처럼 보인다. 하나는 수많은 사실들 가운데서 '사건'이라고 부를 만한, 눈에 확연하게 들어오는 어떤 특이성을 염두에 두고 있는 것 같다. 그렇지만 동시에 '커지다', '붉어지다' 등과 같은 일반적인 의미 전반과 관련된 일반적 개념으로서, 생성의 차원에서 의미의 논리를 보여 주는 일반적인 개념으로서 사건을 정의하고자 하기도 한다. 이때 어떤 사건이 갖는 유별난 점, 특이한 점은 매우 약화되고 마는 것 같다(이진경a 2012, 76, 77).

'커지다', '붉어지다'와 같은 일상적 사건과 카이사르가 루비콘강을 건너거나 파리 인민이 바스티유 감옥을 습격한 것이 같은 수준의 사건일 수 없는 것은 그 사건이 가지는 영향력과 파급력, 즉 기존 질서를 흔드는 힘의 차이 때문이다. 즉 퇴근길에 졸던 운전자가 앞 차를 들이받은 사건과 세월호의 침몰을 같은 차원의 사건이고 동급의 독특성이라고 할 수는 없는 것이다.

그러나 사건의 사회적, 역사적 영향력과 파급력의 정도는 결정되어 있는 것이라 할 수 없다. 어떤 사건은 많은 사람들에게 커다란 영향력을 미치고 기존의 사회질서를 위기에 처하게 만들기도 하지만 기성 질서를 전복해 내지는 못한다. 반면 어떤 사건은 기존 질서를 전복하는 힘을 발휘하기도 한다. 동일한 사건이라고 할지라도 그 파급력이나 영향력은 조건에 따라 다르게 나타날 수도 있다. 왜냐하면 기성 체제를 위협할 수 있는 사건의 영향력이나 파급력을 기성 체제의 지배 권력은 그저 방관하지 않기 때문이다. 지배 권력은 체제를 위협하는 사건의 파급력을 차단하고 영향력을 봉쇄하기 위해 권력을 사용한다.

세월호 사건의 의미를 몇몇 개인과 기관들의 실수나 무책임의 문제로 통념화하려는 세력들은 세월호의 사건적 힘을 최소화하려 한다. 세월호 사건의 영향력을 봉쇄하기 위해 이들은 유가족을 자식의 죽음을 빌미로 한몫 챙기려는 패륜적 부모로 몰고 가고, 서민의 경제활동을 어렵게 만드는 이기주의자들로 매도한다. 세월호라는 독특성의 파급력을 차단하기 위해 그들은 진실을 요구하는 시위대를 차벽으로 막아서고, 민주주의를 요구하는 시민들에게 최루액과 물대포를 난사한다. 세월호 사건-독특성에 잠재된 전복적 힘을 체제 내에 가두기 위해 지배 권력은 동원할 수 있는 모든 수단을 사용하고 있는 것이다. 그리하여 세월호 사건이 대한민국의 지배 질서의 변화가 일어나는 역사적 분기점이 되지 못하도록, 그 사건의 힘을 무화하려 드는 것이다.

현재를 지배하는 권력은 그렇게 사건의 힘을 기성 체제 안에 가두려고 한다. 현재를 지배하는 틀, 통념의 한계 안에서 사건의 의미를 규정하려 한다. 그렇게 의미화된 사건은 현재의 질서가 제대로 작동하지 못했음을 보여 주는 사건일 수는 있어도 현재의 질서 자체가 잘못된 것임을 보여 주는 사건은 아니게 된다. 권력은 이렇게 사건의 전복적 힘을 차단함으로써, 기존의 질서와는 다른 질서란 불가능하다고 공포한다. 변화는 없으며 지금을 지배하는 질서만이 영원한 것이라고 주장한다. 기존의 질서가 지배하는 현재는 영원할 것이고, 기성의 체제 아래 유지되는 현재만 지속될 것이다. 그 질서와 체제가 끝나는 미래는 도래하지 않을 것이다. 낡은 질서가 와해되고 새로운 질서가 시작되는 변화로서 역사는 끝났다고 이들은 선포한다. 모든 사건은 통념을 벗어나지 않는다고 선언한다.

그렇기 때문에 4.16운동은 역사와 결부된 정치이다. 세월호 사건을 역사적 사건이 되도록 하기 위한 정치이다. 다시 말해, 그것은 세월호 사건을 현재의 영원한 지배를 끝내고 새로운 질서의 도래를 의미하는 것으로 만들려는 정치, 세월호의 역사적 사건화를 위한 정치이다.

현재를 지배하는 질서가 단순히 시간적으로 확장될 때, 오늘과 똑같은 내일만이 무수히 반복될 때 역사는 존재하지 않는다. 통념으로부터 이탈하는 역설이 현행화될 때 역사는 비로소 존재한다. 역사는 오늘과는 질적으로 다른 내일이 올 때, 지금은 없는 것이 도래할 때 시작된다. 자크 데리다의 개념을 차용해 말하자면 역사는 현재의 시간적 확장으로서 미래le futur가 아니라 현재의 질서 안에 부재하는 것이 닥쳐오는 장래avenir와 더불어 가능해진다. 그리고 장래는 다시 사건의 문제이다(데리다 2007).

역사의 종말, 변화 불가능한 세계에 대한 선포에 맞서 데리다는 메시아적 시간을 대립시킨 바 있다. 메시아가 도래하는 시간이란 사건의 다른 이름이다: 메시아에 대한 데리다의 사유는 '메시아주의 없는 메시아적인 것(메시아성)'이라는 테제에 집약되어 있다. 이 메시아적인 것은 구체적 인물이나 집단으로서 메시아, 특정한 주체로서 메시아를 포함하지 않는다. 당연히 그런 특정한 주체로서 메시아에 대한 열광과 추종 또한 여기에는 부재하다.

데리다가 사고하려는 메시아주의 없는 메시아적인 것이란 하나의 독특한 시간성의 구조이다. 즉 현재를 지배하는 질서에 의해 규정된 시간성과는 전적으로 이질적인 시간성의 경험을 가능하게 하는 어떤 조건, 혹은 타자의 도래 가능성을 개방하는 어떤 시간성의 구조가 그가 말하는 메시아적인 것이다.

그는 이 메시아적 시간성의 구조를 윌리엄 셰익스피어의 희곡, 『햄릿』에 등장하는 '시간이 이음매에서 어긋나 있다'는 문장에서 발견한다. 그것은 "이접되고 어그러져 있는, '이음매가 어긋난' 지금, 확실하게 연결된 어떤 맥락, 여전히 규정 가능한 경계들을 지닌 어떤 맥락 속에서 더 이상 함께 유지될 수 없을지도 모르는, 이음매가 떨어져 나간 지금"(데리다 2007, 19)이다. 동일성이 지배하는 연속적 시간 흐름의 탈궤, 공백이 없이 이어지는 폐쇄적 시간성의 완결성을 불가능하게 만드는 균열의 필연적 도래 가능성이 바로 '이음매에서 어긋난 시간'으로서 메시아적 시간성이다. 그러므로 메시아적 시간성이란 현존하는 지배적 시간성과는 전혀 이질적인 시간성의 열림이다.

그래서 데리다는 또한 이런 이질적 시간성의 열림으로서 메시아성에 '해방의 약속', '유령', '도래할 민주주의' 등의 다른 이름을 부여한다.

결코 충만한 현재의 형태로 자신을 현존화하지 않을 바로 그것을 도래하게 만들라고 명령하는 서약된 명령의 사건으로서 도래할 민주주의의 "이념"은 무한한 약속(항상 지켜질 수 없는 약속, 왜냐하면 적어도 이 약속은 타자의 독특성과 무한한 타자성에 대한 무한한 존중만이 아니라, 익명적 독특성들 사이에 존재하는, 셈할 수 있고 계산할 수 있는 주체적인 평등을 요구하기 때문이다)과 이런 약속에 따라 자신을 측정해야 하는 것이 지니는 규정된 형태, 필연적이지만 필연적으로 부적합한 그 형태 사이의 간격의 열림이다. 이런 한에서 공산주의적 약속의 현실성과 마찬가지로 민주주의적 약속의 현실성은 항상 자신 안에 절대적으로 비규정적인 이런 메시아적 희망을, 사건과 독특성, 예견 불가능한 타자성의 도래와 맺고 있는 이런 종말론적 관계를 유지하고 있으며, 또 유지해야만 한다(데리다 2007, 140).

그러나 그에게 메시아성이란 단지 정상적인 시간 경로부터 일순간의 이탈이나 현존 질서에 대한 의지적 부정만을 의미하지 않는다. 오히려 메시아성이란 해방적 경험의 "보편적이고 유사 초월론적 구조"(데리다 외 2009, 226)를 뜻한다. 그리고 이런 구조란 근본적으로 사건의 도래, 타자성의 도래를 가능하게 하는 구조이다. "메시아성은 모든 지금-여기에서 가장 구체적이고 가장 현실적인 사건의 도래, 곧 가장 환원 불가능하게 이질적인 타자성을 지시"(데리다 외 2009, 214)하는 것이다. 이 사건, 타자성의 도래야말로 동일한 것의 연속성에 의해 규정된 시간, 질적 차원의 변화란 존재하지 않는 시간('역사의 종말')에 종말을 가져오며 '장래'avenir를 열 수 있다.

이런 의미에서 4.16운동은 세월호 사건이 현재를 지배하는 질서의 영속성을 탈구시키는 정치, 그런 탈구를 통해 지금의 질서와 다른 질서를 도래하게 하는 정치이다. 이 정치는 세월호 사건을 영원한 현재의 지배 안에 가두고, 그 전복적 가능성을 차폐하고자 하는 통념의 지배에 맞서 장래를 시작하려는 정치이다. 사건과 함께 시작되는 역사를 위한 정치이자 세월호 사건을 역사적으로 사건화하려는 정치인 것이다.

5. 선언과 주체화

세월호가 침몰한 지 어느덧 10여 년이 지났다. 사건이 발발한 초기에는 대통령도 유가족을 만나 눈물을 흘리며 최선을 다하겠다고 약속했고, 당시 새누리당의 실세였던 김무성 의원도 한국 사회는 세월호 이전과 이후로 나뉠 것이라 말하면서 근본적 변화를 다짐했다. 촛불 정부를 자임한 문재인 정부는 세월호 진상 규명과 책임자 처벌을 공언했다. 하지만 박근혜 정부에서도, 문재인 정부에서도 그런 약속과 다짐이 부질없었다는 것을 지난 세월이 증명했다.

세월호 침몰과 구조 실패에 중대한 책임이 있는 박근혜 정부는 그야말로 총력을 동원해 세월호 사건의 의미를 현재의 질서 안에 가두고, 그 의미를 축소하며 변화를 거부했다. 문재인 정부에서도 끝내 진상은 규명되지 않았고, 세월호를 침몰하게 한 사회구조는 별반 달라지지 않았다. 윤석열 정부에 세월호는 이제 완전히 과거의 사건이 되어 버린 상황이다. 아직도 세월호 사건의 계열화 방식을 둘러싸고 벌어지는 싸움이 계속되고 있지만 그 싸움에서 우위를 점하고 있는 세력은 여전히 변하지 않는 현재의 기득권이다.

그렇기 때문에 세월호의 진실을 규명하고, 책임자를 정의롭게 처벌하며, 피해자에게 공정한 보상을 하고, 세월호 참사가 일어나도록 만든 이 사회의 체제와 관행을 변혁하려는 투쟁은 10년을 이어 오고 있다. 박근혜 대통령의 집권 시기에는 공권력, 거대 미디어, 공식적, 비공식적 권력기관의 비호를 받는 우익 대중조직들을 동원해 세월호 사건을 단지 사고에 불과한 것으로 축소했고, 이에 저항하는 이들을 철저하게 탄압했다. 세월호는 참사가 아니라 그저 사고였을 뿐이며, 세월호 사건의 진상 규명을 요구하고 애도를 지속하는 행동은 국가를 부정하는 불순 세력의 책동에 불과하다는 의미화가 강제되었다.

그러므로 세월호 사건을 통념과 다른 방식으로 계열화하고, 권력이 그 사건에 부여하는 의미와 다른 의미를 세월호 사건에 부여하려는 정치는 지난한 고투의 시간을 통과해 가야 할 수밖에 없다. 10여 년의 세월이 지나는 동안 박근혜 퇴진 촛불 항쟁이 발발했고, 문재인 정부가 등장했으며, 다시 윤석열 대통령이 집권하는 시대가 왔다. 하지만 세월호 침몰과 구조 실패를 유발한 체제는 여전히 지속되고 있다. 2022년 10월, 이태원 참사가 이를 너무나도 명백히 보여 주고 있지 않은가? 세월호는 현재의 지배 질서에 "지금과는 다르게"를 요구하지만 이 질서는 세월호에 "지금과 똑같이"를 요구하고 있다.

〈4.16 인권선언〉이 만들어질 때, 이 선언을 만들던 이들은 세월호 투쟁이 장기화될 수밖에 없음을 직감했다. 작금의 지배 질서를 영구화하려는 세력에 맞서 세월호 사건을 기존 질서의 영구적 폐쇄계에 파열구를 만드는 사건으로 의미화하려는 투쟁은 장기화될 수밖에 없을 것을 알았던 것이다. 이 지난하고 장기적인 투쟁을 누가 수행할 것인가? 세월호 사건을 기존의 의미 세계를 지배하는 통념을 전복하는 사건, 장래가 시작되는 사건으로 만들기 위해서는 적지 않을 고투의 시간을 견디며 투쟁을 포기하지 않을 자들이 필요하다. 세월호 사건을 역사적 사건으로 만들어 가는 '주체'들이 필요한 것이다. 이런 고민 속에서 〈4.16 인권선언〉은 만들어졌다.

앞에서도 언급했듯이 데리다에게 장래란 지금 존재하지 않는 것, 혹은 현재적 질서에 의해 규정되고 있는 것에는 낯선 어떤 것, 그것과는 다른 것, 즉 타자의 도래를 뜻한다. 이 다른 것, 타자를 데리다는 유령이라고도 말한다. 유령은 존재하는 것도 아니며 부재하는 것도 아니다. 죽었으나 완전히 사라지지 않은 것. 존재와 부재 사이의 경계면에서 출몰하는 비존재. 삶과 죽음의 경계에서 명멸을 반복하는 비존재이다. 현재를 지배하는 권력의 시각에서 그것은 존재하지 않는 것이지만 그 지배 질서가 결코 완전히 억압할 수 없는 것, 부재하는 것으로 만들 수 없는 어떤 가능성의 이름이 바로 유령이다. 다시 말해, "유령은 근본적으로 장래이며, 항상 도래할 것으로 남아 있고, 도래하거나 다시 도래할 것으로서만 자신을 제시할 뿐"(데리다 2007, 91)이다.

그런데 데리다에게 유령은 명령하는 자이며, 약속을 요구하는 자이다. 무엇을 명령하고 요구하는가? 마치 자기 동생에게 암살당한 햄릿의 아버지가 유령이 되어 나타나 햄릿에게 복수를, 정의를 요구하듯이 유령은 우리에게 요구한다. 데리다에게 유령이 타자성이며 장래와 연결되어 있다면 유령의 명령이란 현재의 질서에 의해 존재하지 않는 것이 도래하도록 하라는 것, 장래의 시작을 위해 책임을 다하라는 강렬한 요구이다. 타자의 도래, 정의의 도래, 민주주의의 도래를 위한 책임을 짊어질 것, 현재와는 다른 장래의 시작을 위한 책임을 다할 것에 대한 서약을 유령은 요구하며 명령한다.

> 비록 도래할 것으로 남아 있는 것에 대한 것이기는 하지만, 서약이 존재한다(약속, 참여의 서약, 명령, 명령에 대한 응답 등). 서약은 지금 여기에 주어지며, 아마도 어떤 결정이 이를 확증하기 이전에 주어진다. 그리하여 이는 기다리지 않고 정의의 요구에 응답한다. 정의의 요구는 정의상 참을성 없고 비타협적이며 무조건적이다(데리다 2007, 77).

즉 유령은 타자의 도래, 정의의 도래, 민주주의의 도래를 책임질 주체, 그 책임을 비타협적으로 끝까지 수행하겠다는 서약을 하는 주체를 요구한다. 이 유령이 타자이고 타자의 도래가 사건과 다른 것이 아니라면, 유령의 요구는 곧 사건의 요구이다. 사건은 책임의 주체를 부른다.

〈4.16 인권선언〉은 바로 사건의 요구에 응답하겠다는 약속의 천명이며 공표의 행위이다. 선언은 현재만이 영원하다고 선포하는 저 오만한 권력이 지배하는 시간에 종말을 고하고야 말겠다는 서약의 행위이다. 선언에 참여하는 것은 바로 사건의 명령을 수행하겠다는, 장래의 도래를 위해 책임을 다하는 주체가 되겠다는 결의이다. 현재를 지배하는 질서가 만들어 놓은 통념이 세월호에 부여하는 의미를 결코 받아들이지 않겠다는 약속이며, 그런 통념을 뚫고 세월호 사건을 새로운 역사가 시작되는 분기점으로 만들겠다는 약속이다. 그 길고 힘겨운 싸움을 포기하지 않겠다는, 끝까지 책임지겠다는 주체의 서약이 바로 〈4.16 인권선언〉이다. 그러므로 사건의 명령에 응답하는 주체, 사건의 요구에 책임을 다하는 주체는 선언과 함께 만들어진다. 선언은 우리를 사건의 주체로 만든다.

데리다는 미국의 〈독립선언문〉을 분석하는 글인 「독립선언들」에서 선언의 핵심에는 서명의 문제가 있다고 말했다. 그 선언문은 미연방 공화국 인민의 이름으로 발표된다. 이 선언문의 공적 성격과 권위는 그것이 미국 인민의 이름으로 발표되는 것이라는 사실에 있다. 물론 그 문서가 공적 성격과 권위를 가진 문서임은 선언문을 작성한 자들, 채택한 자들, 즉 대표들이 서명함으로써 확인되지만, 그 대표들은 개인으로서 서명하는 것은 아니다. 그들은 인민의 이름으로 서명한다.

> 따라서 서명하는 데에만, 자기 자신의 선언을 서명하는 데에만 스스로 참여하는 '선량한 인민'이 바로 여기에 있다. 「선언」의 '우리'는 '인민의 이름으로' 말한다. 그런데 이 인민은 실존하지 않는다. 인민은 이 선언에 앞서 그 자체로 실존하지 않는다. 만약 인민이 자유롭고 독립적인

주체로서, 가능한 서명자로서 스스로를 탄생시킨다면, 이
는 이 서명 행위에 의해서만 이행될 수 있다. 서명은 서명
자를 발명한다. 서명자는, 이렇게 말할 수 있다면, 일단 자
신의 서명을 모두 마친 뒤에 일종의 허구적인 소급 작용
에 의해서만 스스로 서명을 할 수 있도록 권한을 부여할
수 있다(데리다 2004, 175, 176).

〈4.16 인권선언〉역시 '우리'의 권리를 선언하며 그 권리를 위
한 '우리'의 행동을 결의한다. 그리고 '우리'의 권리가 보편적 권리
임을 천명한다. 그러나 그 '우리'는 이 선언 이전에는 존재하지 않
는다. 이 선언에 참여함으로서 우리는 보편적 권리의 '주체'로서
'우리'가 된다. 이 선언을 통해 존엄과 안전에 기초한 사회를 만들
기 위해 책임을 다하는 '우리, 인민'이 만들어지게 되는 것이다. 이
선언에 참여함으로써, 그 선언문에 인권의 보편적 주체로서 서명
함으로써 '우리'는 또한 사건의 '주체'가 될 것이다.
　　그러므로 〈4.16 인권선언〉은 사건의 정치를 수행하는 주체
를 만들어 내고 확인하는 주체화의 장치이다. 그러므로 〈4.16 인
권선언〉은 세월호 사건의 의미를 한국 사회를 지배하는 자들에 의
해 만들어진 구조적 적폐로 인해 발생한 사건이며, 그와 같은 구
조적 적폐가 혁파되고 인간의 권리, 즉 평등과 자유, 연대와 협력
에 기초한 정의로운 체제를 구축하기 위한 출발점으로 의미화하
기 위해 실천하는 주체들을 구성하는 장치이다. 그 선언은 세월
호 사건을 한국 사회의 역사적 사건으로 만드는 장치, 역사적 사건
화의 장치이다. 존엄과 안전에 관한 〈4.16 인권선언〉은 세월호 사

건을 역사적 사건으로 만들어 가는 자들이 수행하는 주체화의 선
언인 것이다.

◇

존엄과 안전에 관한 4.16 인권선언

누구도 살아남지 못할 것이다. 세월호 침몰은 한국 사회가 이미 가라앉기 시작했음을 보여 주는 상징적인 사건이었으며, 수많은 세월호들의 침몰 속에서 다시 닥쳐 온 재난이다. 이 사회의 모순과 부조리를 참혹하게 드러낸 참사에도 불구하고, 정부는 정의를 짓밟고 언론은 진실을 왜곡하고 있다. 인간의 존엄에 침을 뱉고 참사의 진실을 덮으며 여전히 가만히 있으라 한다. 그러나 가만히 있으면 이 땅에 아무도 남지 않게 될 것이다.

우리는 인간으로 다시 살기 위해 저항과 연대를 멈출 수 없었다. 팽목항에서, 안산에서, 광화문에서, 애통함이 뒤덮인 또 다른 거리에서 우리는 함께 마음을 졸이고 아파했다. 눈물을 흘렸고, 이야기를 했고, 광장에 나섰고, 길을 걸었다. 흔들리면서도, 박해받으면서도 우리는 함께 싸우며 우리의 존엄을 회복하고 있다. 어둠은 빛을 이길 수 없고 모욕은 존엄을 밀어낼 수 없다.

모든 사람은 그 자체로 자유롭고 평등하다. 안전한 삶은 모든 사람이 누려야 할 권리다. 안전은 통제와 억압으로 보장될 수 없으며, 돈으로 살 수 있는 것도 아니다. 자유, 평등, 연대 속에서 구현되는 인간의 존엄성이야말로 안전의 기초이다. 우리의 존재가 오직 이윤 취득과 특권 유지의 수단으로만 취급되고 부당한 힘이 우리의 권리와 삶의 안전을 위협할 때 우리는 이에 맞서 싸울

2부. 안전의 변증법

것이다.

권리는 저절로 주어지지 않으며 우리가 협력하여 싸울 때 쟁취하고 지킬 수 있다. 권리를 위한 실천이 우리가 주권자임을 확인하는 길이며, 곧 민주주의 투쟁이다. 우리는 존엄과 안전을 위협하고 박탈하는 세력들에 맞서 노란 리본을 달고 촛불을 들겠다. 세월호의 아픔으로 시작한 이 싸움은, 모든 이들의 존엄을 해하는 그 어떤 장애물도 넘어설 것이다. 그리하여 함께 살고 함께 나누는 세상을 향해 나아갈 것이다.

이 다짐을 담아 다음과 같이 선언한다.

1. (인간의 생명과 존엄성) 인간의 생명과 존엄성은 최우선적으로 보장되어야 한다. 돈이나 권력은 인간의 생명과 존엄보다 앞설 수 없다.

2. (자유와 평등) 모든 사람은 자유롭고 평등하다. 어떠한 이유로도 억압당하거나 차별받아서는 안 된다.

3. (연대와 협력) 모든 사람은 연대할 권리를 가진다. 누구도 혼자 살 수 없으며, 인간의 존엄은 타인과의 관계 속에서 협력하며 살아갈 때 지켜질 수 있다.

4. (안전을 위한 시민의 권리와 정부의 책임) 모든 사람은 안전하게

살아갈 권리를 가지며, 안전한 사회를 만들기 위해 참여할 권리를 가진다. 모든 사람은 위험을 알고, 줄이고, 피할 권리가 있으며 이를 보장할 일차적 책임은 정부에 있다.

5. (구조의 의무) 정부는 모든 역량을 동원하여 재난 상황에 처한 사람들을 구조하고 이들의 안전을 확보하기 위해 마지막까지 최선을 다해야 한다. 구조에 있어서 그 어떤 차별도 있어서는 안된다.

6. (진실에 대한 권리) 모든 사람은 재난을 초래한 환경과 이유를 포함한 진실을 알 권리를 가진다. 진상조사를 위한 기구에는 충분한 권한이 주어져야 하며 공정성과 독립성이 확보되어야 한다. 진실에 대한 어떠한 은폐와 왜곡도 용납될 수 없다.

7. (책임과 재발 방지) 재난의 해결은 정의로운 방식으로 이루어져야 한다. 책임자를 엄정하고 공정하게 처벌해야 하며, 유사한 재난의 발생을 막기 위해 정부와 사회는 철저한 재발 방지 대책을 마련해야 한다.

8. (피해자의 권리) 피해자는 부당한 해를 입었고 고통을 겪는다는 사실을 인정받고, 존중받을 권리가 있다. 특히, 정부와 책임 있는 대표자로부터 공식적인 사과와 배상을 받을 권리가 있다. 또한 피해자는 사건 해결의 전 과정에 참여할 권리가 있다.

9. (치유와 회복) 피해자는 재난 발생 즉시 필요한 구제와 지원을 평등하게 받을 권리가 있다. 또한 치유와 회복을 위해 적극적이고 충분한 조치를 취할 일차적 책임은 정부에 있다.

10. (공감과 행동) 모든 사람은 재난으로 생명을 잃은 이들을 충분히 애도할 권리를 가진다. 모든 사람은 재난 피해자의 아픔에 동참하고 정의를 실현하기 위하여 말하고, 모이고, 행동할 권리를 가진다.

11. (기억과 기록) 공동체는 피해자를 기억하고, 재난과 그 해결의 전 과정을 기록하여야 한다.

12. (저항할 권리) 정부, 기업, 언론 등 권력기관이 인간의 생명과 존엄성을 침해하고 안전을 위협할 경우, 모든 사람은 스스로 방어하고 연대하여 투쟁할 권리를 가진다.

13. (존엄에 기초한 사회를 만들 권리) 모든 사람은 돈과 권력이 중심이 되는 사회를 근본적으로 바꿔 자유와 평등, 연대와 협력, 인간의 생명과 존엄에 기초한 사회를 만들 권리를 가진다.

우리는 상실과 애통, 그리고 들끓는 분노로 존엄과 안전에 관한 권리를 선언한다. 우리는 약속한다. 세월호 참사를 기억하고 진실을 밝히고 정의를 세우기 위한 실천을 포기하지 않을 것임을. 또한 우리는 다짐한다. 이 세계에서 벌어지는 각종 재난과 참사,

그리고 비참에 관심을 기울이고 연대할 것임을. 우리는 존엄과 안전을 해치는 구조와 권력에 맞서 가려진 것을 들추어내고 목소리를 내는 데 주저하지 않겠다. 이 선언은 선언문으로 완결되는 것이 아니라 수많은 우리가 다시 말하고 외치고 행동하는 과정 속에서 완성되어 갈 것이다. 함께 손을 잡자. 함께 행동하자.

5장

안전할 권리, 국가의 관점에서 시민의 관점으로

1. 안전이라는 난문

'인간은 폴리스polis의 동물이다'라는 아리스토텔레스의 유명한 테제는 인간성에 대한 가장 오래된 규정 가운데 하나이다. 즉 인간은 본성적으로 폴리스(국가 또는 정치적 공동체)를 구성하는 존재라는 것이다. 그런데 아리스토텔레스는 국가(폴리스)를 구성하는 동물로서 인간의 본성에 어긋나는 인간이 있을 수 있다고 말한다. 아리스토텔레스는 그런 인간을 "전쟁광"이라고 칭한다. 다시말해, 국가를 구성하는 본성을 가진 인간의 대척점에 전쟁에 미친자가 존재하는 것이다. 즉 전쟁광들은 그 "본성상 국가 없는 자"(아리스토텔레스 2009, 20), 즉 국가를 거부하는 자들이다.

아리스토텔레스에 의하면 국가의 목적은 '완전한 자급자족'이다. 이와 같이 규정된 국가의 목적은 인간의 대척점에 서있는 자들, 즉 국가를 거부하는 자들을 '전쟁광'으로 칭하는 이유를 짐작케 한다. 전쟁광들은 국가, 즉 집단적 관계에 기초한 공동의 자급자족을 위험에 빠뜨리는 자들이다. 아리스토텔레스 자신이 명시적으로 밝히지는 않지만 국가인과 전쟁광 사이의 대척 관계를 통해 기능적 차원에서 국가의 성격을 우회적으로 규정한다. 즉 공동의 자급자족을 불가능하게 하는 전쟁을 부정하는 것이 국가의 일차적인 기능이라는 것이다. 이렇게 전쟁의 부정으로서 국가는 인간의 조건으로 나타난다.

그렇다면 국가의 성립을 전쟁 상태와 다름없는 자연 상태의 부정을 통해 규명하고자 하는 토머스 홉스의 논의도 아리스토텔레스의 생각과 그리 멀리 떨어진 것은 아니다. 즉 만인에 대한 만인의 전쟁으로서 자연 상태란 모든 인간이 '전쟁광'으로서 살아가며 모두가 모두에게 전쟁을 벌이는 상태이다. 이 상태에서 모든 인간의 안정적 삶, 다시 말해 안전은 결코 보장될 수 없다. 잘 알려진 바와 같이 홉스에 따르면 인간은 안전을 위해 더 이상 '전쟁광'이기를 그만두고 자연권을 특정인에게 전적으로 양도함으로써 국가를 구성하게 된다. '전쟁광'이기를 그만두는 것이다. 홉스에게도 역시 국가는 전쟁의 부정이고 인간은 전쟁의 부정을 통해 인간다운 삶을 살 수 있게 된다(홉스 2008).

이렇게 서양 정치사상에서 국가는 인간적 삶의 조건으로 사고되어 왔다. 이는 국가가 무엇보다 전쟁의 부정으로 표상되어 왔음을 뜻한다. 물론 이때의 전쟁은 일차적으로 국가와 국가 사이에 벌어지는 무력 충돌로서 전쟁을 의미하지 않을 것이다. 아리스토텔레스나 홉스가 보여 주는 바와 같이 전쟁이란 궁극적으로 국가를 거부하는 행위이며 국가 성립 이전의 상태가 전쟁 상태이기 때문이다. 전쟁이란 자급자족의 삶을 위태롭게 하거나 개인의 자기보존을 위험에 처하게 하는 폭력을 의미하며 전쟁의 부정으로서국가란 결국 안전을 의미하게 된다. 국가를 통해 안전을 확보할때 비로소 인간은 인간다운 삶을 영위하게 되는 것이다. 그런 의미에서 국가에 의해 보장받는 안전은 그야말로 인간의 조건이라고 할 수 있다.

그러나 실제로 국가의 역사는 어떤 사람들에게는 국가가 안전의 보장자가 아니라 안전의 파괴자임을 여실히 보여 주었다. 수천 년 동안 장기 지속되어 온 신분제 질서 아래에서 국가는 인간들사이에서 인간다운 삶을 살기에 적합한 자와 그렇지 못한 자를 구별했고, 그렇지 못한 자들은 안전이 아니라 늘 위험에 노출되어 살아야 했다. 국가 안에서 인간다운 삶은 결코 평등하게 보장되지못했다. 그러므로 신분제 질서를 전복한 근대 시민혁명이 안전을인간의 기본적 권리 가운데 하나로 천명한 것은 너무나도 필연적인 사태였다고 할 수 있다. 특히 시민혁명의 시기에 제기된 안전은 무엇보다 국가의 폭력으로부터 개인의 안전을 강하게 의미하는 것이었다.

그러나 신분제가 철폐된 이후 성립한 근대적 정치 질서에서도 개인의 안전에 대한 국가의 위협과 침해는 지속되었다. 오히려안전이 개인의 존엄성과 권리를 제한하고 침해하는 근거가 되기도 했다. 그리고 이는 단지 비서구 독재국가에만 국한된 양상이 아니었다. 민주주의가 발생했고 가장 선진화되었다는 서구의 민주주의국가에서도 안전을 명분으로 민주주의의 제한, 인권침해, 인간 존엄성의 억압이 반복되었다. 가령 9.11 테러 이후 미국과 서구 민주주의국가들은 테러와의 전쟁을 명분으로 국민의 안전보장을 명분으로 자국만이 아니라 국제적인 도청, 감시, 불법 구금, 민주적 권리에 대한 제한을 실행했다.

더욱이 적대적 분단과 이로 인한 전쟁을 경험한 한국의 경우 안전보장, 곧 안보는 독재 권력의 최대 명분이었고, 민주화 이후에도 국가권력은 안전을 명분으로 〈테러방지법〉(〈국민보호와 공공안전을 위한 테러방지법〉)을 비롯한 반민주적이고 반인권적 법제를 유지하거나 새로 도입했다. 이런 맥락에서 한동안 안전은 민주주의와 인권을 달성하기 위한 사회운동이 추구해야 하는 가치라기보다는 투쟁해야 하거나 피해야 할 가치인 양 여겨져 온 경향이 있었다.

하지만 특히 우리 사회의 경우 2014년 세월호 참사를 겪으면서 안전이 민주주의와 인권의 중요한 화두로 부상하기 시작했고 2020년 발생한 코로나19 팬데믹 사태는 전 지구적 차원에서 안전이 핵심적인 사회적 의제로 떠오르게 만들었다. 안전이 동시대의 중요 가치가 된 것이다. 그럼에도 불구하고 안전은 여전히 그 자체로 무조건적으로 긍정하기는 쉽지 않은 가치이기도 하다. 안전이 인간의 기본적 권리 가운데 하나로 인식되고 그 권리를 보장해야 할 국가의 적극적 의무가 강조되고 있지만, 국가에 의한 안전보장은 언제든지 민주주의의 제한과 인권의 유예로 전화될 가능성을 배태하고 있기 때문이다. 하지만 그렇다고 안전을 반민주적이고 반인권적 가치로 무시하거나 개인들의 안전을 보장하는 장치로서 국가의 기능을 폐기하는 것은 더욱 위험한 일이다.

안전은 본질적으로 시민의 권리이기만 한 것도, 그렇다고 시민적 권리의 억압 기제이기만 한 것도 아니다. 여기서는 안전에 대한 본질주의적 개념을 어떻게 넘어설 수 있을지 고민해 보고자 한다. 이는 안전을 그 본질이 확고하게 규정된 개념으로 파악하기보다는 그 안에 어떤 갈등과 대립을 내포한 모순적 개념으로 파악하고자 하는 시도이기도 하다.

2. 권리로서 안전에 대한 사유

근대적 국가 형성 이론의 시초라고 할 수 있는 사회계약론은 국가 형성의 중요한 계기 가운데 하나가 바로 안전이라고 파악한다. 서두에서 언급한 바와 같이 홉스의 사회계약론은 안전에의 욕구를 국가 창설의 근본 동인으로 파악한다. 다시 말해, 홉스에게서 국가란 근본적으로 '안전 국가'이다. 그의 사회계약론이 국가 창설을 초월적 존재의 의지가 아니라 인민의 의지로 파악한다는 점에서 그의 안전 국가론은 내재주의적 정치 이론의 지평을 여는 데 기여했다 할 수 있다. 하지만 그의 내재주의는 근본적으로 절대 왕권을 옹호하기 위한 이론적 관점이기에 국가 자체가 인민의 삶을 위험에 처하게 하는 문제에 대해서는 눈을 감는다. 이런 맥락에서 그의 안전 개념은 민주적 권리나 인권의 관점에서 이해되기에는 어려울 것이다.

반면 존 로크의 사회계약론은 국가의 형성을 인민의 내재적 계약의 산물로 파악하고 안전을 국가를 창설하는 계약의 중요한 계기 가운데 하나로 인식하면서도 안전을 위해 다른 권리를 부차화하지 않는다. 오히려 그는 안전을 다른 권리를 보장하기 위한 선행적 권리로 규정한다. 로크와 홉스의 이 같은 차이는 국가가 존재하지 않는 상태로 가정된 자연 상태에 대한 이해 차이로부터 비롯된다. 홉스에게 자연 상태가 전쟁 상태, 곧 모두가 모두에게 늘 대인 무법 상태라면 로크에게 자연 상태는 이성을 원리로 삼는 자연법에 의해 질서가 유지되는 상태이다.

> 이것이 자유의 상태이긴 하지만 방종의 상태는 아니다. …… 자연 상태에는 그것을 지배하는 자연법이 있는데, 이 법이 모든 사람을 속박한다. 그리고 바로 저 법인 이성은 그것에 오직 조언을 구할 뿐인 온 인류에게, 모두가 평등하고 독립적이므로 어느 누구도 다른 사람이 지닌 생명, 건강, 자유, 혹은 소유물들에 해를 끼쳐서는 안 된다고 가르친다. …… 모든 사람은 자신을 보존해야 하며, 고의로 자기 자리를 벗어나서는 안 된다. 따라서 비슷한 이유로, 자기 자신의 보존을 강구해야 하는 상황이 아닐 때 그는 그가 할 수 있는 만큼 나머지 인류를 보존해야 하며, 공격자에게 정당한 대응을 하려는 것이 아닌 한은 다른 사람의 생명 혹은 생명 보존에 이바지하는 것, 즉 자유나 건강, 신체, 재물을 제거하거나 손상해서는 안 된다(로크 2023, 18-20).

2부. 안전의 변증법

로크에게 자연 상태는 동등한 자연권으로 인해 누구든지 자기 보존을 위해 타인을 해쳐도 되는 상태가 아니다. 자연 상태의 법인 이성은 각 사람에게 자기 보존을 위해서는 타인 역시 보존해야 함을 인식하게 한다. 사회계약론자들의 자기 보존 공리, 즉 자기 자신을 보존하는 것이 자연법의 최고 명령이라는 원칙을 로크 역시 받아들인다. 그런데 자연 상태에서 만약 어떤 사람이 타인의 생명, 신체, 건강, 재산을 빼앗으려 시도한다면 그는 타인의 강력한 저항에 마주하게 될 수 있다. 그 결과 오히려 자신의 생명, 신체, 건강, 재산에 손상이 발생할 수도 있다. 이는 자기 보존을 위험에 처하게 하는 사태이며 자연법의 명령에 위배되는 행위이다. 그러므로 이성적으로 파악할 때 자기 보존에 위협이 될 만한 행위는 자연법적 관점에서 금지된다는 것이다.

하지만 자연 상태에서도 문제는 발생한다. 그것은 모든 인간이 이성을 따라 살아가지 않기 때문이다. 인간 가운데는 자연법을 위반해 타인을 공격하는 자들이 존재한다. 이들은 자연법이 명령하는 금지 조항을 어긴 자들이기에 범죄자들이다. 범죄자들은 이성을 포기한 자들이며 "온 인류를 상대로 전쟁을 선포"(로크 2023, 24)한 자들이다. 그러므로 자연법은 인간의 보존을 위해 이런 자들을 처벌하는 권리를 또한 모든 인간에게 부여한다. "사자나 호랑이처럼 인간들이 함께 사회를 이룰 수도 없고 안전을 확보할 수도 없는 야생의 맹수 가운데 하나로 취급되어 죽임을 당해도 괜찮다"(로크 2023, 24)는 것이다.

국가, 즉 정치 상태를 창설하는 사회계약은 바로 처벌권의 맥락에서 설명된다. 자연법이 모든 사람에게 부여한 처벌권을 사회계약은 "공동체의 수중에 양도"(로크 2023, 105)하는 것이며, 그 결과로 국가가 형성된다. 국가 상태는 이렇게 '전 인류에게 전쟁을 선포하는 야수들'의 위협으로부터 자기 보존을 유지하기 위해, 다시 안전을 보장하기 위해 형성되는 것이다.

> 국가는 그 사회 구성원들 사이에서 저질러진, 처벌을 받을 만하다고 그들이 생각하는 여러 위반들에 무슨 처벌이 해당될지를 정할 권력(즉, 법률을 만드는 권력)을 얻게 [된다.] …… 그런데 시민사회에 참여해서 어떤 국가의 구성원이 된 모든 인간은 그럼으로써 자연법에 어긋나는 위반 행위를 사적 심판을 실행하여 처벌할 권력을 포기한 것이지만, 그가 통치권자에게 소를 제기할 수 있는 모든 사안에서 위반 행위에 대한 심판을 입법부에 양도함으로써 그는 국가가 판결을 집행하기 위해 그에게 요청할 때마다 자신의 위력을 사용할 권리를 국가에 준 것이기도 하다(로크 2023, 105, 106).

인간의 자기 보존에 위해를 가하는 범죄자를 처벌할 수 있는 각인의 권력은 공동체의 권력으로 집성되고 그 권력을 집행할 권리는 특정한 기관(정부)에 양도된다. 이 권력의 집행권을 양도받은 자들은 자의적 판단이 아니라 법에 입각해 그 권력을 행사한다.

> 따라서 여하한 수의 인간들이 각자 자신의 자연법 집행 권력을 포기하고 그것을 공중에게 양도할 만큼 하나의

사회로 결속되어 있는 곳에, 오직 그곳에만 정치사회 혹은 시민사회가 있다(로크 2023, 106).

즉 로크에게 자연 상태와 정치 상태는 근본적인 단절된 것이 아니다. 정치 상태는 자연법이 인간의 자기 보존을 위해 부여한 처벌권을 누가 어떤 절차를 통해 행사하느냐에 따라 자연 상태와 달라질 뿐이다. 자연 상태에서는 각인이 소유했던 처벌권이 정치 상태에서는 '공중'에 양도되며 그 권력은 법률에 의해 행사된다.

이렇듯 자연 상태와 정치 상태는 처벌권에 의해 연속성을 갖게 된다. 인간이 자연 상태가 아니라 정치 상태로 이행하는 이유는 다만 안전의 확보를 위한 처벌권의 효율화와 안정화에 있다. 국가 창설의 핵심적 계기에는 공공체의 수중으로 개별적 처벌권의 집중이 놓여 있다. 그런데 처벌권이 무엇보다 자연법에 의해 보장되어야 하는 개인의 생명, 건강, 신체, 재산에 대한 위해를 응징하는 권리임을 상기해 본다면 처벌권이란 근본적으로 안전을 보장하기 위한 권리임을 알 수 있다. 로크 스스로가 말하듯 자연법은 결국은 "인간들 상호 간의 안전"을 위한 규칙이고 "자연법이 마련해 준" 것은 "평화와 안전"이며(로크 2023, 21), 자연 상태로부터 정치 상태로의 이행은 오로지 "자기 소유물을 안전하게 향유하고 그 공동체에 속해 있지 않은 누군가에게 맞서 더 큰 안전을 보장받으면서 서로 간에 편안하고 안전하고 평화로운 삶을 살기 위해" 이루어지기 때문이다(로크 2023, 116).

로크의 국가 창설 이론에는 이렇게 안전이 그 중심에 자리 잡고 있지만 이때 안전은 무엇보다 자연권의 하나로 사고된다. 보다 엄밀하게 말하자면 로크에게 안전이란 개인의 자기 소유, 즉 자신의 생명, 신체, 건강, 재산 등을 자유롭게 향유할 수 있는 권리를 보장하기 위한 권리라고 할 수 있다. 안전은 개인의 권리들을 위해 전제되는 권리이다.

절대 권력, 즉 전제군주정에 대한 그의 비판 역시 바로 이 지점에 놓여 있으며 그의 정부 교체론 역시 같은 선상에서 그 논리가 구축된다. 전제군주가 자신에게 집중된 처벌권을 자신의 이익만을 위해 사용해 타인의 안전을 위험에 처하게 한다면 전제군주는 결국 인민들에 대해 전쟁을 선포하는 것과 다름없다. 그러므로 인민은 자연권에 입각해 전제군주의 자의적 권력을 전복할 수 있는 것이다. 로크에 따르면 "다른 인간을 자신의 절대 권력 범위 안에 두고자 시도하는 자는 그럼으로써 자기 자신을 그와의 전쟁 상태에 몰아넣게 된다는 것"(로크 2023, 31, 32)이며, "그들은 여전히 자연 상태에 있는 것이다. 그리고 모든 절대군주 또한 그의 지배권 아래 있는 사람들에 대해서 그렇다"(로크 2023, 108). 따라서 자신에게 전쟁을 선포한 자에 대해 처벌권을 행사하는 것은 자연적 권리이자 정치사회의 목적에도 부합하는 행위로서 정당화되는 것이다.

홉스에게서는 절대 군주에게 충성을 다해야 하는 원리였던 안전은 이렇게 로크에게서는 절대 군주의 지배를 전복하기 위한 원리로 변화되었다. 즉 절대 군주의 권력을 정당화기 위한 안전 개념이 시민의 자기 소유를 보장하기 위한 권리 개념으로 변모된 것이다. 그리고 이런 변모가 로크의 사유를 시민혁명의 사상적 배경으로 만들게 되었다고 할 수 있다.

가령 미국의 〈독립선언문〉은 다음과 같은 점을 명시한다.

> 우리는 다음 진리를 자명한 것으로 간주한다. 모든 인간
> 은 평등하게 태어났으며, 조물주로부터 몇몇 양도할 수
> 없는 권리를 부여받았는데, 그중에는 생명, 자유, 행복의
> 추구가 있다. 이런 권리를 확보하기 위해 사람들은 정부
> 를 조직했으며, 정부의 정당한 권력은 피치자의 동의에
> 서 나온다. 어떠한 정부든 이런 목표에 반할 경우, 그 정
> 부를 교체하거나 폐지하고 인민에게 안전과 행복을 가
> 져다줄 수 있는 가장 효과적인 원칙에 기반하여 권력을
> 조직한 새 정부를 수립하는 것은 인민의 권리이다(〈독립
> 선언문〉).[1]

〈독립선언문〉은 정부는 자명한 진리인 '생명, 자유, 행복의 추
구'를 보장하기 위해 조직되었으며 정부가 이 목적에 위배될 경우
인민은 '안전과 행복'을 확보할 수 있는 원칙에 입각해 새로운 정부
를 조직할 권리를 가진다고 밝힌다. 반드시 로크적 사유에만 기
반해 있다고 할 수는 없지만 이 선언에서도 '안전'은 '행복'과 더불
어 인민의 핵심적 권리로 제시된다.

미국의 대륙의회가 1776년 〈독립선언문〉을 채택한 지 13년
후인 1789년 프랑스의 국민의회는 〈인간과 시민의 권리에 관한

---

1 〈독립선언문〉의 번역은 하트(2010)에서 가져왔다. 강조는 인용자의
것이다.

선언〉을 제정한다. 이 선언 역시 안전을 인민의 기본적 권리로서
천명한다.

> 제1조, 인간은 권리에 있어서 자유롭고 평등하게 태어나
> 생존한다. 사회적 차별은 공동 이익을 근거로 해서만 있
> 을 수 있다.
> 제2조, 모든 정치적 결사의 목적은 인간의 자연적이고 소
> 멸될 수 없는 권리를 보전함에 있다. 그 권리란 자유, 재
> 산, 안전, 그리고 압제에의 저항 등이다.
> 제3조, 모든 주권의 원리는 본질적으로 국민에게 있다.
> 어떠한 단체나 개인도 국민으로부터 명시적으로 유래하
> 지 않는 권리를 행사할 수 없다.

〈인간과 시민의 권리에 관한 선언〉 역시 모든 인간이 자유에
있어서 평등하게 태어났음을 천명하며, 정치적 결사, 즉 국가의
목적이 인권에 있음을 확인하고 그 기본적 권리 가운데 하나로 '안
전'을 명시한다. 이렇게 안전은 근대 시민혁명을 거치면서 인권으
로 규정되며 민주주의국가의 중요한 원리로 자리 잡게 된다.

3. 안전에 대한 의혹, 생명 권력과 안전

안전의 근본이 생명의 안전이라면 생명을 담지하는 신체는
안전의 기초라고 할 수 있다. 로크가 사회계약을 통해 지키고자 했

던 것이 궁극적으로 자기에 대한 소유권이었고 그 근간은 각 개인은 자신의 신체를 소유한다는 사실에 있었다. 그러나 신체가 개인의 권리에 있어서 근간이 된다는 사고는 이미 로크 이전에 존재했다. 로크의 『통치에 관한 두 번째 논고』가 발간되기 대략 10년 전인 1679년, 영국은 인신보호법Habeas Corpus Act[2]을 제정했다. 이 법령은 적법절차에 의하지 않은 채 권력이 자의적으로 시민의 신체를 구금하는 것을 금지하는 제도이다. 프랑스 역시 〈인간과 시민의 권리에 관한 선언〉의 7조에서 "누구도 법에 의해 규정된 경우, 그리고 법이 정하는 형식에 의하지 아니하고는 소추, 체포 또는 구금될 수 없다"고 명시함으로써 인신 구속의 적법절차 원리를 확인했다.

그런가 하면 로크의 『통치에 관한 두 번째 논고』가 출간된 지 80여 년이 흐른 후인 1764년 이탈리아 밀라노에서는 체사레 베카리아에 의해 근대 형법학의 고전이라고 할 수 있는 『범죄와 형벌』이 출간되어 신체형의 야만성과 사형 제도의 비효율성에 대한 비판의 포문을 열었다. 이런 베카리아의 형법 사상은 혁명 전야의 프랑스에서도 수입되었고 고문을 반대하는 계몽주의 지식인들의 주요 논거가 되었다.[3] 프랑스는 1789년 구체제를 전복한 이후 그해 9월 사법적 절차로서 고문을 철폐했다.

이렇게 안전의 기초라고 할 수 있는 신체의 안전은 기본적 인

---

2   "Habeas Corpus"는 라틴어로 당신의 신체를 확보하고 있다는 뜻으로 구속영장의 첫 문장으로 사용되었다고 한다.

3   이에 대해서는 헌트(2009)의 2장을 참조.

권으로 국가에 의해 보장되어야 하는 규범이 되었고 이는 분명 인간의 권리가 진전되는 역사를 보여 준다. 그러나 고문, 또는 신체형의 금지와 인신보호령이 단지 개인적 권리의 역사적 진보에 따른 산물이고 인간의 자유와 해방, 인간으로서 안전을 제도화해 온 과정의 결과라고만 할 수 있을까라는 의문 역시 존재한다.

잘 알려진 바와 같이 미셸 푸코는 18세기 고문과 사형의 폐지를 중심으로 한 형벌 개혁 담론은 인권 신장의 산물이라기보다는 이 시기에서 인간의 신체를 다루는 권력의 테크놀로지가 합리화되는 과정의 효과라고 지적한다.

> 개혁의 진정한 목표는, 또한 개혁의 가장 일방적인 진술 표명이 시작될 때부터의 그 목표는, 새로운 처벌권을 보다 공정한 원칙에 의거하여 수립하려는 것이 아니다. 그 목표는 징벌권의 새로운 '경제성'을 확립하는 것 ……, 징벌권이 어디에서나, 연속적으로 더구나 사회체제의 최소 단위에까지 행사될 수 있는 그런 동질적 회로 속에 분배되도록 하는 것이다(푸코 1994, 129, 130).

고문을 비롯한 신체형의 폐지는 인권의 관점에서 형벌을 개혁하고자 한 운동의 산물이기 전에 신체를 효율적으로 관리하기 위한 처벌권의 세밀화 과정의 결과이며, 이런 개혁은 인간의 신체를 적극적이고 세부적으로 관리하는 권력의 기술이 등장하는 시점에서 이루어졌다고 푸코는 밝힌다. 즉 신체형에 대한 폐지는 규율 권력의 등장과 관련되어 있다는 것이다.

    1975, 76년, 콜레주 드 프랑스에서 행해진 푸코의 강의록인 『사회를 보호해야 한다』는 규율 권력 그 자체에 대해 집중하기보다 규율 권력이 놓인 보다 더 큰 맥락을 주목한다. 이 강의록에서 규율 권력은 이제 생명 권력이 작동하는 특정한 방식으로 파악된다. 즉 규율 권력은 조절 권력과 더불어 근대적 생명 정치의 한 축을 이룬다(푸코 2015). 개별화된 신체들의 면밀한 권력의 관리술이 '규율'이라면 한 국가에 거주하는 신체들의 묶음 혹은 전체로서 인구의 생명 활동에 대한 관리술이 '조절'이다. 푸코는 이렇게 인구의 차원에서 생명을 관리하는 기술을 '조절'이라고 개념화하는데, 조절 권력은 안전의 테크놀로지를 그 핵심으로 한다(푸코 2015). 그런데 왜 인구의 생명을 조절하는 권력은 안전의 테크놀로지에 의해 규정되는 것일까?

    『사회를 보호해야 한다』 다음에 진행된 강의인 『안전, 영토, 인구』에서 푸코는 생명 권력의 작동에서 안전은 "예를 들어 절도 같은 범죄를 사회적·경제적으로 용인할 수 있는 한계 안에서, 주어진 사회의 작동에 최적이라고 여겨지는 평균 수준으로 유지할 수 있는 방법을 알기 위한"(푸코 2011, 23) 문제 설정이라고 규정한다.

    1977년의 이 강의는 무엇보다 조절의 테크놀로지를 기반으로 작동하는 생명 권력을 다루는데, 푸코는 이 강의를 시작하면서 자신이 사용하는 안전의 개념을 해명하기 위해 범죄에 대한 권력의 대응을 금지 형태의 사법 메커니즘, 교정 형태의 규율 메커니즘, 그리고 조절 형태의 안전 메커니즘, 즉 '안전장치'로 나눈다. 사법이 처벌을 통한 범죄의 금지를 목적으로 하고 규율이 훈육을 통해 범죄자의 행위 교정을 목적으로 한다면, 안전은 사회의 최적 상태를 유지하기 위해 용인될 수 있는 범죄의 정도를 조절하는 것을 목적으로 하는 것이다.

안전은 범죄를 일어나서는 안 되는 일이라고 간주하지 않는다. 범죄는 발생할 수 있다. 하지만 권력은 일어날 수 있는 범죄가 어느 정도까지 용인 가능한지를 계산한다. 인구의 차원에서 포착되는 인간 생명력의 최적도를 유지할 수 있는 수준을 침해하지 않는 정도에서 범죄율을 관리하는 것이 바로 안전의 권력 기술이라는 것이다. 물론 이는 범죄의 경우만이 아니다. 질병, 빈곤, 재해, 실업 등등 역시 이런 관점에서 관리하는 것이 안전 테크놀로지 혹은 안전장치이다.

이런 관리가 어떤 상황에서 극단화되면 생명 권력은 돌연 죽음 권력으로 돌변하기도 한다. 인구의 한 부분이 전체 인구의 생명력을 저해하고 그 생명력을 위험에 처하게 만드는 열등한 종으로 판명될 때, 이 부분에 대한 제거로서 죽음 권력이 작동하게 된다는 것이다(푸코 2015, 306). 이를 안전의 관점에서 다시 파악하자면, 인구의 생명력을 최적화된 상태로 유지할 수 있는 정도를 넘어서는 어떤 위험이 발생할 때, 그 위험을 제거하는 죽음의 명령, 죽음 권력이 작동하게 되는 것이라 할 수 있다.

푸코는 『안전, 영토, 인구』의 4강에서부터 안전 테크놀로지를 통치성이라는 관점에서 재규정한다. 푸코는 유럽 국가권력의 전통에 낯선 통치라는 테크놀로지가 국민국가가 성립한 초기부터 18세기 사이에 국가권력의 작동이라는 문제틀을 장악하게 된다고 설명한다. 이 시기에 영토 국가들은 국가 간 영구 경쟁 체계에서 자국의 역량을 최적화하는 것을 과제로 삼게 되고 국가 역량의 최적화를 위해 인간과 사물의 적절한 배열과 관리라는 문제에 천착하게 된다는 것이다. 이때 국가 역량의 핵심에는 인구의 생명 활동이 놓이게 되고, 국가는 이 인구의 통치라는 문제 설정 속에서 안전 테크놀로지를 적극적으로 활용하게 된다.

이렇게 국가의 역량을 최적으로 유지하도록 하는 상태를 위협할 수 있는 인구의 위험 요소는 안전을 위해 언제든지 제거될 수 있게 된다. 국가가 안전을 핵심적 과제로 설정한 것은 개인의 권리 보장이라는 문제 설정에 입각한 것이 아니라, 인구의 생명 활동에 대한 적절한 관리와 활용, 즉 통치라는 문제 설정에 따른 것이었다.

조르조 아감벤은 생명 권력이라는 푸코의 질문을 이어받으면서도 푸코와는 다르게 생명이 권력의 상관항이 된 것은 국민국가의 형성 과정부터가 아니라 고대부터였다고 주장한다. 하지만 주권 권력이 생명을 자신의 상관항으로 삼는 방식에서 고대와 근대가 동일한 것은 아니었다. 특히 권리로서 안전이라는 관점에서 보자면 근대적 주권 권력이 인간의 생명 그 자체, 혹은 단지 살아 있는 존재로서 인간을 장악하게 되는 근대적 계기에는 '인신보호법'으로 대표되는 인권, 구체적으로는 신체의 권리가 놓여 있다.

아감벤에 따르면 1679년의 인신보호법은 정치적 권리와 무관한 생명 그 자체인 '벌거벗은 생명'이 근대 민주주의의 토대로 자리 잡는 순간을 보여 주는 문서이다.[4] 이 법에 의해 보호되는 것은 봉건적 '신민'도 혹은 민주국가의 '시민'도 아니라 오로지 생물학적 생명의 담지자인 인간의 신체 그 자체라고 아감벤은 파악한다.

웨스트민스터 법정에 출두하기 위해 지하 감옥에서 불려 나오는 것 역시 또다시 호모 사케르의 신체이며, 또다시 벌거벗은 생명이다. 그것이 바로 근대 민주주의의 강점이면서 동시에 그것의 내적 모순이다. 근대 민주주의는 성스러운 생명을 제거한 것이 아니라 그것을 산산조각 내어 모든 개인들의 신체 속으로 산포시키고, 그것을 정치적 갈등의 장으로 만들었다(아감벤 2008, 244).

즉 고대 로마의 호모 사케르 — 주권 권력에 의해 모든 법적 권리를 박탈당하고 단지 생명체로만 남겨진 성스러운 생명 — 는, 인간의 신체가 인신보호법에 의해 주권 권력의 보호 대상으로 규정됨에 따라, 모든 개인들의 잠재적 운명이 되었다는 것이다. 이는 개인들의 계약과 합의가 주권 권력을 탄생시켰는가 아닌가의 문제와는 무관하다. 그들이 주권 권력을 창설한 주권자라고 하더라도 그 주권 권력의 핵심적 기능이 인간 생명의 안전한 보장이 될 때 정반대의 현상이 발생할 수 있다는 것이다.

즉 주권은 주권자 시민의 생명과 안전을 위해 모든 시민의 법적 권리를 박탈하고 단지 살아 있기만 한 생명체로 변환할 수 있다. 그래서 아감벤은 생명의 담지자인 신체 그 자체가 근대 민주주의의 근원적 모순을 구성한다고 생각한다. 그 신체는 양가성을

---

4 "새로운 정치적 주체로서의 벌거벗은 생명에 대한 최초의 기록은 일반적으로 근대 민주주의의 토대로 간주되는 1676년의 '인신 보호 영장' 속에 이미 포함되어 있다"(아감벤 2008, 242). 아감벤의 '벌거벗은 생명' 개념에 대해서는 이 책 9장에서 좀 더 상세하게 다루기로 한다.

띠고 있는 존재로서 "주권 권력에 대한 예속의 대상이지만 개인적 자유의 담지자"(아감벤 2008, 245)라는 것이다.

아감벤은 인신보호법에 대한 논의를 통해 근대 민주주의의 생명 정치적 모순을 드러내고자 한다. 근대 민주주의 체제에서 개인의 시민적 권리란 생물학적 차원의 생명을 보장하는 주권을 전제할 때에만 가능하지만 주권에 의해 시민의 생물학적 생명을 보장하는 질서는 언제든지 시민적 권리를 박탈하는 조건으로 전환될 수 있기도 하다는 것이다. 아감벤에 따르면 '인권'이야말로 이 사실을 여지없이 보여 주는 지표이다.

> 사실 무엇보다 인권은 벌거벗은 자연적 생명이 국민국가의 법적-정치적 질서에 등록됐다는 시초의 형상을 나타내는 것이다. 구체제에서는 신에 속해 있었고, 고대는 정치적 삶(비오스)과 명확히 구별된 것(조에)이었던 벌거벗은 생명(인간이라는 피조물)은 이제 국가의 관리[체제] 아래에서 전면 등장하게 되며, 소위 국가의 현세적인 기반이 된다. 국민국가란 출생이나 탄생(즉, 인간의 벌거벗은 생명)을 자기 주권의 기반으로 삼는 국가를 뜻한다. 이것이 1789년 선언의 처음 세 개 조항이 뜻하는 바다(아감벤 2009b, 30).5

---

5 '1789년 선언의 처음 세 개 조항'이란 앞에서 인용한 〈인간과 시민의 권리에 관한 선언〉의 1, 2, 3항을 말한다.

다시 말해, 인권이란 정치적 권리와 그 역량을 박탈당한 삶에 주어지는 권리라는 것이다. 인권은 단지 생물학적 존재로서 인간 생명이 주권 권력의 명시적 기반이 되었음을 표지하는 권리 개념이다. 즉 인권은 주권 권력의 궁극적 대상이 단지 생명체, 그저 생물학적 생명에 불과한 존재로서 인간임을 보여 준다는 것이다.

인간의 신체와 생명의 안전을 보장하는 주권 권력은 이렇게 언제든지 그 신체와 생명의 보호를 위해 인간을 사실상 권리 없는 존재, 단지 생물학적 종에 불과할 뿐인 벌거벗은 생명으로 전환할 수 있는 권력이기도 하다. 국가가 시민의 법적 권리를 중지시키는 예외 상태가 다양한 방식으로 오늘날에도 반복되는 현상은 근대적 주권의 구조와 무관하지 않다고 아감벤은 파악한다. 즉 때로는 헌법을 중지시키는 주권적 결정인 '예외 상태'가 궁극적으로 안전을 보장하고자 하는 대상은 인민의 생물학적 신체와 생명이라는 점이 근대 민주주의의 주권 체제의 구조를 구성한다는 것이다. 그렇다면 과연 인권의 전제로 신체와 생명의 안전은 인간의 자유와 해방에 복무할 수 있는 권리 개념이기만 한 것일까라는 질문을 던지지 않을 수 없게 된다.

4. 안전과 '안전'의 변증법

안전과 국가에 대한 푸코와 아감벤의 사고는 안전을 로크식으로 인권 보장을 위해 전제되어야 하는 권리라고 편하게 말할 수 없음을 보여 준다. 그렇지만 굳이 로크의 안전 개념을 채택하지 않

2부. 안전의 변증법

는다고 할지라도 세월호 참사와 이태원 참사로 대표되는 사회적 참사, 메르스에서 코로나19로 이어지는 감염병 사태, 끊이지 않는 노동자들의 산재 사망, 여성들이 살해와 성폭력의 위험에 노출되어 있는 한국의 상황에서 안전의 권리를 단지 국가의 통치 기술이자 주권에 의한 시민적 권리 박탈의 근간이라고 손쉽게 비판할 수만 있을까? 국가권력에 깊이 새겨진 안전에는 국가주의적 폭력의 계기와 민주적 권리의 계기가 모순적으로 착종되어 있다고 해야 하지 않을까? 그렇다면 문제는 이 모순을 어떻게 사고할 것이며 이 모순 속에서 민주적 계기를 어떻게 밀어붙여야 하는가일 것이다.

발리바르의 「"⋯⋯'안전'과 압제에 대한 저항"」[6]이라는 글은 안전의 문제를 "시민권에 내재적인 변증법"으로 사고할 수 있는 가능성을 모색한다는 점에서 이 질문을 고민하기 위한 실마리를 제공해 준다. 발리바르는 안전의 변증법을 사고하기 위해 〈인간과 시민의 권리에 관한 선언〉에 제시된 안전의 문제를 독해하는 것으로 시작한다.

안전은 분명 〈인간과 시민의 권리에 관한 선언〉에서 천명되는 권리 가운데 하나이다. 하지만 이때 이 선언이 말하는 안전이란 오늘날 국가와 자본이 그토록 강조하는 안전과는 다른 것이라고 발리바르는 말한다. 〈인간과 시민의 권리에 관한 선언〉에서 인간-시민의 권리로 표명된 안전이란 정확히 말하자면 sûreté이다. 이 점에 착안해 발리바르는 1789년 선언의 '안전'sûreté을 오늘날

---

6 발리바르(2011)에 수록.

흔히 이야기되는 안전sécurité과는 구별하고자 한다.

물론 프랑스어에서 두 단어의 의미가 궁극적으로 차이를 갖는 것은 아니라는 점을 발리바르 역시 인정한다. 그러나 그는 이 두 단어를 각각 시민적 관점('안전'/sûreté)과 국가적 관점(안전/sécurité) 사이의 차이를 보여 주는 징표로 간주할 수 있다고 제안한다.[7] '안전'이란 모든 인간-시민적 권리가 그러하듯 개인들의 상호적 인정과 협력에 의해 쟁취되는 권리의 일종이다. 그에 따르면 "안전은, 정확히 말하면 시민들이 국가로부터 얻는 '안전'을 의미하는데, 이런 국가는 시민들이 그들 개개인 및 전체에 대해 '안전'을 보장하도록 하기 위해 그들 스스로 설립한 것이다"(발리바르 2011, 39).

하지만 모든 국가는 시민의 '안전'을 보장하기 위해서라도 자기 보호, 즉 국가의 질서와 안정성의 유지를 필요로 하게 된다. 이는 단지 보수적인 국가만이 아니라 혁명적 권력들에 해당하는 문제(가령 "혁명의 방어")이다. 즉 "이런 도식은 고유한 의미의 억압적 구조들만이 아니라 본질적으로는 보호적인 구조들에게도 확장될 수 있다(더욱이 전자의 구조들과 후자의 구조들이 엄밀한 의미에서 서로 분리될 수 있는 것인지는 불확실하다)"(발리바르 2011, 41). 다시 말해, '안전'과 안전은 서로 배타적으로 구별할 수 있는 개념이 아니라는 것이다. 국가에 대한 시민적 권리의 요구로서 '안전'에는 언제

---

7 여기서 작은따옴표가 붙은 안전은 시민적 관점에서 파악되는 '안전'/sûreté을 의미하며 작은따옴표 없는 안전은 국가적 관점의 안전/sécurité을 뜻한다.

나 그 내부에 국가적 안전으로 전도될 수 있는 계기가 배태되어 있고, 국가의 자기 보호를 위해 실행되는 안전에는 '안전'으로 전화될 수 있는 계기가 내포되어 있다.

문제는 국가가 오로지 자기 보호만을 도착적으로 추구할 때, 그리하여 '안전'의 계기를 억압하고 오로지 안전만을 전면화할 때 발생한다. 국가의 "안전 중심적 일탈"(발리바르 2011, 40)이 시작되는 것이다. 그것은 안전을 위협하는 요소들과 행동들에 대한 폭력적 억압을 실행할 뿐만 아니라, 그럴 가능성이 있다고 예측되는 것들에 대한 예방적 폭력의 형태로 나타난다. 국가가 항상 이미 지배 구조일 수밖에 없는 한, 국가에는 언제나 안전 중심적 일탈 가능성이 배태되어 있다.

발리바르는 1990년대의 유럽 정세 속에서 국가의 안전 중심적 일탈이 유럽에서 심화되고 있다고 파악한다. 발리바르는 이런 정세와 깊이 결부된 두 가지 계기를 주목한다. 하나는 세계화이고 다른 하나는 국민 사회 국가의 고유한 모순 구조이다.[8]

그가 세계화라는 문제틀을 통해 부각하는 것은 과거 중심부와 주변부 사이를 명확하게 구별하던 경계가 동요하고 있다는 점이다. 이제 서구의 중심부 국가 내부에도 '주변부'가 존재하며, 과거의 주변부 국가 내에도 '중심부'가 형성되어 있다. 주변부 내의 중심부가 가난한 나라 내에서 부를 독점한 이들이 밀집해 살아가

8 물론 발리바르가 이 글을 쓰던 시기가 1995년이지만 신자유주의적 세계화와 이와 연동된 국민 사회 국가의 위기, 그리고 이로부터 촉발된 국가의 안전 중심적 일탈은 여전히 현재 진행 중이기 때문에 발리바르의 분석을 여기서 간략하게나마 살펴보는 것도 의미가 있을 것이다.

는 지역이라면 중심부 내의 주변부란 소위 선진국 내에서 가난한 자들, 이민자들이 밀집해 살아가는 지역이다. 특히 중심부 내의 주변부는 중심부 주민들의 안전에 대한 열망을 증대한다. 중심부 국가 내에서 이민자들과 가난한 자들이 집단적으로 거주하는 지역은 위험한 곳으로 중심부 주민들에게 인지되는 것이다. 이렇게 되면 중심부의 주민들은 자신이 마치 주변부에서 살아가고 있는 것처럼 느끼게 된다.

이런 현실 속에서 '안전'한 공간과 그렇지 않은 공간에 대한 경계, 보다 정확히는 그런 경계에 대한 대중의 표상이 동요하게 된다. 그런데 이는 무엇보다 매체에 의해 유포되는 것이기도 하다. 서구 중심부의 대중은 이제 불안전이 자신의 일상적 생활공간 안에 만연해 있다고 '상상'하게 된다. 매체는 세계가 하나의 단일한 시장으로 통합되었고 개인들은 그 안에서 이루어지는 경쟁에서 패배할 경우 비참한 나락으로 떨어지는 무한 경쟁을 벌이고 있다고 표상한다.[9] 그러므로 국가적 안전에 대한 요구가 중심부 시민

---

9 "이런 단락(세계화의 현실과 매체적 표상 사이의 단락-인용자)은, 우리가 우리와 유사한 동시에 우리에게 위협적인 다른 사람들 — 이들은 말하자면 대중적으로는 가시적인 존재가 되었지만, 그 각각의 개인성은 완전히 추상적인 채로 남아 있다 — 과 맺고 있는 상상적 관계에 기초를 둔 불안전의 감정을 촉발하기에 이미 충분하다"(발리바르 2011, 45).
발리바르는 이와 같은 '상상적 관계에 기초를 둔 불안전의 감정'이 새로운 인종주의와 연결된다고 파악한다. 그는 이 인종주의를 '문화적 인종주의' 내지는 '차이론적 인종주의'라고 개념화하는데 이는 각 인종의 고유한 문화 혹은 차이는 융합될 수 없으니 인종은 섞여서는 안 되고 각 인종에게 주어진 자연적 공간 안에서 각자의 발전을 도모해야 한다고 주장하는 인종주의이다. 다른 인종은 우리의 인종으로부터 배제되어야 한다는 것이다.

2부. 안전의 변증법

으로부터 강화되는 국면이 형성된다.

안전 중심적 일탈이 가속화되는 또 다른 계기는 국민 사회 국가의 모순 구조와 연관된다. 국민 사회 국가는 정치적 주체로서의 권리를 국적으로 환원하고 국민국가에 의해 합법적으로 자격을 부여받은 국민으로서의 시민만을 권리의 주체이자 안전을 보호해야 하는 대상으로 한정하는 권리 국가의 형태이다. 이런 국민 사회 국가에서는 불안전을 국민적 영역 밖으로, 즉 국경 밖으로 밀쳐 내는 방식으로 국민의 안전을 보장해 왔다. 국민 사회 국가에서 안전이란 어디까지나 국민에게만 주어진 권리였기에 발리바르는 이를 '국민적 안전'이라고 말한다.

그러나 국민적 안전에 이렇게 국가 경계 내부 국민들의 안전이라는 측면만 있는 것은 아니다. 발리바르는 국민 사회 국가 내부에 존재하는 또 다른 경계, 내부의 국경, 혹은 내적 경계가 있다고 말한다. 그것은 정상성과 관련된 경계이다. 국가권력이, 혹은 사회적 합의가 비정상적인 것이라고 규정하는 요소들을 포함하거나 그런 행태를 보이는 행위자들은 권리상(즉 법적으로) 국민의 자격을 가지고 있다고 하더라도 사실상 국민으로부터 배제되며 사회의 안전을 위해 격리되거나 억압되어야 하는 대상이 된다.

이처럼 정상성과 비정상성에 대한 구별은 '안전 공간'espace du sécurité과 '안전 중심적 공간'espace du sécuritarie이라는 개념으로 발리바르에 의해 다시 포착된다. 이 두 공간은 서로가 서로를 정의하는 순환적 관계를 가지고 있다. "안전 공간은 본질적으로 정상성의 공간(따라서 정상화의 공간)인 반면, 안전 중심적 공간은 본질적으로 비정상의 공간이며, 결과적으로 배제의 공간"(발리바르 2011,

52)인 것이다. 즉 정상적 존재라 인정받은 자들의 안전을 위해 비정상적이라 규정된 존재들은 안전 중심적 권력에 의해 배제되고 억압된다.

하지만 발리바르는 국가가 시민의 안전을 책임지고 보장하는 것은 "정확히 시민권의 설립/제도institution가 요구하는 것"(발리바르 2011, 40)이기도 함을 이 글에서 지속적으로 강조한다. 다시 말해, 정치적 주체로서 '시민'¹⁰은 국가권력의 교정자로서 국가와 관계를 맺고 있다는 것이다. 즉 자신의 권리를 안전하게 보장하라는 시민의 요구와 달리 국가가 안전 중심적 일탈을 감행할 때, 이런 국가의 일탈에 맞서 투쟁함으로써 국가의 안전 중심적 일탈을 교정하는 관계를 시민과 국가는 맺고 있다는 것이다.

그렇다면 안전은 전적으로 개인의 권리를 확실하게 보장하는 해방적 권리 개념만으로 규정될 수 없지만, 동시에 안전은 결코 국가주의적 권력의 일방적 기획으로 한정될 수 없는 갈등의 장이자 운동의 장이라고 이해되어야 할 것이다. 이런 의미에서 안전과 '안전'은 변증법적 모순의 관계에 있으며 이와 같은 변증법적 모순을 파악할 때 안전 공간과 안전 중심적 공간의 상호 대립적이자 상호 보완적인 모순 관계를 넘어 안전의 문제에 '시민권의 관점'을 기입할 수 있게 된다.

이런 맥락에서 발리바르는 〈인간과 시민의 권리에 관한 선언〉에서 밝히는 '인간의 자연적이고 소멸될 수 없는 권리'로서, 자유

---

10 이때의 시민은 국적자로서 국민으로 환원되지 않은 정치적 권리의 주체로서의 시민이다.

2부. 안전의 변증법

와 재산과 더불어 '안전'이 제시될 뿐만 아니라, '안전'과 동시에 '압제에 대한 저항'이 천명됨을 주목한다.

> '안전'은 압제에 대한 저항을 자신의 필수적인 상관항으로 갖는데, 압제에 대한 저항은 '안전'의 조건이면서 동시에 한계를 이룬다. 이로써 우리는 시민권에 내재적인 변증법에 관여하게 되며, 이런 변증법은 상황에 따라 계속 새로운 형태를 취하게 된다(발리바르 2011, 38).

안전의 문제를 변증법적 모순의 관점에서 사고한다는 것은 안전을 정치적 주체인 '시민의 관점'에서 보장하기 위한 투쟁의 쟁점으로 만든다는 것을 의미한다. 안전은 "살아야 할 자와 죽어야 할 자를 나누는 절단"(푸코 2015, 305)을 통해 작동하는 생명 정치적 국가의 통치 방식만으로도, 생명과 신체의 안전을 위해 시민적 권리를 전면적으로 중지해 인간을 단지 생물학적 존재로 환원하는 주권 권력의 작동 기제만으로도 환원될 수 없는 것이다. 1789년의 선언이 명시하듯이 '안전'은 항상 '압제에 대한 저항'이라는 또 다른 시민적 권리를 자신의 필연적 상관항으로 내포한다.

5. 시민적 '안전'을 위한 고투를 위하여

물론 현실 속에서 안전과 '안전'의 변증법을 작동하는 것은 그리 간단한 문제가 아니다. 하지만 시민의 생명과 권리가 국가권력의 일방적 관리의 대상이 되지 않도록 하기 위해, 국가 규범에 부합하는 정상적인 존재로 인정받은 이들만 국가에 의해 안전을 보장받지 않도록 하기 위해서는 이 변증법을 작동할 실마리를 찾아야 한다.

한국 사회에서는 2014년 세월호 참사 이후 전개된 '세월호 운동' 과정에서 이 실마리를 발견하고자 하는 고투가 진행되었다. 특히 2014년 세월호 운동에 적극적으로 참여해 온 한국의 인권 단체들을 중심으로 '세월호참사범국민대책위' 산하에 '존엄과안전위원회'가 설치되었다. 그리고 '존엄과안전위원회'는 유가족, 활동가, 연구자, 시민 등의 참여를 통해 1년여의 준비 과정 끝에 2015년 12월 10일 〈존엄과 안전에 관한 4.16 인권선언〉(이하 〈4.16 인권선언〉)을 발표한 바 있다.[11]

〈4.16 인권선언〉은 안전은 인간의 존엄성을 위한 기본적 권리이며 국가는 이를 보장해야 할 의무를 가지지만, 국가, 기업, 언론 등 권력체가 인간 존엄성의 안전을 해칠 경우 모든 사람이 이에 맞서 연대해 투쟁해야 할 권리의 주체임을 명확히 한다. 단지 안전을 국가에 위탁한 채 국가가 규정한 안전의 경계 내에서 불안하게 살아가는 것이 아니라 모든 사람의 존엄이 보장되는 안전한 사회를 만들기 위해 연대하고 투쟁하고 사회의 구조를 변혁하는 권리까지가 안전의 권리에 포함됨을 이 선언 역시 확인하고 있는 것이다.

---

11 이 선언의 구체적인 조항의 의미에 대해서는 다음 장에서 보다 상세하게 살펴보기로 한다.

물론 여전히 이 선언은 추상적 권리의 선언일지도 모른다. 하지만 〈4.16 인권선언〉은 '안전'은 항상 '압제에 대한 저항'이 전제되어야 실현될 수 있음을 한국의 현실 속에서 다시 한번 확인하기 위한 고투의 일환이라고 할 수 있다. 그리고 이런 고투가 "우리를 안전 중심적인 관점에서 안전으로, 그리고 다시 이로부터 덜 국가 중심적이고 좀 더 실질적으로 시민적인 '안전'으로 이끌어 갈 수 있는 인권의 정치의 길을 제시"(발리바르 2011, 57)할 수 있는 실마리일 것이다.

6장

재난의 감각학

— 사회적 참사의 문화정치학

1. 재난이라는 숭고한 대상?

아마도 포스트모더니즘이라는 담론이 떠돌기 시작한 이후부터였을 듯하다. 표상 혹은 재현Vorstellung이 실재할 수 없는 진실을 강요하는 폭력의 이미지를 갖게 된 것은. 포스트모더니즘의 발흥이후 표상은 거대 서사, 총체성, 토대 등과 같은 본질주의적 개념이 세계의 의미를 파악하고 이해 가능한 것으로 재단하는 수단이나 기술과 같은 것으로 여겨지게 되었다. 이 포스트모던적 세계에서 만약 진실이 있다면 그것은 감각될 수 있을지 모르겠으나 표상될 수 없는 그 무엇이며, 오히려 지적인 형상화의 가능성을 넘어서며 대상에 대한 감각적 종합을 불가능하게 하는 숭고한 대상일 뿐이라는 것이다.

이렇게 숭고한 그 무엇은 우리를 침묵하게 한다. 숭고한 것 앞에서 말하는 입은 재갈을 물어야 하고 표상은 중지되어야 한다. 이런 숭고의 태도는 단지 예술과 철학의 영역에서만 머물지 않고 윤리의 지침이 되기도 한다. 끔찍한 고통은 결코 언어로 재현될 수 없으며 재현해서도 안 된다는 지침, 그런 고통은 표상 불가능하기에 표상해서는 안 된다는 태도가 그것이다.

아우슈비츠의 잔혹함 이후 이런 숭고의 윤리학은 참혹한 죽음들을 마주한, 살아남은 사람들의 올바른 태도 가운데 하나가 되었다. 많은 사람들의 생명이 납득할 수 없는 이유로 스러졌을 때 그 죽음을 표상하는 것이 아니라, 아니 최소한 그 죽음을 표상하기 이전에 그 고통의 정동을 온전히 느끼며 그 정동의 현전을 마주하는 것이야말로 최선의 윤리적 태도로 여겨지기도 한다.

대형 인명 사고 내지는 재난이 '사회적 참사'로 인지되기 시작한 이후의 우리 사회에서 이와 같은 숭고의 윤리학은 분명 일정한 가치를 가질 수밖에 없을 것이다. 수많은 목숨이 안타깝게 끊어진 상황에서 그 죽음에 대해 함께 비통해하기에 앞서 그 상황을 정치적 손익계산의 거리로 만들며 목소리를 높이는 자들, 그 고통을 조롱하고 혐오하는 자들, 또는 글쓰기의 소재로 삼아 자신의 지적 통찰력을 과시하는 자들, 자신의 윤리적 정당성을 확인하는 계기로 활용하는 자들이 적지 않은 것은 부정할 수 없는 현실이다. 그러니 차라리 그 죽음과 고통의 정동을 도저히 언어화할 수 없다며 침묵하는 것이 훨씬 더 윤리적 태도이지 않겠는가.

하지만 이런 윤리적 태도의 자리는 결코 정치적인 것의 역장으로부터 벗어난 진공 속에 주어지지 않는다. 그 어떤 말로도 정확하게 재현할 수 없는 참혹한 죽음 또는 참사에는 이유가 있으며, 그 이유는 정치적 문제와 결부되어 있다. 국가의 작위가 그 원인이 되는 국가 폭력만이 아니라 국가의 부작위가 문제가 되는 대형 사고 형태의 재난 역시 정치적 역장 내에서 발발하고 전개되고 있기 때문이다. 그리고 이는 일차적으로 국가를 향한 진상 규명, 책임자 처벌, 재발 방지 대책 마련, 피해자에 대한 배상과 보상, 희생자에 대한 공적 애도 및 기억의 요구라는 직접적으로 정치적인 쟁점을 야기하기 때문이다.

오히려 이런 정치적 정황 속에서 재난에 대한 대중의 말들과 표상을 금지하고자 하는 것은 재난 발생에 책임이 있는 권력이다. 보다 정확히 말하자면 권력은 많은 사람들이 유명을 달리한 사태에 대한 표상을 독점하고 그에 대한 대중의 감각을 장악하고자 한다. 그것이 무망한 시도였을지언정 4.16 참사를 단지 '해상 교통사고'라고 의미화하려 했거나, 이태원 참사의 희생자를 '이태원 사고 사망자'로 표상하려 했던 정부의 시도는 이를 잘 보여 준다.

4.16 참사 발발 이후 8년 만에 또다시 너무나 많은 목숨이 이태원에서 죽어 갔다. 4.16 이후 모든 것을 바꾸겠다던 한국 사회는 아무것도 바뀌지 않은 채 이태원 참사를 맞이했고, 윤석열 정부로 대표되는 한국 사회의 권력층은 이태원 참사에 대한 표상을 독점하려 시도하며 참사에 대한 사람들의 목소리를 침묵시키고자 한다. 그렇게 함으로써 많은 이들이 죽어 간 사태에 대한 대중들의 감각을 자신들이 내세운 표상 내에서 관리하고자 한다.

그러므로 사회적 참사 앞에서 우리는 숭고의 윤리를 실천하는 것만으로는 충분치 않다. 침묵 속에서 고통의 현전에 '정동되고 정동하는' 것만으로는 부족하다. 오히려 지금은 참사를 마주한 그 고통 어린 정서를 다르게 표상하고 언어화하며 의미화해야 한다. 침묵이 아니라 더 많은 말이 필요한 것이다. 예기치 않은 죽음들이 단지 사고가 아니라 사회적 참사라는 이름을 갖게 된 것이 역시 바로 표상과 의미화를 둘러싼 싸움의 결과였지 않은가.

이후 전개되는 글은 이런 문제의식을 보다 구체화해 가는 작업이 될 것이다. 우선 많은 인명이 예기치 않게 사망한 사태가 어떻게 권력에 의해 표상되고 그 표상 속에서 사태에 대한 감각이 어떻게 관리되는가의 문제를 탐구해 볼 것이다. 다음으로는 사회적 참사를 해결하기 위한 사회운동의 실천 속에서 구축된 대항적 표상과 언어 그리고 의미화가 어떤 정치적 의미를 가지는지 해석하고자 한다. 마지막으로 결론에서는 이런 작업을 통해 문화정치학의 의미를 다시금 규정하는 시도를 할 것이다.

2. 감각적인 것을 관리하기

1) 감각적인 것의 나눔

한국 사회에서 대규모 인명 사고, 즉 재난이 발발한 것은 한두 번이 아니다. 그러나 이런 재난이 사회적 참사로 표상되고 대중적 차원에서 전 사회적 의제로 부상한 것은 4.16 참사 이후라고 할 수 있다. 아마도 2014년 4월 16일 세월호가 진도 앞바다에서 침몰했을 때, 박근혜 정부는 그 이전의 재난들처럼 적절히 관리할 수 있을 것이라 생각했던 듯하다. 정부가 대형 사고를 관리하는 구체적 방식은 다양했지만 그 핵심은 사태에 대한 지배적 표상을 구축하고 사태에 대한 감각을 규제하는 것이었다. 그리고 이를 통해 재난에 대한 대중의 감각이 직접적으로는 정부의 무책임과 무능력에 대한 분노로, 근본적으로는 체제 자체의 모순에 대한 문제 제기로 전화되는 것을 막는 것이었다.

대형 인명 사고에 대한 대중의 감각을 규제한다는 것은 무슨 뜻일까? 랑시에르의 용어를 빌려 말하자면 이는 재난이라는 문제와 관련해서도 '치안'police이 작동한다는 뜻이다. 익히 잘 알려진 바와 같이 랑시에르에게 치안이란 단지 경찰 권력의 억압적 작동이 아니다. 그것은 사회의 상징적 구성과 그에 대한 대중의 감각적 확실성을 구축하는 것과 관련이 있다.

> 치안은 사회적 기능이 아니라 사회적인 것의 상징적 구성을 말한다. 치안의 본질은 억압이 아니며 생명체에 대한 통제도 아니다. 치안의 본질은 감각적인 것에 대한 어떤 나눔이다. 우리는 지각 방식들을 먼저 규정함으로써 참여/몫을 가짐의 형식들 — 이것들은 지각 방식들에 기입된다 — 을 규정하는 일반적으로 암묵적인 법을 감각적인 것의 나눔이라 부를 것이다(랑시에르 2013, 221, 222).

랑시에르에 따르면 치안은 사회질서를 유지하기 위해 범법 행위나 일탈 행위를 감시하고 처벌하는 기능이나 국가의 역량을 최적화하기 위해 인구의 생명력을 관리하는 생명 권력의 활동과는 다른 층위에서 작동한다. 그것은 사회적 관계의 질서가 상징적으로 구성되는 층위에서 작동한다.

여기서 '사회적인 것의 상징적 구성'이란 '감각적인 것le sensible에 대한 어떤 나눔partage'이다. 이때 감각적인 것이란 개인의 생물학적 감각이 아니라 사회적인 것과 관련된다. 즉 감각적인 것은 사회적 질서에 대한 승인이나 거부가 논리나 이성적 판단 혹은 합리적 계산 이전에 신체적 차원에서 이루어짐을 포착하는 용어이다. 즉 개인들의 이성적 판단 이전에 그 옳고 그름이나 당연함과 당연하지 않음에 대한 어떤 전제가 바로 감각적인 것이다.

그런데 감각적인 것은 신체적인 것이지만 이때 신체적인 것은 단지 생물학적인 것이 아니다. 그것은 항상 이미 사회적 차원, 보다 정확히는 정치적인 것의 차원에 놓여 있는 신체이다. 랑시에르의 견지에서 보자면, 사회적인 것이란 결국 사회 혹은 공동체에 참여하는 사람들에게 돌아가는 몫part의 질서와 다른 것이 아니다. 이때 그 몫이란 소득을 비롯한 재화일 수도 있고 권리일 수도 있으며 인정이나 명예일 수도 있다.

그런데 그와 같은 몫의 나눔, 혹은 몫에 참여하는 것은 항상 어떤 불평등을 전제하며 이루어진다. 모든 사람들이 언제나 동등한 재화를 소유할 수 있는 것도 아니며, 모든 사안에 대해 동등한 권리를 가지는 것도 아니다. 모든 개인들이 동등한 존중을 받거나 인정을 받지도 못한다. 법 앞에서 평등이 보장된다는 민주주의 정치체제 내에서도 능력이나 지위에 따른 재화 소유의 차등, 사회적 존경의 차등이 존재한다.

감각적인 것의 나눔이란 바로 이런 몫의 차등을 당연하다고 느끼게 만드는 감각, 이성적이고 합리적인 판단 이전에 '암묵적으로' 그 불평등을 정당하다고 느끼도록 만드는 감각을 사회의 구성원들 사이에 배분하고 그러함으로써 그들의 관계를 직조하는 질서를 의미한다. 즉 '감각적인 것의 나눔'이란 "어떤 공통적인 것의 존재 그리고 그 안에 각각의 자리와 몫을 규정하는 마름질을 동시에 보여 주는 감각적 확실성의 체계"(랑시에르 2008, 12)이다.

결국 치안이란 감각적인 것의 나눔과 다른 것이 아니다. 공동체 내부에서 몫의 불평등한 나눔을 감각의 수준에서 당연한 것으로, 다시 말해 '감각적 확실성'으로 만드는 질서가 치안이다. 그런데 이런 질서가 상징을 통해 이루어진다는 점이 우리의 논의 맥락에서는 중요하다. 치안이 '사회적인 것의 상징적 구성'이라고 할 때 상징이란 존재하는 것의 식별 체제, 존재하는 것을 존재하는 것으로 혹은 존재하는 것을 존재하지 않는 것으로 인지하게 되는 식별 체제와 관련된다.

이 질서는 볼 수 있는 것과 말할 수 있는 것의 질서로서, 어떤 활동은 가시적인 것으로 다른 활동은 비가시적인 것으로 만들고, 어떤 말은 담론에 속하는 것으로, 어떤 말은 소음에 속하는 것으로 알아듣게 만든다(랑시에르 2015, 63).

그리고 이런 질서는 표상이나 이미지와 같은 상징을 통해 구축된다. 가령 아리스토텔레스가 인간과 동물을 나눌 때 인간의 발화를 '로고스'logos로, 동물의 발화를 '포네'phōnē로 규정했을 때 이는 곧 인간의 본질을 로고스로 상징화하는 것이다. 이렇게 되면 이성logos을 사용하지 못하는 이들은 동물과 다를 바 없는 존재로 표상된다. 즉 동물로 표상된 노예나 여성은 그가 말을 하더라도 이성을 가진 자(로 규정된 자들)에게 그 말은 동물의 소리, 혹은 소음으로만 감각될 뿐이다. 노예와 여성들은 공동체의 공적인 결정 행위polis에 참여할 자격이 있는 공동체의 정당한 부분part이 아니며 그들에게 돌아가는 재화나 인정 역시 매우 차등적이게 된다.

몫part의 불평등한 나눔은 이렇게 공동체 내에 존재하는 이들에 대한 다양한 상징, 이미지, 표상 등을 통해 불평등하게 이루어지는 것이다. 그 표상은 노력, 능력, 학력, 주거지역, 국적 등등과 같이 매우 다양할 수 있다. 이런 표상들을 매개해 몫의 나눔에 대한 감각, 그 자격에 대한 감각이 '짜이는 것'configuration이다.

2) 감각의 관리와 국가주의적 재난 서사

그렇다면 대형 인명 사고에 대한 대중의 감각을 정부, 더 나아가 한국 사회의 기득권 세력이 관리하는 것을 치안의 일종으로 규정할 수 있을 것이다. 물론 랑시에르에게 치안, 즉 감각적인 것의 나눔은 구체적 사안에 대한 감각을 관리하는 직접적 활동이라기보다는 사회적 관계 그 자체를 감각적 차원에서 위계적으로 편성하는 질서나 체제에 가까운 것이다. 구체적 사건들에 대한 사람들의 반응, 해석, 판단, 행위 등은 이 감각적인 것의 편성configuration을 조건으로 하여 이루어지며 랑시에르의 이론적 관심은 이 조건 자체에 있다.

달리 말해, 감각적인 것의 나눔이라는 랑시에르의 개념은 모든 구체적 사안들에 대해 작동하는 치안의 내용적 독특성을 포착해 내는 것보다는 그런 사안들이 대중들에 의해 다루어지는 감각적 조건 일반, 즉 불평등과 위계의 감각적 짜임새를 파악하는 것에 초점이 맞추어져 있다고 하겠다. 그래서 구체적인 사건들 자체에 대한 분석에 들어가게 되면 그의 치안 개념은 너무 큰 그물코가 된다. 랑시에르의 치안 개념은 이론적 일반성의 차원에서 적절성을 확보하지만 그것이 분석적 작업에 활용되기 위해서는 다른 개념적 도구들을 통해 보충되거나 그런 도구들과 접합될 필요가 있는 것이다.

치안 개념을 특정한 재난의 분석에 활용하기 위해서는 그 개념을 재난의 맥락에서 다시 생각해 봐야 한다. 여기서 치안이 완전히 대중의 감각을 장악하거나 결정하는 완벽한 통제 질서가 될 수 없다는 논점이 중요하다. 기존의 감각 체제를 뒤흔드는 사건은 항상 발생할 수 있다. 그렇기에 치안은 그런 사건을 다시 기존 질서 내에서 감각되도록 하는 구체적인 작업 역시 실행할 수밖에 없다. 치안은 기존 질서의 모순이나 한계를 드러내는 대형 인명 사고와 같은 사건이 발생했을 때, 그 사건에 대한 대중의 반응을 감각의 수준에서 관리하는 구체적 작업을 수행한다는 것이다. 그리고 그런 작업은 특정 사건에 대한 지배적 표상을 창출하고 대중들이 그 표상에 입각해 사건을 감각토록 하는 방식으로 이루어져 왔다. 그와 같은 작업에 다양한 방식이 존재함은 물론이다.

'재난 서사'도 그런 개념 가운데 하나이다. 신진숙은 재난에 대한 문화적 의미 구성에 주목하면서 재난 서사를 다음과 같이 파악한다.

> 재난은 우연히 만들어지지만 재난에 대한 해석은 결코 우연한 것이 아니다. 재난과 문화적 코드, 상징, 서사들과의 결합이 존재할 수 없다면, 재난에 대한 의사소통 또한 존재할 수 없다. 즉, 재난에 대한 한 사회의 의미 체계는 그 사회의 문화적 기대 구조를 반영하거나 창출하는 과정에서 생산된다. 재난 서사는 다양한 문화적 코드들과 결합하고 상징들을 전유하고 의미의 두께를 획득하면서 한 사회의 의미 구조와 절합한다. 이 과정에서 기존의 의미 체계가 조명되기도 하고 조정되기도 한다. 때로는 전혀 새로운 방식의 문화적 의미들이 구축되기도 한다(신진숙 2015, 539, 540).

재난은 생물학적이거나 물리적 손상을 인간과 그 환경에 입히는 사태이지만, 그 사태에 대한 사람들의 인식은 과학적 정보로 환원되지 않는다. 재난은 언제나 특정한 '문화적 코드, 상징, 서사들'과 같은 인식론적 틀 내지는 표상을 통해 문화적, 사회적 의미를 획득하게 되는 것이다. 재난 서사는 바로 이런 인식론적 틀이자 표상의 대표적 방식 가운데 하나라고 할 수 있다.

재난 서사가 재난의 사회적, 문화적 의미를 해석하는 틀이라는 것은 그것이 동시에 매우 정치적인 것임을 의미한다. 이미 4장에서 살펴본 바와 같이 재해와 같은 특정 사건이 어떻게 의미화되

2부. 안전의 변증법

는가는 정치적 문제이기 때문이다.

전주희에 따르면, 한국 사회에서 재난에 대한 감각이 관리되는 방식을 '국가주의적 재난 서사'라고 개념화할 수 있다. 재난 서사란 대형 인명 사고와 같은 재난이 사회적으로 인지되는 방식이며 국가주의적 재난 서사란 국가가 권력을 동원해 그런 사회적 인지 방식을 규정하는 작업이라 할 수 있다.

전주희는 국가주의적 재난 서사를 크게 세 가지로 구별한다. 첫 번째는 '희생양 만들기'이다.

> 재난을 실패의 관점에서 파악하는 것이 아니라 '불운의 극복'으로 서사화하기 위해서는, 재난의 원인과 책임을 특정한 인물에게 전가하는 것이 효과적이다. 재난을 신속하게 봉합하기 위해서라도 재난의 원인에 대한 반복적인 질문과 규탄('어떻게 이런 일이 일어날 수가!')에 대한 일종의 '희생양'을 만들어야 한다(전주희 2023, 157).

이런 재난 서사는 재난이 발생했을 때 재난 방지 시스템 및 구호 시스템의 실패 원인을 규명해 그 시스템을 재구축하는 것이 아니라, 재난을 어쩔 수 없는 '불운'으로 규정하고 그것의 극복이 중요하다고 대중이 감각하도록 하는 전략이라고 할 수 있다. 그 핵심은 대중의 분노가 재난을 발생시키는 구조나 시스템이 아니라 재난을 유발한 자로 지목된 특정 인물에게 투여되도록 하는 것이다. 대구 지하철 참사에서는 '정신질환자', '마스콘키를 빼고 도주한 기관사' 등이, 세월호 참사에서는 세월호 선장이나 청해진해운 소유주가 대형 참사의 유발자로 지목되면서, 참사 초기 그 발생 원인과 구호의 실패 원인에 대한 논의가 본격화되지 못했다.[1] 이런 사태의 전개가 희생양 만들기 서사 전략의 효과를 보여 준다.

두 번째는 '1인칭 중심의 피해자 서사'이다. 이는 재난의 충격을 직간접적으로 경험한 사람들의 트라우마를 부각하는 방식으로 재난에 대한 서사를 구성함으로써 그들의 고통을 중심으로 재난을 감각하도록 유도하는 서사 전략이라고 할 수 있다.

> 이는 피해 생존의 경험 구조를 드러내 준다는 점에서 중요하지만, 우발적이고 예외적인 사건에 무방비로 노출된 피해자의 위치에 집중하면서 폭력의 구조적 원인이 간과되고 '고통 수기' 중심의 피해자 서사를 중심으로 재난 서사가 과잉된다는 문제가 있기도 하다(전주희 2023, 160).

즉 '고통 수기'의 방식으로 피해자의 고통이 집중적으로 부각되고 이에 대한 대중들의 공감과 동일시가 강화되면서 그와 같은 고통을 유발한 '폭력의 구조적 원인'에 대한 문제 제기는 배면으로 물러나게 되는 것이다.

전주희가 마지막으로 제시하는 것은 국민 성금 등과 같은 '자선 담론' 중심의 재난 서사이다. 재난으로 인해 발생한 국가적 수

---

1 그리고 이는 이태원 참사 당시 골목에 밀집한 사람들에게 '밀어'라고 외쳤다는 '토끼 머리띠남'이 참사의 원흉으로 부각된 사태에서도 나타나는 경향이었다.

2부. 안전의 변증법

준의 고통과 손실을 수습하고 복구하는 것이 시급하다는 감각, 그리고 그런 수습과 복구가 국민들에 의해 능동적으로 이루어져야 한다는 감각을 만들어 낸다고 할 수 있다.

> 이런 국민 성금은 국가 위기 극복 및 일상 회복을 위한 조기 수습의 정당성을 뒷받침해 준다. 또한 국가 차원의 책임과 배상의 문제를 (국민 성금으로-인용자) 대체하고 재난 피해자들에 대한 시민적 공감과 애도를 대체하는 '자선 담론'을 확산한다(전주희 2023, 163).

자선 담론 중심의 재난 서사는 재난을 국가 차원의 위기, 다시 말해 '우리 모두의 위기'라고 감각하게 하고 그런 위기를 극복해 다시 안정된 일상을 회복하는 것에 총력을 쏟아야 한다는 감각을 확산시키는 전략이다. 이는 국가 차원의 위기라는 긴급한 상황과 피해자들의 처절한 고통 앞에서 재난 발생의 구조나 구호 시스템의 모순을 따지는 것은 위기의 극복과 수습이라는 당면한 과제를 해결하는 데 도움이 되지 않으며, 당면 과제를 해결하기 위해서는 취약한 피해자들에 대한 온정과 자선이 긴급하다는 것에 주의의 초점을 맞추게 하는 것이다.

이렇게 한국 사회에서 재난이 국가권력에 의해 서사화되는 방식 혹은 서사화 전략에 대한 분석은 재난과 관련해 치안이 작동하는 구체적 양상, 그 내용적 독특성을 파악할 수 있게 해준다. 재난을 유발한 구체적인 개인, 피해자가 경험한 끔찍한 고통, 국민 성금과 재난 극복 등의 표상을 중심으로 형성된 재난 서사가 바로 한국 사회의 지배 세력이 재난에 대한 대중의 감각을 관리하는 치안의 구체적 작업 방식이다.

그 핵심은 재난을 유발하는 구조적 차원을 보이지 않게 하는 것, 그런 구조에 대한 비판의 목소리를 들리지 않게 하는 것에 있다. 재난의 원인, 재난으로 인한 피해의 의미, 재난의 극복 방식에 대한 감각에서 구조적 차원을 비가시화하는 감각의 관리가 국가주의적 재난 서사를 관통하고 있는 것이다.

3. 사고에서 참사로, 치안에서 정치로

1) 정치, 치안에 맞서 평등을 입증하기

다수의 사람이 생명을 잃게 된 예기치 않은 사태가 단지 사고가 아니라 사회적 참사라고 본격적으로 규정된 것은 세월호 침몰 및 구조 실패 사건, 즉 세월호 사건 이후라고 할 수 있다. 물론 그 이전에 있었던 사회적 재난들이 참사라고 명명되기도 했음은 사실이다. 하지만 세월호 사건을 사회적 참사로 명명하려는 맥락에는 이 사건을 선장 및 선원들의 도덕적 해이, 해경의 무능과 비겁함, 세월호 소유주의 파렴치함 등으로 규정하려는 재난 서사에 맞서는 표상 차원의 투쟁이 자리 잡고 있다.

즉 이 투쟁이 사회적 참사로 세월호를 표상하는 것은 세월호 사건의 사회구조적 원인과 국가 책임의 문제를 부각하기 위함이다. 이는 세월호 사건을 어떤 방식으로 표상해 그 사건에 대한 대중의 감각을 어떤 방향으로 구성할 것인가를 둘러싼 투쟁이다. 그리고 표상을 둘러싼 이와 같은 투쟁은 이태원 참사에서도 진행되는 중이다. 랑시에르식으로 말하자면 감각은 치안의 대상이기도 하지만 정치의 대상이기도 한 것이다.

앞에서도 지적한 바와 같이 치안이 사회적 관계를 감각적 차원에서부터 불평등하게 구축하는 질서라고 하지만 그 질서는 결코 요동하지 않는 절대적 질서는 아니다. 이 감각적 확실성에 대한 이의 제기 역시 늘 발생한다. 랑시에르는 불평등의 감각적 확실성에 대한 이의 제기, 즉 그런 지배적인 감각에 불일치하는 감각을 제시하는 과정에 '정치'la politique라는 고유한 명칭을 부여한다.

> 이제 나는 정치라는 이름을, 잘 규정되어 있는 첫 번째 활동(=치안-인용자)과 적대적인 활동에 대해서만 사용하자고 제안하겠다. 정치라는 활동은, 부분들 및 부분들의 몫이나 몫의 부재가 정의되는 [치안이라는] 짜임과 단절하는 것인데, 이런 단절은 이 짜임에서 아무런 자리도 갖지 못한 어떤 전제, 곧 몫 없는 이들의 몫이라는 전제를 통해 이루어진다. 이런 단절은 부분들과 몫들, 몫들의 부재가 정의되는 공간을 다시 짜는 일련의 행위들에 의해 명시된다(랑시에르 2015, 63).

랑시에르에 따르면 '정치적인 것'le politique이란 불평등을 감각적 차원에서부터 자연화하는 질서와 이에 맞서 평등을 입증하려는 활동이 서로를 방해하며 충돌하는 무대이다. 정치는 이 무대에서 공동체의 몫이 자격의 위계에 따라 불평등하게 나누어지게 하는 감각적 질서, 즉 치안과 단절을 통해서만 실천된다.

랑시에르는 그와 같은 단절로서의 정치는 '몫 없는 이들의 몫'이라는 전제를 통해 실행된다고 말한다. 앞에서도 논의한 바와 같이 치안은 공동체 내에서 몫을 불평등하게 나누는 질서이다. 그리고 이런 불평등한 나눔은 자격의 논리를 따른다. 동등한 자에게 동등한 몫을, 동등하지 못한 이에게 동등하지 못한 몫을 주는 것이 정의라는 아리스토텔레스의 정의론(아리스토텔레스 2006)은 정확히 치안의 논리라 할 수 있다. 즉 공동체는 동등한 부분들(자유인 남성 혹은 부자)과 동등하지 못한 부분들(노예나 여성 혹은 빈자)로 이루어져 있으며 동등하지 못한 부분들에게 돌아가야 할 몫에 차별을 두는 것이 올바르다는 감각이 바로 치안이 형성하는 감각이다.

이렇게 치안의 논리에서 공동체의 몫은 그 몫을 받을 자격이 있는 이들(몫이 있는 이들) 사이에서 그 자격의 정도에 따라 차등적으로 나누어진다. 몫이란 항상 몫이 있는 이들의 차등적 몫들로 존재한다. 그러므로 치안적 질서 내에서 몫을 받을 자격이 없는 이들에게 돌아갈 몫은 결코 있을 수 없다. 즉 치안에 의해 짜인 감각적 공간 내에서 몫 없는 이들의 몫이란 실존하지 않는다.

그렇기에 몫이 없는 이들의 몫은 치안에 의해 이루어지는 불평등한 자격 부여 자체를 부정함으로써만 가능한 것이 된다. 즉 차별받는 부분들이 자신들에게 주어진 자리, 위상, 지위를 벗어나 자신들이 더 많은 몫을 누리는 이들과 다를 바 없는 자들임을 주장할 때에만, 자신들의 말도 훌륭한 이들의 말과 동등한 가치를 가짐을 보일 때에만 몫 없는 이들의 몫이 가능한 것이다. 역으로 이들이 그와 같은 평등을 주장할 수 있는 것은 그들이 몫 없는 이들의 몫에 입각하고 있기 때문이다. 몫 없는 이들의 몫이란 결국 "아무나와 아무나의 평등"(랑시에르 2015, 64)을 무턱대고 전제하고 평등을 요구하는 것과 다르지 않은 것이다.

그런데 여기서 중요한 논점은 몫 없는 이들의 몫이란 근거 없는 요구이자 잘못된 주장이라는 것이다. 하지만 동시에 중요한 것은 몫의 차등적 나눔에도 역시 아무런 근거가 없다는 점이다. 아리스토텔레스의 정의론을 패러디해 표현하자면 동등한 자와 동등하지 않은 자의 구별 자체가 근거 없는 것, 다시 말해 자의적인 것이다. 그러므로 치안이 설립한 자격들의 위계질서도, 정치가 주장하는 몫 없는 자들의 몫으로서 평등도 자연적이거나 형이상학적 근거에 바탕을 둔 것이 아니다. 불평등과 평등은 모두 실천을 통해 그 실재성을 입증하는 과정에 달린 것이다. 정치는 불평등에 맞서 평등을 입증하는 과정에서만 실존하며 실행할 수 있다.

그런데 치안이 근본적으로 감각적인 것의 수준에서 불평등을 당연하게 만드는 질서인 만큼, 정치 역시 근본적으로는 이 감각적인 것의 차원에서 평등을 입증하는 작업이라 할 수 있다. 치안과는 다른 방식으로 감각적인 것을 재구성하려는 시도가 정치이며 이런 시도에 의해 정치는 치안과 단절하는 과정이 된다. 즉 "이런 단절은 부분들과 몫들, 몫들의 부재가" 감각적 차원에서부터 정의되는 공간을 "다시 짜는 일련의 행위들에 의해" 현실화되는 것이다(랑시에르 2015, 63).

그러므로 정치는 치안과 '계쟁'係爭, litige을 벌이는 무대를 설립하는 활동이다. 계쟁이란 소송의 내용 그 자체를 다투기 이전에 소송당사자가 그런 소송을 벌일 적합한 자격을 가지고 있는가의 문제를 두고 벌이는 다툼의 형태이다. 즉 몫이 나뉘는 불평등한 질서에 대해 몫 없는 이들의 몫을 주장하는 것은, 더 많은 몫의 요구이기 전에 몫이 나뉘는 질서의 구성 자체에 참여할 동등한 권리의 요구이다. 정치는 이 평등을 요구하는 목소리를 짐승의 소리 phōnē가 아니라 인간의 말logos로 들리게 하는 투쟁, 평등을 요구하는 이들이 평등을 부정하는 이들과 서로의 자격을 놓고 동등한 층위에서 논쟁하게 하도록 만드는 실천이다. 이 실천이 바로 평등의 입증으로서 정치이다.

2) 안전 사회 운동의 정치

그러므로 랑시에르에게 정치는 구체적인 공적 사안의 내용을 둘러싸고 벌어지는 갈등이기 이전에 그런 갈등에 참여할 수 있는 정당한 자격을 누가 가지고 있는가라는 문제를 두고 벌어지는 다툼이다. 공동체의 공적 사안에 관한 논의, 논쟁 그리고 결정에 참여할 수 있는 자격을 감각의 수준에서 결정하는 합의에 대한 불화, 그것이 바로 정치인 것이다. 그리고 이런 정치는 매우 드문 것이지만 모든 구체적인 공적 사안의 내용을 둘러싼 투쟁들을 가능하게 하는 조건, 즉 무대를 설립하도록 만드는 것이다.

그렇지만 랑시에르는 치안에 대한 논의에서와 마찬가지로 구체적인 공적 사안들과 그 내용들의 독특성과 관련된 문제들을 정치적 분석의 대상으로 삼지 않는다. 그가 고대 로마의 도시들에서

　　　　　　　　　　　　2부. 안전의 변증법

벌어졌던 노동하는 평민들의 철수나, 근대 프랑스에서 노동자들의 파업들, 탈식민을 위한 알제리인들의 투쟁에 대한 프랑스인들의 연대 등에서 정치를 발견하지만 그 투쟁들 각각의 구체적인 요구 사항, 쟁점들, 제도적 효과, 고유한 의미 등은 그의 이론적 관심 대상이 아닌 것이다.

하지만 이런 정치의 사례들은 계쟁을 시작함으로써 공적 사안의 결정에 참여할 수 있는 자격에 대한 합의를 해체한 것만이 아니라 법적, 제도적, 규범적, 혹은 문화적 효과들을 구체적으로 만들어 냈다. 그렇다면 우리는 감각의 차원, 공동체의 질서를 이루는 근본적 조건 차원에서 벌어진 계쟁은 구체적인 공적 사안에 대한 특정한 결론 혹은 효과로 이어진다고 말할 수 있을 것이다.

감각적 질서의 수준, 즉 표상, 상징, 이미지 등의 차원에 자리 잡은 정치적인 것에 관한 이론이 사회적 재난과 같은 구체적인 사안에 대한 문화정치적 분석에 활용될 수 있는 것도 바로 이 때문이다. 물론 그런 구체적인 내용적 분석을 위해서는 랑시에르의 정치 개념 자체만으로는 불충분하다. 재난에 대응하는 운동을 구체적으로 살펴봄으로써 치안에 불화하는 정치가 표상과 의미 그리고 감각의 차원에서 어떻게 수행되었는지를 구체적으로 파악하는 것이 필요하다. 여기서 우리는 사회적 참사에 개입해 온 안전사회 운동의 활동을 살펴봄으로써 사회적 재난이라는 구체적인 공적 사안을 둘러싼 정치가 어떻게 전개되었는지를 검토하고자 한다.

앞에서도 지적한 바와 같이 세월호 사건이 사고가 아니라 사회적 참사로 규정된 것은 세월호 운동, 즉 사회운동의 효과였다.

그리고 사회적 재난이 사회운동의 본격적인 의제로 부상한 것 역시 세월호 사건 이후라 할 수 있다(미류 2023; 유해정 2018a). 세월호 사건 이후 사회적 참사에 대한 대응이 사회운동의 중심적 과제 가운데 하나가 되었고 이런 사회운동은 현재 안전 사회 운동이라고 불린다.

안전 사회 운동은 무엇보다 사회적 참사의 '진상 규명'에 집중했다. 이는 참사를 우발적인 사고로 파악하고 그에 대한 해결책을 배상과 보상의 문제로 축소하려는 정부의 참사 대응에 대한 이의 제기이다. 세월호 참사가 발발한 직후 박근혜 정부가 이에 대응한 방식이 바로 이와 같은 '사고-보상' 프레임이었다. 그와 같은 정부의 프레임에서 진상 규명은 "사고에 대한 조사 처리에 불과"(강성현 2016, 235)한 것이었다. 반면 유가족 및 피해자 그리고 사회운동은 "진상 규명을 통한 정의 수립"(강성현 2016, 235)을 정부의 프레임에 맞세웠다.

진상 규명을 위해 유가족들 및 피해자들이 제시한 법안은 세월호 참사에 책임이 있는 조직과 참사를 유발한 구조적 원인을 파악하는 것을 정의 수립의 출발점으로 파악했다. 이를 통해, 단지 참사에 직접적인 책임이 있는 개인들만을 처벌하는 것이 아니라 이 참사의 책임을 조직과 구조의 차원에서 규명하고, 처벌 역시 개인에 대한 사법적 처벌에 국한하지 않고 정부 기관을 비롯한 조직들에 대한 사회적 처벌로 확장하고자 했던 것이다.

정부는 세월호 사건의 진실을 밝히는 것을 '사고 원인 조사'로 표상하고자 했지만 안전 사회 운동은 '진상 규명'이라는 언표로 표상했다는 점이 중요하다. 진상이라는 용어는 어떤 사태에 대해 공식적으로 표명된 정보가 진실성을 충분히 갖지 못하기에 더 분명하게 파악되어야 할 사태의 사정이라는 함의를 가진다. '의문사 진상 규명' 등에서 볼 수 있듯이, 이 용어가 한국 사회의 맥락에서 권력에 의한 진실의 은폐에 대항하기 위해 사용되어 왔다는 점은 이를 잘 보여 준다. 세월호 참사의 '진상 규명'을 안전 사회 운동이 요구한 것은 정부의 재난 조사 방식, 과정, 관련 정보에 신뢰성이 부족하며 피해 당사자들 및 사회운동의 참여가 필요하다는 감각을 일깨우는 효과를 갖는 것이기도 했다.

또한 세월호 국면 이후 전개된 안전 사회 운동은 '안전'을 한국 사회의 중요한 규범적 표상 가운데 하나로 만들어 냈다. 강성현에 의하면 세월호 참사의 진상 규명을 위해 유가족·피해자·사회운동 단체들이 함께 제출한 법안에는 다음과 같은 의미가 있다.

> 국가적·사회적 재난의 재발 방지를 위한 조사·연구와 정책·대안의 마련, 그리고 사회적 치유 및 기억을 진상 규명안에 총괄한 점도 주목된다. 이렇게 보면 피해자·유족 안은 구조적·사법적·사회적 진상 규명을 종합적으로 추구하는 진실-정의-안전 모델을 한국 사회에 새롭게 제시하고 있다(강성현 2016, 236, 237).

세월호 참사 이후 시작된 안전 사회 운동은 단지 진상 규명과 참사의 구조적, 조직적 책임 문제를 묻는 것에만 그치지 않는다. 이 운동은 그와 같은 참사가 다시는 반복되지 않도록 법과 제도를 통한 안전 사회의 구축을 한국 사회의 새로운 정치적 지향점으로 제시하고 있다. 세월호 사건 이후 국민에 대한 국가의 핵심적 의무 가운데 하나가 재난으로부터 국민의 안전을 보장하는 것이라는 인식이 퍼져 나갔고, 재난으로부터 시민의 안전을 보장할 수 있는 제도와 시스템의 구축은 사회운동의 중요한 의제가 되었다.

세월호 참사 이후 발표된 시민들의 인권선언인 〈존엄과 안전에 관한 4.16 인권선언〉(이하 〈4.16 인권선언〉)은 안전한 사회를 만드는 것이 국가의 중심적 의무이자 시민의 중요한 권리임을 명백하게 밝히고 있다. 이 선언문은 재난에 대한 새로운 사회적 표상을 형성하고, 재난에 대한 지배적 감각에 도전하며, 그 감각을 정치화하고자 하는 시도라고 할 수 있다. 이 점을 잘 보여 주는 핵심적 조항들을 살펴보자.

1. (인간의 생명과 존엄성) 인간의 생명과 존엄성은 최우선적으로 보장되어야 한다. 돈이나 권력은 인간의 생명과 존엄보다 앞설 수 없다.

4. (안전을 위한 시민의 권리와 정부의 책임) 모든 사람은 안전하게 살아갈 권리를 가지며, 안전한 사회를 만들기 위해 참여할 권리를 가진다. 모든 사람은 위험을 알고, 줄이고, 피할 권리가 있으며 이를 보장할 일차적 책임은 정부에 있다.

13. (존엄에 기초한 사회를 만들 권리) 모든 사람은 돈과 권력이 중심이 되는 사회를 근본적으로 바꿔 자유와 평등, 연대와 협력, 인간의 생명과 존엄에 기초한 사회를 만들 권리를 가진다.

2부. 안전의 변증법

1조에서는 인간의 생명과 존엄이 돈과 권력에 앞서는 최고의 가치임을 천명한다. 그런데 여기서 중요한 것은 단순한 생명의 보장이 아니라 존엄과 동시에 보장되는 생명이라는 점이다. 생명의 안전을 위해 인간의 존엄성을 훼손하는 것을 거부한다는 의미이다. 4조는 안전의 보장을 위해서는 사람들 스스로 안전한 사회를 만들 권리가 있음을 밝힌다. 안전한 사회는 모든 사람들이 위험을 인지하고, 위험을 감소하고, 위험을 피할 수 있는 권리의 보장을 통해 실현된다는 것이다. 마지막 조항이기도 한 13조는 사회구조 내지는 사회의 기본적 체제가 돈과 권력이 아니라 인권, 즉 존엄과 평등, 연대와 협력, 인간의 생명과 존엄에 기초한 것이 되어야 함을 밝히고 모든 사람은 이런 체제를 구축할 권리가 있음을 명시한다.

〈4.16 인권선언〉은 생명과 존엄에 대한 안전의 보장이 시민들에 대한 국가의 적극적 의무이며, 시민들은 주체적이고 능동적으로 안전한 사회를 만들기 위해 활동할 권리를 가지며, 근본적으로는 사회구조를 인간의 존엄성이 안전하게 보장되도록 구축하는 사회변혁과 사회 구성의 권리를 가짐을 천명하고 있다. 즉 "개별 사건으로서 세월호 추모를 넘어 보편적 생명 안전권이 보장되는 사회를 건설하자는 운동"(임광순 2020, 251)을 이 선언문은 촉구한다. 다시 말해, 이 선언은 안전하게 살아갈 권리, 안전하게 살아가기 위해 행동할 정치적 권리, 안전한 사회를 위해 체제를 변혁할 권리를 천명해 안전을 위한 시민들의 정치를 동시대의 핵심적인 정치적 과제로 제시하고 있는 것이다.

세월호 사건 이후 안전 사회 운동에 의해 안전 사회가 중요한 정치적 규범으로 표상되면서 시민의 안전을 보장하기 위한 입법이 비로소 이루어지기 시작했다. 2017년 대한민국 역사상 처음으로 사회적 재난의 진상을 규명하기 위한 특별법[2]이 통과되었고, 2018년 문재인 대통령에게 제출한 개헌안에는 '안전하게 살 권리, 재해 예방 및 위험 보호 의무' 조항이 포함되기도 했다. 또한 2021년에는 노동자들이나 시민들이 당한 재해에 기업의 책임이 있을 경우 기업을 처벌할 수 있는 법인 〈중대재해 처벌 등에 관한 법률〉(〈중대재해처벌법〉)이 통과되기도 했다.

　물론 이와 같은 안전의 법제화는 적잖은 한계를 가지고 있다. 이런 법제의 도입 이후에도 많은 사람들이 사고와 재난으로 다치거나 죽어 갔다. 한국 사회는 여전히 더 많은, 더 민주적인, 더 평등한 안전의 제도적 보장이 필요하다. 하지만 이런 제도적 변화는 세월호 사건의 의미를 단지 부당한 죽음이나 책임자 처벌로 국한시키지 않고 모든 이를 위한 안전한 사회로 확장하는 정치적 실천이 제도적 질서 내에 일정하게 기입된 것이기도 하다. 시민의 안전을 제도적으로 보장하려는 차후의 활동은 그와 같은 기입을 바탕으로 이루어질 것이다.

4. 참사와 문화정치

세월호가 침몰하면서 너무나 많은 생명들이 일순간에 사라진

---

2 〈사회적 참사의 진상규명 및 안전사회 건설 등을 위한 특별법〉(〈사회적참사진상규명법〉).

2부. 안전의 변증법

지 몇 해 되지 않아 또다시 우리 사회는 이태원 거리에서 젊은이들이 죽어 가는 상황에서 아무것도 하지 못한 어처구니없는 상황에 직면했다. 그뿐만 아니다. 세월호 참사와 이태원 참사 사이에도 한국 사회에서는 적지 않은 사회적 참사들이 존재했다. 더욱이 일상적 노동의 현장에도 매년 수백 명의 사람들이 산업재해로 죽어 가는 현실은 계속되고 있다. 2018년에는 971명, 2019년에는 855명, 2020년에는 882명, 2021년에는 828명, 그리고 2022년에는 874명이 산업재해로 목숨을 잃었다(대한전문건설신문 2023). 한국은 아직도 평범한 삶이 이루어지는 일상의 질서가 언제든지 생명을 파괴하는 재난으로 전환될 가능성을 상시적으로 배태한 사회이다. 한국 사회에는 민주적이고 평등한 안전을 제도화하는 것, 시민적 관점의 안전을 제도적으로 보장하기 위한 정치가 여전히 필요하다.

수많은 사람들의 목숨이 하루아침에 사라지는 이와 같은 재난은 살아남은 사람들에게 너무나 크나큰 고통, 슬픔, 상실감, 분노 등의 정서affect를 불러일으킨다. 하지만 이런 정서는 결코 완전히 본능적인 것도, 완벽히 자연적인 것도 아니다. 정서는 결국 파악되고 의미화되어야 하는 것인 만큼 언어의 세계 밖에서 외따로이 존재할 수 없다.

우리는 '슬픔'과 '기쁨'을 느끼는 것이지, 단지 '느끼지' 않는다. 다시 말해, 느낀다는 것은 항상 무엇인가를 느낀다는 것이다. 때로는 그 무엇인가가 명확하게 개념적 언어로 규정될 수 없고, 충분히 표상될 수 없어서 비록 유사한 언표로 그 무엇이 표상될 뿐이라고 하더라도 정서는 관념과 분리될 수 없다. 그런 한에서 정서는 문화의 세계에 포함된다. 표상과 의미는 자연을 문화로부터 분리하는 핵심적 조건 가운데 하나이기 때문이다. 이 표상과 의미의 세계 속에서 우리는 우리가 느끼는 정서가 어떤 정서인지를 파악할 수 있는 것이다.

그런데 정서가 우리 신체의 변용과 관련되고 신체의 변용이 언제나 외부 사물이나 관념의 자극에 의해 이루어진다는 스피노자의 정서 이론(스피노자 1990)[3]은 정서의 문제가 곧 감각의 문제와 연결되어 있음을 알게 해준다. 나의 신체가 외부의 신체나 관념에 의해 자극받는다는 것은 곧 그 외부의 것을 감각한다는 뜻이기 때문이다. 그런데 랑시에르가 보여 주는 바와 같이 감각 또한 단지 자연적인 것(생물학적인 것)이 아니라 그 감각의 방식을 규제하는 사회적 질서와 연결되어 있는 사회적인 것이다. 그리고 이미 랑시에르를 경유해 살폈듯이 감각적인 것은 표상, 서사, 상징, 이미지, 의미를 통해 정치적인 것에 연결된다.

가령 치안은 권리의 제한, 재화의 불평등한 분배 등과 같이 법과 제도의 차원에서만 작동하는 것이 아니라 그런 법과 제도를 당연한 것으로 받아들이게 하는 어떤 차원, 즉 감각의 차원에서 작동한다. 동시에 치안과의 불화로서 정치 역시 근본적으로 표상과 의미의 차원에서 이루어지는 만큼 치안과 정치에 대한 랑시에르의 논의는 문화적인 것이 어떻게 정치적인 것인지를 사유할 수 있게 해준다. 감각, 표상, 상징, 이미지는 언제나 문화 연구의 중요한

---

3 스피노자는 정서의 문제를 『에티카』 3부와 4부에서 중점적으로 다룬다.

주제였고, 이 차원에서 권력과 저항이 어떻게 작동하는지는 문화정치학의 핵심 질문이었기 때문이다.

정치적인 것이 곧 문화는 아니지만 정치적인 것은 문화적인 것을 통해 작동한다. 물론 이때 문화적인 것이 의미하는 바가 단지 소재로서 문화, 즉 대중문화 텍스트들이나 미디어 혹은 문화산업과 문화 정책으로 환원되지 않는다면 말이다. 문화적인 것은 상징, 서사, 이미지와 같은 표상과 그 표상의 방식을 통해 이루어지는 의미화의 양상 그리고 표상과 의미화와 연동되는 감각과 정서의 차원을 뜻하는 것이다. 그렇다면 문화정치학이란 바로 이런 문화적인 것을 통해 작동하는 정치적인 것을 연구하는 작업이라 할 수 있다. 재난의 문제가 단지 정치적 문제만이 아니라 문화적인 문제로 사고될 수 있고, 재난을 둘러싸고 벌어지는 권력과 저항의 문제를 문화정치적으로 해석할 수 있게 해주는 것 역시 바로 정치적인 것과 문화적인 것 사이의 이런 관계 때문이다.

우리는 재난에 대한 감각을 규제하고자 하는 치안이 구체적으로 어떻게 작동했는가를 재난 서사라는 개념을 통해 검토했다. 그리고 이런 감각의 규제에 맞서 참사의 당사자들과 사회운동이 어떤 표상들 및 의미화 작업을 통해 참사를 정치화했는가 또한 살펴보았다. 이런 작업은 바로 정치적인 것과 문화적인 것이 재난이라는 구체적 사태 속에서 어떻게 결부되는가를 해석하기 위한 것이었다.

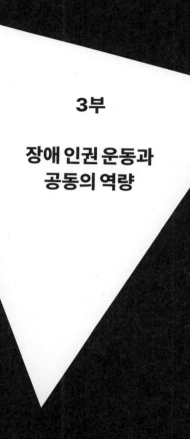

3부

장애 인권 운동과
공동의 역량

7장

시대와 불화하는 불구의 정치

— 장애 여성운동, 교차하는 억압에 저항하는 횡단의 정치

1. 장애 여성운동과 교차성 페미니즘

"시대와 불화하는 불구의 정치." 장애 여성 인권 단체인 '장애여성공감'[1]이 창립 20주년을 맞이하면서 발표한 선언문의 제목이

1 장애여성공감은 1998년 "장애 여성이 동등한 사회 구성원으로 존중받고 장애 여성의 선택과 결정이 존중되는 사회를 만들어 나가며, 소수자들을 차별하고 배제하는 사회에 변화를 일으키는 움직임"을 지향하며 창립되었다. 장애여성공감은 장애 여성이 비장애인과 동등한 사회 구성원으로서의 권리를 누려야 하는 권리주체임과 동시에 성차로 인해 남성 장애인과는 다른 요구를 가진 주체임을 의식하면서 장애 운동과 여성주의 운동의 접합을 실천해 오고 있다. 출범 이후 장애여성공감은 장애여성 성폭력상담소, 장애여성독립생활센터를 운영하고 장애 여성 정책 연구 및

다. 장애인에 대한 멸칭인 '불구'를 전면에 내세워 장애 여성의 인권을 위해 활동해 온 지난 역사를 총괄하는 이 선언문의 제목은 심상치 않다. 더욱이 '불구의 정치'는 시대와 불화를 천명한다. 장애인 권리 운동의 중심적 경향이 장애인에 대한 인식 개선과 장애인과 비장애인의 통합에 역점을 두어 왔다는 점을 상기해 볼 때, 장애여성공감의 20주년 선언문에는 무언가 불온한 기운이 흐르고 있다. 이 글은 바로 그 불온한 기운이 무엇인지를 이론적으로 규명하고자 하는 하나의 시도이다. 좀 더 구체적으로는 〈시대와 불화하는 불구의 정치〉(이하 〈불구의 정치〉)에 천명된 정치학을 교차성 페미니즘의 관점에 입각해 이론적으로 규명하고자 하는 작업이다.

〈불구의 정치〉는 한국 사회에서 페미니즘이 대중화됨과 동시에 분화되는 맥락 속에서 발표되었다고 할 수 있다. 손희정에 따르면, 페미니즘의 대중화와 분화라는 현상은 '페미니즘 리부트'라고 규정될 수 있다. 손희정은 2015년 소셜 미디어를 중심으로 확산된 페미니즘 담론은 기존의 여성주의 운동과는 다른 배경과 지향을 드러내고 그 경제적, 문화적 조건이 1990년대나 2000년대 페미니즘 운동과는 일정한 차이를 드러내고 있음을 밝힌다.[2] 김

자료를 발간해 왔다. 또한 회원 모임과 자조 모임으로서 장애 여성 극단 '춤추는 허리'와 장애 여성 합창단 '일곱빛깔 무지개'를 운영하고 있다. 장애여성공감 홈페이지의 장애여성공감 소개. https://wde.or.kr/about.

2 손희정은 메갈리아와 해시태그(#나는 페미니스트입니다) 운동으로 대표되는 2015년의 소셜 미디어를 통한 페미니즘의 대중적 확산을 페미니즘 리부트라고 규정하는데 그에 의하면 페미니즘 리부트는 포스트 페미니즘과의 관계 속에서 진행되었다. 이는 일차적으로 소셜 미디어상의 페미니즘 담론이 기존의 페미니즘 운동과는 다른 배경으로부터 등장했을

보명의 경우도 손희정과 일맥상통하는 인식을 보여 주는데, 그는 2015년부터 2018년 초반까지 '페미니스트 정치학의 재부상과 확산'의 양상을 추적하면서 새로운 페미니스트 운동이 이룩한 성과와 한계를 함께 포착한다. 메갈리아로 대표되는 여성 혐오에 대한 미러링 전략이 "자신들을 혐오하고 비난하는 〈일간 베스트〉의 민낯을 폭로했지만 신자유주의적 삶의 풍경을 만들어 내는 조건이자 과정으로서 혐오의 정동 경제학을 벗어나는 데는 실패"(김보명 2018b)했다는 것이다.[3] 이는 특히 메갈리아로부터 분화되어 나온 워마드의 '급진 페미니즘'에서 뚜렷하게 드러나는 경향이라고 할 수 있다. 워마드의 활동은 〈일간 베스트〉로 대표되는 전형적인 한국 이성애자 남성들만이 아니라 게이, 트랜스젠더 여성에 대한 온라인상의 공격으로 이어졌다. 이후 래디컬 페미니즘(랟펨)을 자처하는 이런 경향은 '순수하게 여성만을 챙긴다'는 명분을 내세우며 성소수자 남성, 이주민 남성 등 사회적 소수자들과의 연대를 거부하고 오히려 이들을 적대시하기도 했다.

뿐만 아니라, 그 지향에서도 차이가 있음을 지적한다. 또한 손희정에 따르면 2015년의 소셜 미디어 페미니즘 운동을 페미니즘 리부트로 규정하는 것은 이 운동이 소비사회의 대중문화 및 매스미디어에 기반하고 있으며 그것은 신자유주의라는 정치경제학적 조건과 결부된 것임을 드러내고자 하는 함의를 담고 있기 때문이다. 이를 표현하기 위해 거대 영화 자본과 자본주의적 소비적 행위와 결부된 '리부트'라는 용어를 차용한다고 밝힌다. 물론 페미니즘 리부트가 그렇다고 기존의 페미니즘과의 완전한 단절이라고만은 할 수 없다는 점에서 페미니즘 리부트는 '포스트' 페미니즘과 연결되어 있기도 하다(손희정 2015).
3 '혐오의 정동 경제학'의 개념에 대해서는 김보명(2018a)을 참조.

2015년 페미니즘이 리부트되면서 대중적으로 페미니즘 담론이 확산되고 있지만, 동시에 "신자유주의가 초래하는 삶의 불안과 위태로움 속에서 주체들이 타자에 대한 배제와 적대의 실천을 통해 손상된 자아를 회복하고자"(김보명 2018a) 하는 정동적 실천이 등장했고, 이는 타자에 대해 배제적인 페미니즘 경향의 확산으로 이어졌다. 다시 말해, 페미니즘이 생물학적 본질로 가정된 여성의 단일한 정체성의 권리로 환원되는 흐름이 대중화되는 시점에서 〈불구의 정치〉가 발표된 것이다. 즉 장애 여성이라는 정체성을 중요하게 생각하지만 정체성을 결코 고정된 것으로 파악하지 않고 정체성은 연대와 투쟁의 과정에서 변화하는 것임을 강조하는 〈불구의 정치〉는 다분히 동시대 페미니즘의 어떤 경향과 형성하는 긴장 관계를 가지고 있다.

　　이런 맥락에서 장애여성공감의 선언문은 장애 여성을 배제하고 억압하는 지배 질서에 대한 투쟁의 방향과 원칙을 밝히는 의미도 있지만, 이와 동시에 페미니스트 운동 단체로서 장애여성공감의 동시대 페미니즘 지형에 대한 개입이라는 의미 역시 담고 있다고 하겠다. 이 장에서는 그 개입의 의미를 한국의 상황 속에서 교차성 페미니즘 인식론4에 입각한 인권의 정치에 대한 천명으로 독해하고자 한다. 이는 장애인이자 여성들의 권리를 쟁취하기 위한 장애여성공간의 실천이 어떤 정치적 인식론에 입각해 이루어지는가에 대한 분석을 의미한다.

4　교차성 페미니즘의 인식론에 대해서는 이후 본문에서 구체적으로 서술하기로 한다.

다시 말해 이 글은 페미니즘 실천의 현장에서 이루어진 경험이 그 실천에 참여한 이들에 의해 어떻게 하나의 정치적 지식으로 만들어지는지, 그리고 이 실천에 기초한 정치적 지식이 어떻게 이론과 공명하는지를 탐구하고자 하는 시도이다.

2. 불구화 장치, 억압의 상호 교차성

1) 불구와 되받아쳐 말하기

서두에서 언급했듯이 "시대와 불화하는 불구의 정치"라는 선언문의 제목은 적지 않은 당혹감을 읽는 이에게 불러일으킨다. 장애 인권 운동을 하는 단체에서 20주년을 맞이하여 공표한 선언문에서 자신들을 '불구'로 명명한다는 것은 장애인 운동의 일반적 감각에 반하는 일이다. 장애인 운동에서 장애인에 대한 인식론적 폭력에 대한 저항은 매우 중요한 활동이었다. 분명 '불구'는 '장애자', '애자', '병신' 등과 같이 장애인을 비하하는 계열의 언어이다. 장애인 운동은 이런 멸칭들에 치열하게 저항해 오지 않았던가? 그런데 스스로의 운동을 '불구'의 정치로 규정하는 그 선언문의 제목은 자못 충격적이라고 할 수 있다.

그렇다면 왜 장여애성공감의 지난 실천을 정리하고 앞으로의 운동 방향을 제시하는 선언문의 제목에서 장애 여성 주체가 '불구'라는 이름으로 명명된 것일까? 이런 자기 명명은 주디스 버틀러가 제시한 '되받아쳐 말하기'speaking back의 실천이라 할 수 있다. 버틀러는 되받아쳐 말하기를 통해 혐오 발언의 효과가 전복되는 지점을 다음과 같이 포착한다.

> 말하기와 행하기 사이의 결정되지 않은 관계는 그 말하기로부터 계획된 수행적인 권력을 박탈할 때 성공적으로 활용된다. 만일 동일한 발언이 되받아쳐 말하기speaking back와 그것으로 말하기speaking through의 계기가 됨으로써 그 발언을 건네받은 자에 의해 차지되고 변하게 된다면, 인종차별 발언은 어느 정도는 자신의 인종차별적 기원으로부터 이탈되지 않을까? …… 그런 발언이 변화될 수 있다는 것, 자신의 기원으로부터 이탈할 수 있다는 것은 그런 발언과 관련된 권위의 장소를 변경시키는 하나의 방식이다(버틀러 2016, 178).

'검둥이'와 같은 흑인에 대한 멸칭, 혐오의 정념을 담은 차별적 표현에 흑인을 무기력하고 종속적인 존재로 만드는 효과가 절대화되어 있는 것만은 아니다. '검둥이'라는 표현은 그 발화가 이루어지는 맥락 속에서, 그 발화와 함께 이루어지는 행위들 속에서 흑인을 종속적이고 무기력한 존재로 만드는 수행적 권력의 작동과 더불어 차별적 표현으로서 효과를 발휘한다. 그러나 '검둥이'라는 말을 인종차별적 발화 맥락에서 벗어나게 할 때 이 용어의 효과는 달라질 수 있다. 다시 말해, '검둥이'이라는 말이 흑인을 비하하는 말로 사용되는 맥락, 즉 흑인을 열등한 존재로 규정하는 인종적 권력관계로부터 '검둥이'라는 표현이 탈각될 때 그 표현의 효과는 변화될 수 있다는 것이다.

장애여성공감 활동가들의 말과 글로 이루어진 『어쩌면 이상한 몸』에서는 불구의 의미를 다음과 같이 제시한다.

> 불구는 장애인을 비하하는 말이지만 우리는 불구의 정치를 통해서 단지 사회질서에 통합되기 위한 장애 극복을 거부한다. 이상한 몸은 불구의 정치를 위한 우리의 힘이다. 이런 우리의 퀴어함이 자랑스럽고, 퀴어한 존재들과 동료로 만날 수 있다는 사실이 다행스럽다(장애여성공감 2018b, 21).

성소수자를 비하하던 용어인 퀴어queer가 성소수자 인권 운동에 의해 다른 방식으로 전유되면서 이성애 중심주의에 기반한 권리 체계를 재고하게 했듯이 장애여성공감은 장애인을 비하하는 용어인 '불구'를 전유해 새로운 권리주체의 개념과 그 실천 방향을 제시하고 있는 것이다.

〈불구의 정치〉는 '불구'라는 말을 장애 여성의 정치적 주체성을 표현하는 또 하나의 이름으로 삼음으로써 장애 여성을 정상성의 규범으로부터 벗어나게 하는 효과를 창출한다. 규범에 부합하지 못하거나 부합하지 않기에 비정상적 존재이며, 그래서 차별과 배제의 대상이 되는 것이 타당하다고 낙인찍는 표현인 '불구'를 자신들의 주체성을 규정하는 말로 적극적으로 전용하면서 이 선언은 규범과 정상성의 권력 효과를 동요하게 한다. 즉 '불구'는 정상성의 척도에 입각해서 보자면 비정상적이고 무능력해 쓸모없고 열등한 이들의 이름이지만, 자신의 존엄성을 위해 투쟁하는 이들의 입장에서 보자면 정치적 주체의 이름이라고 〈불구의 정치〉는 되받아치면서 말하고 있는 것이다.

2) 불구화 장치

"모든 인간은 존엄하다." 〈불구의 정치〉의 첫 문장은 이렇게 시작한다. 하지만 〈불구의 정치〉는 인간 존엄성의 보편성을 더 설명하지는 않는다. 인권 운동의 이념적 기초라고 할 수 있는 모든 인간의 존엄성이라는 보편성은 전제될 뿐이다. 〈불구의 정치〉는 선언문답게 빠른 호흡으로 그 보편성을 배반하는 현실의 문제로 나아간다.

> 그러나 시대마다 존엄함을 스스로 증명하고 외쳐야 하는 사람들이 있었다. 장애인을 비롯해 시대마다 불화하는 존재들은 '불구'라는 낙인으로 차별받았다. 장애 여성은 몸의 차이로 비정상적인 존재가 되었다(장애여성공감 2018a).

모든 인간은 존엄하지만 동시에 모든 시대에는 그런 존엄성을 부정당하는 존재들이 있어 왔다. '정상적'이라고 규정된, 그래서 규범으로 합의된 정체성과는 다른 속성을 가진 자들, 규범으로부터 벗어났기에 규범과 조화를 이룰 수 없으며 규범을 위협하는 존재들, 즉 규범성과 정상성과 불화할 수밖에 없는 존재들이 바로

3부. 장애 인권 운동과 공동의 역량

'불구'로 낙인찍혀 존엄성을 거부당하는 것이다.

그런데 〈불구의 정치〉에 따르면 불구는 존엄성을 거부당한 자들의 자연적 이름이 아니다. 오히려 불구는 특정한 이들의 존엄성을 거부하는 '시대'에 의해, 그 시대를 지배하는 권력에 의해 선별된 존재들에게 낙인으로 부여된 이름이다. 그리고 이 선언문은 불구를 선별하는 권력을 무엇보다 국가에서 발견한다.

> 불구의 존재들을 선별해 온 국가는 정상적인 국민과 비정상적인 국민을 구분하며 불평등을 유지했다(장애여성공감 2018a).

그런데 왜 가부장제, 비장애인 중심성, 혹은 자본주의가 아니라 국가가 '불구'의 선별자로 지목되는 것일까? 그것은 무엇보다 〈불구의 정치〉가 불구를 선별하는 기제의 법적, 제도적 성격을 주목하기 때문이다.

> 장애 등급제와 부양의무제, 장애인과 이주민에 대한 최저임금 적용 제외, 군형법의 추행죄, 낙태죄와 모자보건법의 우생학 등 법과 제도로 장애와 몸, 빈곤, 성별 정체성과 성적 지향 등을 기반으로 한 차별을 양산하고 국민과 비국민에 대한 불평등과 억압을 조장해 왔다(장애여성공감 2018a).

여기서 공감의 20주년 선언문은 규범적 정상성으로부터 벗어나는 존재들을 불구로 선별하는 구체적 장치를 지목한다. 그것은 선언문에 열거된 '법과 제도'이다. 즉 국가만이 제정하고 설립할 수 있는 법과 제도에 의해 '정상'이라고 상정된 인간과 차이를 가진 몸과 정신은 불구로 낙인찍힌다. 불구란 자연의 산물이 아니라 법과 제도를 통해 어떤 신체와 정신들을 무능력하고 권리 없는 존재로 만드는 사회적 과정의 산물이다.

이 글에서는 그런 사회적 과정, 즉 비정상적이고 탈규범적 존재들을 선별하고, 배제하고, 무력화하는 과정을 '불구화'라고 파악하고자 한다. 즉 '시대와 불화하는 존재들'을 '불구로 선별'하는 권력의 작동을 '불구화'라고 명명하고자 하는 것이다.5 이 글에서는 우선 불구라는 말의 의미를 적극적으로 전용하는 장애여성공감의 전략에 따라, 권력이 법과 제도를 통해 설정한 정상성과 규범성에 부합하지 못하는 이들을 '불구'로 선별하는 방식인 disablement를 '불구화'라는 용어로 표현하고자 한다.

그런데 여기서 흥미로운 것은 장애 여성의 인권 운동을 선언하는 〈불구의 정치〉가 단지 장애 여성의 불구화에만 주목하고 있지 않다는 점이다. 이 선언문은 '장애 여성'만이 아니라 장애, 몸의 특성, 빈곤, 성별 정체성과 성적 지향, 국적 등에 따라 정체성이 규정되는 다른 소수자들의 불구화 역시 주목한다. 다시 말해, 이때 불구화는 단지 신체적, 정신적 손상을 입은 이들을 장애인

---

5 장애학에서 신체적 손상을 가진 이들이 장애인으로 규정되는 사태를 disablement, 즉 '장애화'라고 개념화한다. 손상을 입은 이들이 '장애인이 되는 것'disabled은 이들을 '장애인으로 만드는'disabling 사회질서 혹은 권력관계의 결과라는 것이다. 이에 대해서는 9장에서 보다 상세하게 다룬다.

으로 만드는 권력의 작동만이 아니라 여성, 성소수자들, 이주민 등을 또한 무력한 존재로 만드는disabling 권력의 작동 역시 의미한다. 장애인만이 불구화되는 것이 아니라 정상성의 규범으로부터 벗어나는 이들 모두가 국가 장치에 의해 불구화되는 것이다. 이런 의미에서 불구화는 장애학에서 말하는 장애화보다 그 적용 범위가 넓은 개념이라 할 수 있다.6

〈불구의 정치〉가 장애 여성만이 아닌 다른 불구들의 선별 또한 주목하는 것은 불구화된 그 어떤 소수자들도 오로지 그들만의 고유한 '비정상성'과 '탈규범성'에 의해 불구화되는 것이 아니라는 인식 때문이다. 다시 말해, 장애 여성의 불구화는 단지 장애 여성에게 고유한 신체와 정신의 독특성에 입각해서만 이루어지지 않는다. 장애 여성의 불구화는 성별 정체성과 성적 지향, 재생산, 장애, 이주 및 국적 등 복합적 계기들의 착종에 의해 이루어진다는 인식이 〈불구의 정치〉에는 드러나고 있다. 각각의 소수자들에 대한 억압은 다른 소수자들의 억압과 맞물려 있다는 것이다.

〈불구의 정치〉는 다음과 같이 주장한다. "장애 여성은 몸의 차이로 비정상적인 존재가 되었다"(장애여성공감 2018a). 그러나 장애 여성은 비정상적 존재로 선별되어 억압받고 차별당하는 경험 속에서 고립되지 않는다. "장애 여성의 경험과 위치는 단일한 정체성으로 환원할 수 없는 수많은 이들의 존재를 일깨우며 정상

---

6 이렇게 사회의 지배적 질서에 의해 특정한 존재자들의 역량을 박탈해 무능력하게 만드는 과정 일반을 나는 역량 박탈disempowerment이라고 규정한다. 이에 대해서도 9장에서 보다 자세히 논의하기로 한다.

성을 강요받는 다른 몸들과 만난다"(장애여성공감 2018a). 장애인 여성은 이주민이, 성소수자가, 빈곤한 이들이 불구화되면서 함께 불구화되는 존재이다.

이는 물론 다른 소수자의 경우에도 마찬가지이다. 소수자에 대한 억압은 결코 단독적 소수자를 단위로 해서 이루어지는 것이 아니다. 소수자들에 대한 억압은 서로 맞물려 작동한다. 장애인의 차별이 당연시되는 사회에서 여성의 평등한 권리가 온전히 실현되는 경우가 있을까? 성소수자의 권리가 박탈된 사회에서 경제적 평등이 이루어진 사례가 있었던가? 장애여성공감이 수행해 온 다양한 실천들이 역시 소수자들에 대한 억압이 맞물려 있음을 보여주고 있다.

가령 중증 장애인 복지시설에 수용되어 있는 여성 장애인의 경우, 장애인으로서 신체와 이동의 자유를 제한당하기만 하는 것이 아니다. 성적 자기 결정권, 재생산 권리 등과 같은 성적 주체로서 권리 역시 박탈당한다. 또한 장애 여성의 성적 자기 결정권과 재생산 권리의 박탈이나 제한은 장애 여성만이 아니라 장애 남성, 빈곤층, 부랑인 등 노동 의지를 적극적으로 표출하지 않은 또 다른 소수자들에 대해서도 정책적으로 이루어져 왔다(장애여성공감 엮음 2020). 하나의 소수자 집단만이 차별과 배제, 불평등과 부정의에 의해 고통받는 경우는 없는 것이다.

3) 불구화 장치와 지배 매트릭스

특정한 소수자 집단이 억압받는 사회는 또 다른 소수자 집단이 동시에 억압받는 사회이다. 이는 특정한 정체성이나 지위 집단에 대한 억압은 단지 그 정체성 및 지위 집단에 대한 억압만으로 이루어지는 것이 아니라, 다른 정체성 및 지위 집단들에 대한 억압을 동시적으로 포함하는 억압의 복잡한 연결망을 통해 이루어짐을 함축한다. 〈불구의 정치〉가 장애 여성운동 조직의 선언임에도 불구하고 억압받는 또 다른 소수자들에 대해 말하는 것은 이 때문이다.

이런 인식은 단지 다양한 장애인들이 경험하는 억압이 서로 연결되어 있다는 것만을 의미하지 않는다. 불구화는 장애 여성이, 나아가 다른 소수자가 경험하는 억압이 단독적인 억압 기제에 의한 것이 아니라는 문제의식을 배태한 개념이다. 장애 여성이 경험해 온 불구화는 단지 장애인이라는 이유만으로, 단지 여성이라는 이유만으로, 단지 빈곤하다는 이유만으로 이루어진 것이 아니다. 오히려 장애, 여성, 빈곤을 억압하는 권력이 교차하는 지점에서 장애 여성은 억압된다.

교차성 페미니스트 퍼트리샤 힐 콜린스의 지배 매트릭스matrix of domination 개념은 특정한 소수자 집단을 억압하는 과정의 복잡성을 이해하는 데 유용한 통찰을 제공해 준다. 이 개념은 젠더, 인종, 계급, 섹슈얼리티 등과 같은 사회적 지위 및 정체성과 결부된 권력관계가 각각의 정체성이나 지위에 국한되어 개별적으로 작동하는 것이 아님을 강조한다. 각기 다른 권력관계들은 서로가 서로에게 영향을 미치며 함께 작동함으로써 지배의 가능 조건을 구축한다.

지배 매트릭스라는 용어는 여러 억압이 맞물리며 작동하기 시작하고 전개되고 봉쇄되는 사회조직 전체를 지칭한다. …… 서로 맞물리며 작동하는 여러 억압도 인간의 행동에 대응하여 역사적으로 특정한 형태를 띤다. 또한, 지배의 형태 자체가 변화하기도 한다. 지배 매트릭스는 서로 맞물려 작동하는 여러 억압이 한 사회적 위치에서 취하는 역사적으로 특정한 형태의 권력 조직이다(콜린스 2009, 380).

콜린스는 젠더, 인종, 계급, 섹슈얼리티 등과 관련된 억압들이 맞물리면서 조직화된 권력의 배치를 지배 매트릭스라고 규정한다. 그러나 이 지배 매트릭스는 초역사적 지배의 구조가 아니라 항상 특정한 역사적 상황에 의해 구체화된 형태를 이루는 권력의 역사적 배치이다.

지배 매트릭스는 억압의 교차성을 사유해 온 흑인 페미니스트들의 집합적 사유 과정을 통해 구축된 개념이다. 흑인 여성들은 자신들이 경험하는 억압이 단지 젠더나 인종, 혹은 계급이나 섹슈얼리티 어느 하나의 계기만으로 해명될 수 없음을 감지하면서 이를 이론적 언어로 개념화하는 인식론적 투쟁을 전개해 왔다. 이 인식론적 투쟁의 과정에서 억압의 교차성이라는 개념이 등장한 것이다(박미선 2014; 한우리 2018).

흑인 여성이 경험하는 다층적 억압에 대한 분석이 축적되면서 억압의 조건 일반에 대한 개념으로 벼려진 것이 지배 매트릭스라고 할 수 있다. 즉 모든 억압들은 단 하나의 계기에 의해 구축되는 것이 아니라 항상 복수의 계기들이 맞물리면서 구축되며 이렇게 서로 맞물리는 억압들이 조직화되어 사회 전체의 지배 질서가 만들어지는 것이다.

하지만 여기서 중요한 것은 이와 같은 억압 조건의 일반화는 개념의 추상적 공간에서만 유의미하다는 점이다. 콜린스는 복수의 억압이 맞물려 형성되는 억압 일반의 구조라는 추상은 현실적으로는 언제나 특정한 역사적 상황 속에서 구체적 형태를 띠게 됨을 강조한다. 즉 "지배의 모든 맥락은 서로 맞물려 작동하는 여러 억압을 다양하게 조합하여 조직한다"(콜린스 2009, 381)는 것이다. 젠더, 인종, 계급, 섹슈얼리티 등과 관련된 복수의 억압들은 특정한 시대적 조건과 상황 속에서 특수하게 '조합'됨으로써 언제나 구체적인 지배 매트릭스로 나타난다.

그렇다면 미국 흑인 페미니스트의 억압과 저항의 경험이라는 독특한 정치적 맥락에서 창출된 이론을 한국의 장애 여성운동이라는 '다른 맥락'에 접맥할 수 있는 가능성은 지배 매트릭스의 이런 이중적 차원, 즉 억압 구조의 일반성과 역사적 구체성에 있다고 할 수 있지 않을까? 모든 억압은 구조적으로 복수의 억압들이 교차되며 작동하지만 그 구체적 양상은 억압들이 어떻게 조합되는가에 따라 달라진다는 지배 매트릭스의 개념은 미국의 흑인 여성을 억압하는 지배 매트릭스와는 다른 형태의 지배 매트릭스, 곧 한국의 장애 여성이 경험하는 억압들의 역사적-구체적 조합에 대한 인식과 분석을 가능하게 하는 것이다.

〈불구의 정치〉가 강조하는 '억압의 선별자로서 국가'란 장애, 성적 지향 및 성별 정체성, 이주, 재생산의 문제 등과 결부된 다양한 장치들을 통해 소수자를 불구화하는 장치이다. 이 불구화의 장치로서 국가가 바로 한국 사회에서 작동하는, 다양한 억압들의 역사적-구체적 조합으로서의 지배 매트릭스라고 읽을 수 있을 것이다. 비록 한국적 상황에서 장애 여성들은 인종이라는 억압을 직접적으로 체험하지 않을지는 몰라도, 미국 흑인 페미니스트의 교차성 이론이 주목하지 않는 '장애'라는 또 다른 계기에 의해 관통되는 억압을 경험한다. 즉 한국의 장애 여성은 미국 흑인 여성들과 마찬가지로 복수의 계기가 교차해 작용하는 억압을 경험하지만 그 각각의 여성들이 경험하는 억압의 조합 방식은 다른 것이다.

앞에서 언급한 바와 같이 장애 여성의 불구화를 이주민, 비장애 여성, 성소수자, 장애 남성, 가난한 사람들의 불구화와 더불어 사고해야만 한다고 파악하는 〈불구의 정치〉는 장애 여성이 경험하는 억압이 법과 제도라는 불구화 장치에 원인이 있다고 인식한다. 그리고 〈불구의 정치〉가 억압의 선별자로 지목한 '국가'란 한국 사회의 장애 여성들을 억압하는 구체적 지배 매트릭스에 〈불구의 정치〉가 부여한 이름이라고 할 수 있다.

3. 의존과 독립의 불가분성, 그리고 횡단의 정치

1) 권리의 조건으로 피억압자들의 연대

이렇게 〈불구의 정치〉는 장애 여성을 불구화하는 지배 매트릭스를 국가로 규정하면서 억압의 교차적 차원을 드러낸다. 하지만 억압의 교차적 차원을 인식하는 것은 그 억압의 견고함을 강조하기 위함이 아니다. 〈불구의 정치〉에서 불구는 단지 교차적 억압의 희생자로만 규정되지 않는다. 그들은 비록 억압당하는 자들이지만 또한 그 억압에 순응하는 자들이 아니라 그 억압과 불화하는 자들이기도 하다. 불화는 권력의 진공 지대가 아니라 지배가 작동하는 권력관계 안에서만 가능한 것이다. 〈불구의 정치〉는 불구를 선별하는 권력의 작동 한가운데서 불화로서 불구의 정치가 시작된다고 선언한다.

> 사회와 국가는 온전하지 못한 기능이나 스스로 구할 수 없는 능력을 가진 사람을 차별하고 배제하지만, 바로 거기에서 불구의 정치가 피어난다(장애여성공감 2018a).

〈불구의 정치〉는 지배 매트릭스를 저항 불가능한 완벽한 압제 시스템으로 파악하지 않는다. 권력이 있는 곳에 항상 저항이 있다는 푸코의 유명한 언명처럼 장애여성공감의 선언문은 국가로 표상된 불구화-장치에는 저항의 지점이 배태되어 있는 것으로 인식하고 있다.

이런 인식은 콜린스의 지배 매트릭스 개념에서도 나타난다. 콜린스에 따르면 지배 매트릭스의 역사적 구체성이란 언제나 억압에 대응하는 인간 행위의 영향 속에서 형성되는 것이다. 다시 한번 강조하자면, 지배 매트릭스는 "인간의 행동에 대응하여 역사적 특정한 형태를 띤다." 다시 말해, 지배 매트릭스의 구체적 형성은 항상 특정한 역사적 정세 속에서 이루어지는 "억압과 저항운동

의 변증법적 관계"(콜린스 2009, 380)의 효과인 것이다.[7]

역사적으로 구체적인 형태를 띠는 특정 지배 매트릭스는 언제나 저항에 대한 대응 속에서 구축되며, 이렇게 구축된 구체적인 지배 매트릭스에는 또한 저항의 계기가 배태되어 있다. "온전하지 못한 기능이나 스스로 구할 수 없는 능력을 가진 사람들"은 국가라는 이름을 가진 지배 매트릭스 내에서 차별받고 배제된다. 그러나 이런 차별과 배제에 대한 저항 역시 바로 "거기서" 시작된다.

그렇다면 법과 제도를 통해 장애 여성과 소수자들을 불구로 만드는 억압 장치에 대한 저항은 어떻게 이루어지는 것일까? 〈불구의 정치〉는 일차적으로 장애 여성의 경험이 갖는 저항적 가능성에 주목한다. "장애의 경험은 성장과 개발이 보편인 시대에 저항할 수 있는 남다른 감각"(장애여성공감 2018a)이라고 이 선언문

---

7 콜린스는 『흑인 페미니즘 사상』을 통해 권력에 대한 두 가지 접근법을 종합하고자 시도했다고 한다. 권력에 대한 첫 번째 접근법이 바로 본문에서 언급한 권력과 저항의 변증법이다. 권력에 대한 두 번째 접근법은 "권력을 집단의 소유물이 아니라, 특정한 지배의 매트릭스 안에서 순환하는 무형적 실체이며 다양한 위치에서 개개인들이 맺는 관계"(콜린스 2009, 447)로 파악하는 것이다. 즉 권력은 자신의 의지를 타인에게 관철하기 위한 고정된 수단과 같은 것이 아니라 지배 매트릭스 내에서 만들어지는 유동적인 위치들의 관계를 뜻한다. 이는 권력을 소유물이 아니라 전략적 관계로 파악하는 푸코의 권력 개념을 차용하는 것이기도 하지만, 콜린스는 이를 통해 푸코의 강조점과는 다르게 인간의 주체성과 행위자성을 강조하고자 한다. 즉 "이런 접근법은 지배의 매트릭스 안에서 개개인의 주체성이 인간의 행위성을 어떻게 형성하는지를 강조"(콜린스 2009, 447)하는 관점이다. 이 두 관점은 흑인 여성의 해방적 실천에서 나타나는 '의식'에서 나타난다. 이에 대해서는 『흑인 페미니즘 사상』의 12장 「힘기르기의 정치를 향하여」를 참조하라.

3부. 장애 인권 운동과 공동의 역량

은 주장한다. 그러나 이 저항의 감각은 장애라는 단독적 경험의 고유성으로부터 창출되는 것이 아니다. 〈불구의 정치〉는 장애 여성의 환원 불가능한 경험과 위치가 곧 장애 여성의 고유한 정체성이라고 말하지 않는다. 그것은 다른 위치를 갖는 소수자들과의 만남을 필연적으로 내포한다.

> 장애 여성의 경험과 위치는 단일한 정체성으로 환원할 수 없는 수많은 이들의 존재를 일깨우며 정상성을 강요받는 다른 몸들과 만난다. 그리고 불구의 존재들과 함께 폭력적인 운명을 거부한다(장애여성공감 2018a).

복수의 억압들이 조합되어 형성된 지배 매트릭스 안에서 장애 여성은 '폭력적 운명'을 강요받아 왔다. 그러나 이런 폭력적 운명에 대한 저항은 장애 여성이라는 단독적이고 고유한 정체성에 기초해 이루어지지 않는다. 장애 여성의 경험과 위치 자체가 "단일한 정체성으로 환원할 수 없는 수많은 이들의 존재"들과 만날 수밖에 없기 때문이다. 다시 말해, 장애 여성의 경험과 위치는 억압받는 또 다른 이들과의 연대 가능성을 구조적으로 내포하고 있다는 것이다.

장애 여성이 거부해야 할 폭력적 운명은 장애 여성에게만 고유한 것이 아니다. 물론 서로 다른 소수자들은 환원할 수 없는 차이를 가진 독특한 존재자들이고, 서로 다른 소수자 집단이 경험하는 억압은 그 구체성에 있어 구별됨이 분명할 것이다. 하지만 지배 매트릭스의 작동 효과는 기본적으로 소수자들을 불구화하는 한에 있어서 그들에게 공통적이다. 또한 앞에서 논의한 바와 같이 하나의 소수적 정체성에 대한 억압은 항상 다른 소수적 정체성에 대한 억압과 연결되어 있다.

〈불구의 정치〉에 따르면 그래서 장애 여성은 "다른 불구의 존재들과 함께 폭력적 운명을 거부"할 수밖에 없다. 장애 여성의 억압이 다른 소수자 집단의 억압과 연결되어 있는 만큼 장애 여성의 해방은 다른 소수자 집단의 해방과 항상 연동되기 때문이다. 그러므로 불구의 정치는 연대의 정치이다. 장애 여성운동은 억압과 종속으로부터 장애 여성의 해방을 추구한다.

특히 오랜 시간 동안 장애인의 탈시설 운동을 전개해 왔던 장애여성공감의 실천적 맥락에서 장애 여성의 해방 과정은 골방이나 시설에 유폐되고 사회로부터 격리되어 있던 이들의 '독립' 과정이기도 하다.[8] 하지만 〈불구의 정치〉는 의존과 돌봄 없는 독립이란 존재하지 않는다는 페미니즘의 통찰을 전면에 내세운다.

> 독립에 대한 우리의 열망은 번번이 꺾였고 존엄보단 쓸모의 증명을 강요받아 왔다. 우리는 긴 시간 겪어 온 부당한 경험이 개인의 불운과 능력의 결과가 아님을 정확히

---

[8] 장애여성공감의 탈시설 운동 인식과 경험에 관해서는 장애여성공감 (2020)이 엮은 『시설사회』를 참조하라. 이 책은 장애 여성을 사회로부터 격리해 수용하는 장애 여성, 장애 남성 보호시설의 문제뿐만 아니라 한부모 보호시설, 탈가정 청소년 보호시설, 노숙인 보호시설, 외국인 보호소 등 한국 사회에 존재하는 소수자 수용 시설을 관통하는 억압적 맞물림을 분석하며 이에 대한 저항에 필요한 소수자들의 연대에 대해 논의하고 있다.

3부. 장애 인권 운동과 공동의 역량

알고 있다. 권리를 박탈당하고 자원이 없는 이들이 독립
에 도달하지 못해 의존하는 것이 아니라 누구에게나 의
존과 돌봄 없는 독립은 불가능하다(장애여성공감 2018a).

그러므로 해방의 과정으로서 독립의 과정은 또한 의존과 돌
봄의 과정이기도 하다. 〈불구의 정치〉는 의존과 독립을 대립적인
것이 아니라 상호 전제적 관계에 있으며 분리 불가능한 것으로 인
식한다. 이는 무엇보다 한국 사회의 구체적 지배 매트릭스에 의해
불구화된 소수자들이 서로 돌보며 의존하는 가운데 함께 독립해
가는 활동을 말한다. 장애 여성운동이 전개하는 정치가 연대의 정
치라면 이때 연대는 의존과 독립의 불가분성으로서의 연대인 것
이다.

그러나 돌봄과 의존에 기초한 독립이라는 연대의 정치가 장
애 여성의 정체성을, 그 고유한 경험과 위치를 무화하는 것은 아
니다. 〈불구의 정치〉는 장애 여성의 환원할 수 없는 경험과 위치의
변별성을 강조한다. 장애인 여성의 경험은 비장애인 여성의 경험
과도 다르지만 장애인 남성의 경험과도 같지 않다. 여기서 〈불구의
정치〉가 견지하고 있는 장애 여성주의 시각이 분명하게 드러난다.

장애 여성은 우리 사회에서 여성에게 요구되는 성역할을
수행하지 못한다는 이유로 배제당하거나 존중받을 가치
가 없다고 판단되어 쉽게 성적 폭력과 착취의 대상이 되
어 왔다. 참혹한 사건이 벌어질 때마다 국가는 엄벌주의
를 내세워서 취약한 여성들을 보호하겠다고 하지만 우리

는 왜 이런 폭력이 근절되지 않는지 알고 있다. 폭력은 구조적 차별에서 자라나며, 성적 위계에 따라 다르게 매겨지는 존재의 가치를 뒤집지 않는 이상 끝나지 않으리라는 것을 우리는 이미 수많은 경험을 통해 알고 있다. 따라서 우리는 보호가 아니라 권리를 요구한다. 장애를 가진 여성의 성적 자유와 결정을 가로막는 장벽에 도전하고 역량을 박탈하는 구조에 맞서 싸운다(장애여성공감 2018a).

　　장애 여성은 남성의 지배가 관철되는 한국 사회에서 다른 여성처럼 배제의 대상이자, 성적 폭력과 착취의 대상이 되어 왔다. 그러나 비장애인 여성이 경험하는 배제, 착취, 폭력과 다른 이유에서 장애 여성들은 그런 억압을 경험한다. 장애 여성은 비장애 여성이 수행하는/수행하도록 기대되는 성역할을 수행할 수 없다는 이유로 배제되고 성폭력을 겪으며 착취된다.

　　그러나 장애 여성과 비장애 여성이 경험하는 폭력의 원인이 완전히 다른 것은 물론 아니다. 이 폭력은 "성적 위계에 따라 다르게 매겨지는 존재의 가치" 체계에서 기인하는 '구조적 차별'이자 '구조적 폭력'이다. 이 폭력의 구조 안에서 장애 여성과 비장애 여성의 상대적 위치 차이가 폭력의 현상적 이유를 다르게 만든다는 것이다. '장애 여성주의'는 '장애' 여성주의이기도 하지만 장애 '여성주의'이기도 하다.

　　그러므로 여성에게 자행되는 폭력의 구조 그 자체에 대한 투쟁이 필요하다. 권력은 폭력의 희생자인 여성에게 '보호'를 말하지만 폭력에 노출된 여성들은 성적 위계에 기반한 구조의 변혁을,

그리고 이를 통해 보장되는 권리를 요구한다. 장애 여성에게 이 권리 투쟁은 "성적 자유와 결정을 가로막는 장벽"을 허물기 위한 투쟁이며, 궁극적으로 성적 자유와 성적 자기 결정권을 박탈하는 성차별 구조를 변혁하기 위한 투쟁이다.

2) 횡단의 정치

하지만 장애 여성 페미니스트의 투쟁은 여성의 '본질'을 가정하는 페미니즘의 특정 경향에 강한 긴장을 유발한다.[9] "불구의 정

---

[9] 계급 문제나 민주 정부 집권 등과 같은 의제를 내세우는 남성 진보 운동가들 및 지식인들의 입장에 대해 페미니즘 의제의 중심성을 포기하지 않는 페미니스트들을 향해 진보 진영의 남성들은 페미니즘 내의 구별을 시도하는 경우가 종종 있었다. 대표적인 경우가 김규항의 「그 페미니즘」(『씨네21』 2002년 4월호)이다. 이 글에서 김규항은 어떤 페미니즘은 "모든 사회적 억압의 출발점인 계급 문제에는 정말이지 무관심하다"고 비판한다. 그런 페미니즘을 김규항은 '주류 페미니즘'이라고 규정하면서 그 구성원들은 "주류 페미니즘이 그런 저급한 사회의식에 머무는 실제 이유는 그 페미니즘의 주인공들이 작가, 언론인, 교수(강사) 따위 '중산층 인텔리 여성들'이기 때문"이라고 비난했다. 김규항의 이 글 이후 최보은을 시작으로 많은 여성주의자들이 김규항의 아전인수격 페미니즘 감별 및 나이브한 페미니즘 분류에 대한 비판을 전개했다. 이후로도 이는 진짜 페미니즘과 가짜 페미니즘 논쟁을 경유해, 이선옥의 페미니즘 비판 칼럼이나 오세라비의 『그 페미니즘은 틀렸다』를 경유하면서 재생산되었다. 이런 맥락에서 보자면 페미니즘 내부의 차이와 긴장을 손쉽게 지적하는 것은 반페미니스트 담론 정치가 될 가능성이 적지 않음을 인정할 수밖에 없다. 그러나 페미니즘의 역사를 보면 모든 페미니스트들이 항상 동일한 입장을 취해 온 것은 아니었다. 특히 한국 사회에서는 생물학적 여성만을 챙긴다는 입장의 여성 대중운동이 출현하면서 페미니즘 내부의 차이는 단지 이론적 입장의 문제가 아니게 되었다. 국내에서는 '랟펨 vs. 쓰까'라는 구도가 형성되어 격렬한 논쟁이 벌어지기도

치학"은 "여성 안에도 몸의 차이와 위계가 있다는 점"(장애여성공감 2018a)을 환기한다. 그리고 이런 관점은 고정 불변하는 정체성으로서 여성 정체성의 단일성을 가정하는 페미니즘에 대한 비판으로 이어진다.

> 페미니즘 이론과 운동이 여성의 경험을 단일화하면서 장애 여성의 관점을 무시하거나 누락하는 것을 비판한다. 우리는 페미니스트이지만, 우리의 정체성은 우리가 누구와 싸우고 연대하는가에 따라 계속해서 변화한다(장애여성공감 2018a).

정체성이 변한다는 것은 정체성이 중요하지 않다는 뜻이 아

했다. 이 논쟁은 대중운동 내부에서 발생한 것이기도 하지만 페미니즘 이론 진영 내에서도 전개되었다. 가령 윤김지영, 윤지선 등과 같은 논자들은 래디컬 페미니즘을 이론적으로 옹호하는 글을 쓰면서 소위 랟팸의 이론가로 부상했다. 반면 타리, 나영 등을 비롯한 연구 활동가들과 김보명, 손희정 등 많은 페미니스트 연구자들은 이런 경향을 비판하면서 생물학적 정체성이라는 단일 입장으로 환원될 수 없는 여성 정체성 및 페미니즘 운동을 옹호했다. 2018년에 작성된 장애여성공감의 〈불구의 정치〉에는 바로 페미니즘 내부의 입장 차이라는 배경이 있다. 물론 계급 문제가 사회적 억압의 근원이고 성공한 여성들의 주류 페미니즘은 천박한 사회 인식을 가졌다는 식의 저급한 페미니즘 비판이나 페미니즘이 아니라 이퀄리즘이야말로 진짜 페미니즘 이라는 식의 페미니즘을 호도하는 선동에는 심각한 문제가 있다. 하지만 생물학적 여성만을 진짜 여성으로 환원하면서 다른 억압들을 부차화하거나 무시하는 입장과 페미니즘 정치학 사이의 구분 역시 이제는 매우 중요한 페미니스트 정치학의 쟁점이 되었음 역시 부정할 수 없을 것이다. 〈불구의 정치〉는 바로 이 쟁점에 개입하는 텍스트로 읽을 수도 있다.

니다. 〈불구의 정치〉는 분명 장애 여성의 정체성이 중요하다고 주장한다. "여성, 장애인, 장애 여성, 소수자 등 우리의 정체성에 기반한 운동은 중요"하며, "우리는 우리의 경험을 말하기를 멈추지 않"을 것이라고 이 선언은 분명히 밝힌다. 하지만 〈불구의 정치〉에 따르면 그런 정체성은 결코 단일한 것도 고정된 것도 아니다. 정체성 자체로부터 정치적 입장의 동일성이 귀결되는 것도 아니다. 정체성은 "누구와 싸우고 연대하는가에 따라 계속해서 변화"하는 것이다.

〈불구의 정치〉가 말하는 함께 싸움, 즉 연대는 고정된 정체성들의 물리적 공동 실천으로 그치지 않는다. 그것은 함께 싸우는 과정을 통해 서로의 정체성이 변화하는 과정, 화학적인 공동 행동이다. 〈불구의 정치〉는 그런 연대의 정치가 공감에서 시작된다고 말한다. 적대 세력의 공통성, 정치적 이해관계의 근접성, 각각의 투쟁 과제를 초월하는 상위 목표의 동질성 등이 연대의 기초가 아니다. 연대의 출발점은 공감이며, 연대의 실천 과정은 정체성의 변화 과정이다.

나는 누구인가, 누구와 만나 무엇을 향해 갈 것인가? 이질적인 존재들의 마주침과 뒤섞임, 흔들림 속에서 끝없는 질문과 토론이 공감을 가능케 한다. 우리는 중심을 향하기보단 사회의 주변부에서 차이를 이해하고 발견하는 것을 주저하지 않았다. 각자의 경험에서 서로의 삶과 운동을 배우고, 사회적 차별을 해석하는 힘을 익혔다. 반복되는 사회의 거절과 친구의 죽음, 지켜지지 않는 국가의 약속과 폭력 속에서 역설적으로 공감하는 힘과 맞서 싸우는 연대를 터득했다(장애여성공감 2018a).

이 선언문은 공감을 평온한 정서적 교감과 같은 것으로 인식하지 않는다. 공감은 "이질적 존재들의 마주침과 뒤섞임"의 과정, 즉 서로 다른 존재들이 충돌과 갈등, 혹은 긴장 속에서 서로 연루되어 가는 과정에서 발생하는 정서affect이다. 그래서 "흔들림 속에서 끝없이 질문하고 토론"할 수밖에 없다. 공감은 이 평탄치 않은 충돌과 긴장 속에서 비로소 발생하며 이런 긴장감이 연대의 시작점이다.

또한 공감은 단지 정서의 차원에서만 발생하지 않는다. 불구로 낙인찍힌 자들 사이의 공감은 같은 처지에서 경험해 온 아픔에 대한 정서적 공명만이 아니다. 〈불구의 정치〉가 말하는 공감은 불구의 존재들이 만들어 내는 새로운 인식론, 지배적 지식과는 다른 지식을 통해 형성된다. 불구의 존재들은 중심이 아니라 주변의 자리에서 '차이'의 의미를 익혔고, 또 다른 불구의 존재들의 삶과 경험을 통해 차별을 해석할 수 있는 인식론을 만들어 갔으며, 자기 해방을 위한 정치를 서로에게 배웠다고 이 선언은 밝히고 있다. 이런 앎의 형성 과정 자체가 "흔들림 속에서 끝없는 질문과 토론"의 지난한 과정이었으며 이 치열한 지적 과정을 통해 공감이 시작된다는 것이다.

그래서 〈불구의 정치〉가 강조하는 '정체성의 변화'란 서로 이질적인 불구의 존재들이 긴장감 속에서도 함께하면서 경험하는 정서적이고 지적인 상호 작용, 즉 공감의 효과이며 연대의 결과이다.

그러므로 이런 공감, 연대, 정체성의 변화는 교차성 페미니즘이 저항의 정치학으로 강조하는 '횡단의 정치'와 공명한다.

> 횡단의 정치에서, 흑인 여성이나 여러 다른 집단은 "정치적 행위자"이며, 흑인 페미니즘의 "메시지"를 전달하는 "대화자"가 된다. 횡단의 정치에서 참여자는 자신의 특정한 집단적 역사에 "뿌리"를 두는 동시에, 다층적 차이를 넘어선 대화를 하면서 자신의 중심으로부터 나와 "전환"해야 한다는 것을 인식한다(콜린스 2009, 408).

횡단의 정치는 지배 매트릭스 내에서 서로 다른 위치로 인해 상대적으로 각기 다른 억압을 당하는 각각의 피억압 집단들이 해방을 위해 함께 수행하는 정치이다. 그래서 횡단의 정치는 서로 차이 나는 정치적 입장을 가진 정치적 행위자들의 대화로부터 시작된다. 이 횡단적 대화는 "'정치적 행위자'의 구체적인 입장을 고려한 연대"(콜린스 2009)를 강조한다.

하지만 서로가 서로의 구체적 입장을 고려한다는 것이 각 입장의 고정성을 뜻하는 것은 아니다. 횡단의 정치에 함께하는 각 집단들은 물론 "자신의 경험에 중심을" 두어야 할 것이다. 동시에 "서로 다른 입장에 있는 상대에게 감정이입하여 대화할 수 있어야 한다"(콜린스 2009). 억압당하는 집단이 자신의 입장에 중심을 두는 것이 "뿌리내림"이라면, 상대의 입장에 감정이입을 하는 것이 "전환"인 것이다.[10]

횡단의 정치는 정체성을 포기하거나 부차화하지 않지만 절대화하지도 않는다. 각자의 정체성이 자기 해방을 위한 핵심적 입각점이라면 다른 정체성들 간의 상호 감정이입은 자기 해방을 위한 역량의 증폭점이다. 장애여성공감의 20주년 선언문은 불구의 정치를 이렇게 규정한다.

> 우리는 우리의 경험을 말하기를 멈추지 않되, 우리의 차별과 억압만이 특별하고 중요하다고 주장하지 않는다. 우리는 비슷한 처지에 있는 소수자들과 함께, 정상성과 보편을 의심하고 싸우는 이들과 함께 의존과 연대의 의미를 다시 쓰는 투쟁을 멈추지 않을 것이다(장애여성공감 2018a).

장애 여성운동은 자신들의 경험을 끊임없이 말하며 자신들의 입장과 정체성에 견고하게 뿌리를 내린다. 하지만 장애 여성운동은 자신들이 경험하는 "차별과 억압만이 특별하고 중요하다고 주장하지 않는다." 즉 자신의 경험에 고착되거나 자신의 정체성을 특권화하지도 않는다. 장애 여성운동은 "비슷한 처지에 있는 소수자들과 함께, 정상성과 보편을 의심하고 싸우는 이들과 함께 의존과 연대의 의미를 다시 쓰는 투쟁"을 통해 또한 자신의 입장을 전환한다. 즉 〈불구의 정치〉는 교차하는 억압에 대한 투쟁은 또 다른

---

10 콜린스는 서로 다른 정체성을 가진 소수자들이 '뿌리내리기'와 '옮기기'(전환)의 과정을 통한 열린 대화와 연대에 기초한 정치를 횡단의 정치로 파악하는 니라 유발-데이비스(2012)의 논의에 입각해 흑인 페미니스트 정치학의 특징을 횡단의 정치라고 규정한다.

피억압자들의 저항과 교차하면서 이루어진다는 인식, 즉 '저항의 교차성'이라고 명명할 수 있는 인식론을 내포하고 있는 것이다.

이렇게 장애여성공감이 표방하는 불구의 정치란 억압의 선별자 국가, 불구화-장치, 즉 다양한 억압들의 조합을 통해 이루어진 역사적 지배 매트릭스에 대항하는 정치이다. 즉 의존에 바탕을 두고 있는 독립, 공감으로부터 출발하는 연대를 통해 저항하는 횡단의 정치이자 불구화된 모든 이의 해방을 함께 이룩하고자 하는 저항의 교차성이라고 할 수 있다.

4. 〈불구의 정치〉와 장애 여성운동의 정치적 지식

장애여성공감의 20년은 바로 이런 불구의 정치를 실천해 온 역사이기도 했다. 장애여성공감은 장애, 여성, 빈곤, 성적 소수성 등에 대한 다양한 억압이 교차하는 지점에서 장애 여성의 권리를 고민하며 투쟁해 왔다. 그런 투쟁의 형태는 다양했다. 장애 여성의 독립생활Independent Life, IL 운동, 반성폭력 운동, 장애 여성 섹슈얼리티의 담론화, 춤과 연극 그리고 노래 등의 장애 여성 문화 운동, 교육 운동, 장애 여성 연구, 그리고 장애 여성을 억압하는 법제도에 저항하는 직접행동 등을 통해 장애 여성을 차별하고 억압하는 구조에 대항하는 다양한 운동을 펼쳐 왔다. 그리고 장애인 이동권 투쟁, 장애인을 비롯한 소수자 탈시설 운동, 낙태죄 폐지 운동, 차별 금지법 제정 운동 등 다양한 연대 투쟁을 통해 또 다른 소수자들의 해방을 위한 투쟁에 동참해 왔다. 더불어 이 운동은 단지 전형적인 지배 집단이나 억압 세력에 대한 저항만이 아니라 비장애인과 남성의 헤게모니가 관철되는 기존의 저항운동에 대한 비판을 동시에 수행해 왔다.[11] 그리고 한국 사회의 구조적 불평등과 반인권적 권력 집행과 제도에 대항해 왔다.

본문에서 살펴본 바와 같이 〈불구의 정치〉는 장애여성공감의 이런 투쟁의 역사를 불구를 선별하는 국가에 대한 투쟁의 역사, 함께 싸우며 서로의 정체성을 변화시켜 가는 소수자들의 연대의 역사로 규정한다. 우리는 이 투쟁과 연대의 과정을 교차성 페미니즘의 시각에서 독해했다. 교차성 페미니즘 자체가 다층적 억압을 겪는 상황 속에서도 삶과 공동체를 유지하고 권리를 쟁취하기 위해 싸워 온 흑인 여성들의 투쟁이라는 역사적, 실천적 맥락에서 탄생한 실천에 기초한 지식이자 집단적 협력 가운데 형성된 정치적 지식이다. 〈불구의 정치〉가 교차성 페미니즘적 입장에서 독해될 수 있는 것은 무엇보다 교차성 페미니즘이라는 정치적 지식이 형성되는 맥락과 〈불구의 정치〉라는 선언문이 만들어지는 맥락이 공명하기 때문일 것이다.

한국의 교차성 페미니즘 선언문이라고 할 수 있는 〈불구의 정

---

11 장애여성공감은 장애인 운동 내부에 존재하는 성차별적인 문화 및 성폭력 문제에 대응하기 위한 활동을 전개해 왔다. 가령 2002년 발생한 장애인이동권연대 사무국장의 장애 여성 활동가 성추행 사건 대응, 전국장애인차별철폐연대 내에 반성폭력위원회 구성과 같은 활동이 대표적이라 할 수 있다(장애여성공감 2010). 또한 장애인이동권연대 공동대표를 역임한 장애여성공감 활동가 박김영희는 "장애 여성 활동가가 각 연대체 안에서 '대표'로 인정받고 자리 잡기 위해서는 내부에서 투쟁해야 했다"(장애여성공감 2018b, 53)고 밝히고 있다.

치〉는 또한 한국 장애 여성운동의 경험을 통해 교차성 페미니즘의 정치적 지식을 확장하는 데 기여한다. 〈불구의 정치〉는 무엇보다 장애를 축으로 교차성의 문제를 사고할 수 있는 인식론적 지평을 구축하고 있다. 이는 교차성 페미니즘이 미국 흑인 페미니즘의 역사적 토양 속에서 형성되어 왔으나 다른 맥락으로 전환될 만한 보편성을 가지고 있음을 여실히 보여 주는 작업이라고 할 수 있다.

더 구체적으로 〈불구의 정치〉는 한국의 장애 여성이 경험하는 억압이 교차되어 있을 뿐만 아니라 그 교차적 억압을 집행하는 교차점을 구체적으로 규정하며 이를 개념화하고 있다. 즉 '불구의 선별'을 집행하는 장치, 불구화의 장치로서 국가를 다시금 파악하게 한다. 그럼으로써 그 장치에 의해 불구화되는 존재들이 자신만이 아니라 또 다른 소수자들임을 보여 줌으로써 중층적 억압의 조합에 의해 구축되는 역사적-구체적 지배 매트릭스는 복수의 피억압자들에게 동시적으로 작동함을 인식하게 해준다.

마지막으로 교차적 억압에 대한 이와 같은 인식은 불구화 장치에 대한 저항 역시 피억압자들의 횡단적 연대를 통해 이루어져야 함을 분명하게 드러낸다. 억압만이 교차되는 것이 아니라 저항 역시 교차적임을 〈불구의 정치〉는 하나의 정치적 지식으로 제시하고자 한다. 〈불구의 정치〉에 제시된 이와 같은 인식론은 이후 한국에서 교차성 페미니즘에 입각한 여성주의 실천의 분석을 위한 중요한 지표라 할 수 있을 것이다.

시대와 불화하는 불구의 정치

모든 인간은 존엄하다. 그러나 시대마다 존엄함을 스스로 증명하고 외쳐야 하는 사람들이 있었다. 장애인을 비롯해 시대마다 불화하는 존재들은 '불구'라는 낙인으로 차별받았다. 장애 여성은 몸의 차이로 비정상적인 존재가 되었다. 그러나 장애 여성의 경험과 위치는 단일한 정체성으로 환원할 수 없는 수많은 이들의 존재를 일깨우며 정상성을 강요받는 다른 몸들과 만난다. 그리고 불구의 존재들과 함께 폭력적인 운명을 거부한다.

불구의 존재들을 선별해 온 국가는 정상적인 국민과 비정상적인 국민을 구분하며 불평등을 유지했다. 장애 등급제와 부양의무제, 장애인과 이주민에 대한 최저임금 적용 제외, 군형법의 추행죄, 낙태죄와 모자보건법의 우생학 등 법과 제도로 장애와 몸, 빈곤, 성별 정체성과 성적 지향 등을 기반으로 한 차별을 양산하고 국민과 비국민에 대한 불평등과 억압을 조장해 왔다. 사회와 국가는 온전하지 못한 기능이나 스스로 구할 수 없는 능력을 가진 사람을 차별하고 배제하지만, 바로 거기에서 불구의 정치가 피어난다.

나답게 살 수 없는 시대다. 세상의 속도와 가치에 맞추어 능력과 상품성을 갖추는 자기 계발이 미덕인 시대에 차이는 단지 무능이 된다. 자신의 삶을 돌아보고 타인의 삶에 다가가기에 관계는 삭막해졌다. 서로에게 기대는 관계는 독립적이지 못하다는 비난을 듣기 쉽다. 아프고 장애가 있는 몸들은 의존적이고 폐를 끼치는 사람으로 구분되어 골방이나 시설에 가둬졌다. 그러나 장애의 경험은 성장과 개발이 보편인 시대에 저항할 수 있는 남다른 감각이다. 온전히 홀로 살 수 있는 사람은 없고, 누구나 돌봄에 기대 살아간다는 진실을 몸으로 보여 주며, 건강하고 젊은 사람이 아프고 늙은 사람을 돌볼 것이라는 믿음에 도전한다. 그러나 독립에 대한 우리의 열망은 번번이 꺾였고 존엄보단 쓸모의 증명을 강요받아 왔다. 우리는 긴 시간 겪어 온 부당한 경험이 개인의 불운과 능력의 결과가 아님을 정확히 알고 있다. 권리를 박탈당하고 자원이 없는 이들이 독립에 도달하지 못해 의존하는 것이 아니라 누구에게나 의존과 돌봄 없는 독립은 불가능하다.

정체성은 계속 변화한다. 장애 여성은 우리 사회에서 여성에게 요구되는 성역할을 수행하지 못한다는 이유로 배제당하거나 존중받을 가치가 없다고 판단되어 쉽게 성적 폭력과 착취의 대상이 되어 왔다. 참혹한 사건이 벌어질 때마다 국가는 엄벌주의를 내세워서 취약한 여성들을 보호하겠다고 하지만 우리는 왜 이런 폭력이 근절되지 않는지 알고 있다. 폭력은 구조적 차별에서 자라나며, 성적 위계에 따라 다르게 매겨지는 존재의 가치를 뒤집지 않는 이상 끝나지 않으리라는 것을 우리는 이미 수많은 경험을 통해 알고 있다. 따라서 우리는 보호가 아니라 권리를 요구한다. 장애를 가진 여성의 성적 자유와 결정을 가로막는 장벽에 도전하고 역량을 박탈하는 구조에 맞서 싸운다. 사회를 향해서 장애인에게 성별 정체성과 성적 권리가 있다는 점을 알리고, 여성 안에도 몸의 차이와 위계가 있다는 점을 환기시킨다. 페미니즘 이론과 운동이 여성의 경험을 단일화하면서 장애 여성의 관점을 무시하거나 누락하는 것을 비판한다. 우리는 페미니스트이지만, 우리의 정체성은 우리가 누구와 싸우고 연대하는가에 따라 계속해서 변화한다.

공감은 연대의 시작이다. 살아남기 경쟁에 내몰리며 잊고 있는 감각일지라도 사람들은 공감받고 공감하길 원한다. 하지만 우리가 추구하는 공감은 "희망을 가지세요", "당신을 보니 희망이 생겨요"처럼 동정하는 마음이 아니다. 또한 여성, 장애인, 장애여성, 소수자 등 우리의 정체성에 기반한 운동은 중요하지만, 사회적인 정의와 범주, 생물학적 정체성이 정치적 입장의 동일함을 설명해 주는 것은 아니다. 나는 누구인가, 누구와 만나 무엇을 향해 갈 것인가? 이질적인 존재들의 마주침과 뒤섞임, 흔들림 속에서 끝없는 질문과 토론이 공감을 가능케 한다. 우리는 중심을 향하기보단 사회의 주변부에서 차이를 이해하고 발견하는 것을 주저하지 않았다. 각자의 경험에서 서로의 삶과 운동을 배우고, 사회적 차별을 해석하는 힘을 익혔다. 반복되는 사회의 거절과 친구의 죽음, 지켜지지 않는 국가의 약속과 폭력 속에서 역설적으로 공감하는 힘과 맞서 싸우는 연대를 터득했다.

실천의 현장에서 장애여성공감은 20년 동안 다양한 활동을 도전하고 시도해 왔다. 성폭력상담소와 독립생활센터를 기반으로 성폭력과 독립이라는 주제의 활동을 엮어 냈다. 장애와 반성폭력이 교차하는 담론을 형성하는 데 집중하며, 장애 여성의 섹슈얼리티를 사회적으로 알려 나갔다. 장애인 IL(Independent Living) 운동을 젠더 관점으로 재구성하며 장애인 운동을 확장시키고자 했다. 이상화된 몸을 강요하는 사회에서 장애 여성의 몸과 인권 현실을 알려 내는 것은 주로 문화 운동의 형태로 펼쳤다. 무대 위 불균형하고 위태로운 몸짓은 그 자체로 정상성에 대한 도전이었다. 발달 장애 여성의 목소리는 합창단 일곱빛깔 무지개로 모여 직접 노랫말을 쓰고 집회와 문화제를 찾아 공연했다. 이들의 노래와 활동은 발달 장애 여성의 관계와 삶의 조건에 대한 복잡한 문제의식을 던져 주고 있다. 축적된 활동과 담론을 사회와 나누는 것은 무겁지만, 미룰 수 없는 일이었다. 성교육, 성폭력 예방 교육, 인권 교육, 교육 연극으로 수많은 대중을 만나며 인식을 변화시키고, 의견을 듣는 시간을 쌓아 왔다. 연구 정책 활동은 전문가에 기대지 않고 연대 활동에서 마주한 주제들과 장애 여성의 욕구에 귀 기울이며 제도와 담론을 분석하는 노력을 꿋꿋이 해오고 있다. 이 과정에서 수많은 장애 여성들의 참여와 역동으로 채워졌던 자조 모임, 교육 활동, 장애 여성 캠프, 소모임과 같은 현장 활동이 중요한 토대가 되어 왔다.

늘 타인의 보조가 필요한 사람에게 당당한 거절은 용기를 필요로 한다. 우리가 스스로 요구하여 쟁취한 권리가 제도가 되었을 때, 제도가 요구하는 사람이 되기를 거부하는 것 또한 용기를 필요로 한다. 독립성은 그래서 늘 우리에게 중요한 과제다. 운동의 독립성은 권리로서 법과 제도 마련을 위해 싸우지만, 우리의 삶이 또 다른 사회적 규범화와 제도화로 이어지는 것을 경계하며 인권의 가치를 실현하겠다는 의지이다. 불합리한 차별을 참지 않는 질문, 권리가 아닌 시혜에 대한 거절, 제도와 불화하겠다는 선언은 존재를 당당하게 지켜 내며, 장애 여성운동을 진전시키는 갈등의 동력이었다.

선언은 장애여성공감이 제안하는 약속을 깊이 새기는 것이다. 불화가 불러오는 긴장은 소수자를 더 멀어지게 하는 것이 아니라 새로운 시대를 예감하게 한다. '촛불의 혁명'과 보편적 인권을 말하는 시대, 우리는 민주주의와 보편의 정의를 다시 묻고, 제도와 보편에서 누락된 불구의 존재의 연대로 인권의 역사를 진전시키는 노력에 동참하고자 한다. 우리는 우리의 경험을 말하기를 멈추지 않되, 우리의 차별과 억압만이 특별하고 중요하다고 주장하지 않는다. 우리는 비슷한 처지에 있는 소수자들과 함께, 정상성과 보편을 의심하고 싸우는 이들과 함께 의존과 연대의 의미를 다시 쓰는 투쟁을 멈추지 않을 것이다. 그럼으로써 살아가고 의미 있게 존재할 것이다.

2018년 2월 2일
장애여성공감

3부. 장애 인권 운동과 공동의 역량

8장

감금의 질서, 수용 시설의 권력 기술

— 생명 정치와 죽음 정치, 그리고 형제복지원

1. 감금과 권력의 기술

1987년 '형제복지원'이라는 사회복지시설 내에서 자행된 끔찍한 폭력이 그 시설에서 탈출한 이들에 의해 폭로되면서 한국 사회는 큰 충격을 받았다. 하지만 그리 오래되지 않아 형제복지원 사건은 사람들의 기억에서 잊혔다. 그러나 2012년 11월 형제복지원에 수용되었던 한종선 씨의 증언이 담긴 『살아남은 아이』가 출간되면서 오랜 망각의 벽을 뚫고 다시금 형제복지원 사건이 사회문제로 떠올랐다. 이 책의 출간을 계기로 인권 활동가들을 비롯한 진보적 사회운동가들과 지식인들은 2013년부터 1월부터 형제복지원 사건을 제대로 해결하기 위한 모임을 시작했고, 같은 해 11월

'형제복지원진상규명을위한대책위원회'를 구성해 활동하고 있다. 학계에서도 형제복지원을 중심으로 한 과거 군부독재 정권 시절 수용 시설에 대한 연구가 진행되고 있다.

박정희, 전두환 군사정권 시절 형제복지원과 같은 부랑인 및 장애인 수용 시설에 발생한 폭력은 원장이나 시설 종사자들의 개인적 잔인성에만 기인하는 것이 아니다. 그런 폭력은 당시 국가권력의 작동 방식과 밀접한 관계를 갖고 있다. 즉 부랑인 수용 시설에서 자행된 폭력은 개인들의 일탈 내지는 범죄행위만이 아니라 국가권력의 작동 방식과 사회정책, 정상성 및 안전에 관한 담론 등과 같은 구조적 요인의 효과라는 차원에서 이해되어야 한다.

그래서 발전주의 시기 부랑인들에 대한 감금 및 폭력적 통제가 당시 국가권력의 행사 방식 내지는 통치 방식에 매우 중요한 계기였음을 보여 주는 연구들은 중요하다. 이런 연구들은 부랑인에 대한 단속, 구금, 관리는 "부랑인으로 호명된 삶들을 (건전한 시민으로) 살게 만들거나 (부랑인으로) 죽게 내버려"두는 생명 정치적 통치술의 일환이거나(이소영 2016, 44), "국가-복지 동맹 규율 체계는 부랑인을 국가의 권력효과를 증명하기 위한 정당화 기제"(정수남 2018, 311)였다는 것이다. 이 같은 연구 성과들은 부랑인에 대한 단속 및 수용이 어떻게 발전주의 시기 국가 통치의 효율성에 접맥되어 있는지를 잘 보여 준다.

하지만 이런 연구들은 부랑인 수용 시설의 내부에서 작동하는 질서나 그 내부를 관통하는 권력의 기술 자체에는 주목하고 있지 않다. 이런 연구들이 이론적으로 기대고 있는 생명 정치 개념이나 국가 정당성 위기 극복 방안이라는 논리는 부랑인에 대한 단속 및 감금을 둘러싸고 있는 환경으로서 권력의 작동 방식을 보여 준다. 하지만 부랑인 감금 시설 내부에서 작동하는 권력 기술의 독특성, 그리고 내적 동력에 대해서는 분석하지 못하고 있다고 하겠다. 감금의 질서는 시설을 성립하게 한 시설 외부, 즉 국가권력의 작동 논리만이 아니라 시설 내부에서 작동하는 권력의 테크놀로지에 의해서도 이루어지는 것이다. 즉 형제복지원 등의 부랑인 수용 시설을 만들어 낸 한국 사회 일반에 작동하는 권력의 기술과 수용 시설 내부에서 독특하게 작동한 권력의 기술이 갖는 연속성과 차이를 파악할 필요가 있다.

이상의 문제의식에 입각해 이 글은 형제복지원의 경우를 중심으로, ① 발전주의 시기 부랑인 단속과 감금이 1975년 내무부훈령 제410호의 발효를 기점으로 왜 적극적이고 조직적으로 이루어졌는가, ② 수용된 부랑인을 관리하는 수용 시설 내부의 권력 기술의 기본 성격이 당시 한국 사회 일반 사회조직의 권력 기술과 어떤 동형성을 갖는가, ③ 수용 시설 내에서 작동한 권력 기술의 독특성은 무엇인가라는 질문을 던지고자 한다.

2. 부랑인과 생명 정치적 인종주의

이미 많은 논자들이 지적한 바와 같이 형제복지원과 같은 수용 시설에 '부랑인'들의 집단적, 조직적 감금은 1975년 제정된 내무부훈령 제410호가 발표되면서부터 강화된다. 물론 그 이전에도 부랑인에 대한 수용이 없었던 것은 아니다. "1950년대와 1960

년대에는 부랑인에 대한 그 어떤 법제적 정비도 없이 보안 처분으로 부랑인을 강제 수용하고 강제 노역에 동원"했던 전사가 이미 있었다(김명연 2019).[1] 그런데 왜 갑자기, '훈령'에 불과하지만, 없던 법제를 정비해 부랑인들에 대한 대대적 단속을 실시하게 된 것일까? 필요에 따라 임의적으로 시행되던 부랑인 단속과 구금이 무엇 때문에 갑자기 국가 장치에 의해 체계적으로 집행되기 시작된 것일까?

이 훈령이 제정된 1975년은 익히 알고 있듯이 유신헌법의 시대, 그중에서도 '긴급조치'의 시대이다. 유신 체제의 수립을 위한 헌법 개정을 앞두고 박정희는 대통령 담화문을 통해 "세계사적 일대 전환점"에 처해 있는 대한민국이 다른 국가들과의 경쟁에서 낙오되지 않고 통일을 이루기 위해서는 국가의 "모든 면에서 안정을 이루고 능률을 극대화"하고 "국민 총화를 유지"해야 한다고 강조하며, 이를 위해 "한국적 민주주의"를 실현할 수 있도록 헌법을 개정해야 한다고 주장했다. 즉 유신헌법에 기초한 "대통령 1인 영구 집권 체제"를 정당화하는 논리는 "'안보', '경제', '효율'이었다" (김동춘 2015, 207).

긴급조치의 시대였던 1975년에 부랑인에 대한 일제 단속과 구금을 위한 행정상의 법제적 근거가 마련된 것 역시 이런 안보 논리와 무관하지 않을 것이다. 임덕영은 부랑인 단속과 수용의 논

---

1 내무부훈령 제410호가 발효되기 이전 한국 사회에서 부랑인 수용이 조직적으로 이루어진 국가의 정책의 맥락에 대해서는 김재완(2015)을, 부랑인 단속을 통해 국가권력이 얻고자 했던 효과에 대해서는 이소영 (2016)을 참조하라.

3부. 장애 인권 운동과 공동의 역량

리에서 "특히 안보적 측면이 강조되었다"고 지적한다. 내무부훈령 제410호 제1장 3절에서 "범법자, 불순분자 등의 활동을 봉쇄하는 것"을 훈령의 목적으로 적시한 점과 이런 목적을 달성하기 위해 "철저한 신원 조사를 통해 범법자 및 불순분자에 대한 확인 과정을 거치고 부랑인 신상 기록 카드를 작성할 것"을 명시한 점 등은 이 훈령의 안보적 측면을 잘 보여 주고 있다는 것이다(임덕영 2019).

물론 이런 측면은 매우 중요하다. 유신 체제가 안보 중심주의를 표방했던 만큼 당시의 부랑인 단속에서 안보적 차원은 중요한 계기라 할 수 있다. 그러나 또한 부랑인에 대한 대대적인 단속과 감금 조치가 반드시 군사적 의미의 안보만을 위한 것이라고 할 수는 없다. 다시 말해, 불순분자(혹은 범법자)를 색출하기 위해서만 부랑인을 표적으로 삼은 행정력이 발동한 것은 아니었다는 말이다. 이 훈령은 불순분자나 범법자를 겨냥하기 이전에 직접적으로 부랑인 자체를 겨냥한 것이었다.

제410호 훈령은 단속 대상으로서의 부랑인을 다음과 같이 규정한다. "일정한 주거가 없이 관광 업소, 역, 버스 정류소 등 많은 사람이 모이거나 통행하는 곳과 주택가를 배회하거나 좌정하여 구걸 또는 물품을 강매함으로써 통행인을 괴롭히는 걸인, 껌팔이, 앵벌이 등 건전한 사회 및 도시 질서를 저해하는 모든 부랑인을 말한다"(제1장 2절). 또한 "걸인, 껌팔이 등 부랑인 외에 노변 행상, 빈 지게꾼, 성인 껌팔이 등 사회에 나쁜 영향을 주는 자"(제1장 3절 6호)[2] 등 역시 단속의 대상이 된다.

즉 부랑인이나 그에 준하는 자들이 단속, 감금되어야 하는 이유는 이들이 결국 '건전한 사회 및 도시 질서를 저해'하고 '사회에 나쁜 영향'을 주기 때문이라는 것이다. 이들은 '통행인을 괴롭히는 자들', 즉 건전한 사회의 정상적 구성원에게 위협이 되는 자들로서 사회질서를 위태롭게 하는 위험한 존재로 상정된다. 그러므로 '건전한' 사회질서를 보호하기 위해, 보다 구체적으로는 대도시의 안전을 위해 도시로부터 격리해야 한다는 논리가 이 훈령을 지배한다. 내무부훈령 제410호에 나타난 부랑인에 대한 이런 인식은 당시 한국 사회에 일반화된 부랑인 표상과 동형적이었다. 즉 발전주의 시기 한국의 미디어들은 부랑인을 사회악이거나 사회 부적응자 등으로 표상했다(정수남 2018, 291, 292).

그러므로 제410호 훈령이 달성하고자 한 안보는 단지 북한으로부터의 안보, 군사적 안보에 국한되지 않는다. 그것은 내부의 위험으로부터 건전한 사회를 지키고자 하는 사회 안보를 포함하는 안보이다. 이 논리에 따르자면 당시 한국 사회는 '북괴'의 침략 위협과 그 '북괴'에 동조하는 내부 불순 세력의 준동에 의해서도 안보를 위협받고 있는 위기에 처한 사회일 뿐만이 아니다. 한국 사회는 사회질서를 저해하고 사회에 나쁜 영향을 미치는 자들에 의해 '건전한' 질서가 위협당하는 위기에 처한 사회라는 것이다. 특히 후자의 위기는 생명 정치적 위기라고 할 수 있다.[3]

2 강조는 인용자의 것이다.

3 내부무훈령 제410호를 포함한 발전주의 시기의 부랑인에 대한 표상 및 단속과 수용이 생명 정치와 관련이 있다는 관점은 이소영(2016)에서도 공유된다. 그러나 필자는 부랑인과 관련된 발전주의 시기 대한민국 생명 정치에 대한 이소영의 파악은 충분하지 못하다고 판단한다. 이에 대해서는 이후에 더욱 자세하게 논의한다.

푸코에 의해 제기되어 현대 인문, 사회과학에 매우 커다란 반향을 불러일으키고 있는 생명 정치 혹은 생명 권력이라는 개념은 인구와 개인들의 생명력을 육성하고 강화하는 것을 목표로 하는 권력의 작동을 말한다.4 하지만 푸코는 생명 권력이 권력의 지배적 작동 방식이 된 이후에는 권력에 의해 사람들이 죽임을 당하는 현실이 부재한다고 말하지는 않는다. 오히려 그는 생명 정치에 의해 규정되는 국가권력이 "자신의 적뿐만 아니라 자신의 신민까지도 죽음에 노출시킬 수 있을까?"라는 질문을 제기한다(푸코 2015, 304). 이에 대한 푸코의 답은 '근대적 인종주의'에 있다.

생명 권력은 인간을 하나의 생물학적 종으로 파악하고 인간이라는 생물학적 종의 생명력을 육성하고 강화하는 권력이다. 푸코에 따르면 기본적으로 근대적 인종주의는 다른 인종을 자기 종족의 생명력을 위협하거나 저해하는 존재로 인식하고 그들을 '죽음에 노출'하고자 했다. 또한 인종주의는 "자기 자신의 인종을 쇄신하기 위한 방식"이기도 했다(푸코 2015, 308). 동일한 인종 내부에서도 그 인종의 생명력을 위협하고 저해하는 존재들이 있을 수 있기 때문이다. 이때 생명 권력은 생사여탈권, 즉 죽이는 권력을 실행하게 된다. 다시 말해, "우리 가운데 살해되는 사람이 많아질

---

4 『성의 역사 1권: 지식의 의지』에서 푸코는 생명에 대한 권력을 기술 technology의 차원에서 "신체의 규율과 인구의 조절이라는 두 가지 극"으로 구분한다(푸코 2010, 158). 그러나 이 두 가지 권력의 기술은 공히 "죽이는 것이 아니라 생명을 온통 에워싸는 데 있을 것"이라고 푸코는 파악한다 (푸코 2010, 159). 푸코의 생명 권력론에 대한 보다 자세한 논의는 이 책의 5장을 참조.

수록, 우리가 속한 인종은 더욱 순수해질 것"(푸코 2015, 308)이라는 논리가 생명 권력에 의해 규정되는 근대적 인종주의 안에 배태되어 있는 것이다.

그렇다면 내무부훈령 제410호의 부랑인 규정과 이를 근거로 한 부랑인 단속 및 강제 수용은 이소영의 지적대로 생명 정치의 작동 양상으로 읽을 수 있다. 하지만 「"건전 사회"와 그 적들」에서 이소영은 부랑인에 대한 1970, 80년대 생명 권력의 작동에서 "부랑인으로 호명된 삶들을 (건전 시민으로) 살게 만들거나 (부랑인으로) 죽게 내버려두었다"는 점만을 부각할 뿐이다. 즉 부랑인이 "건전한 산업 일꾼으로 만들어질 몸"(이소영 2016, 38)으로 표상되었고, 실제로 직업교육과 노동규율을 수용된 부랑인들의 신체에 새기려는 시도가 있었다는 점에서 당대의 생명 권력은 부랑인을 '건전한 시민으로 살게 만들려는' 권력이었다. 하지만 당대에 부랑인들에 대한 표상은 또한 "건전 사회와 대립되는 비위생적이고 위험한 존재로 각인"(이소영 2016, 37)되어 왔고, 단속되어 수용된 부랑인들이 '갱생'할 수 있도록 철저하게 관리하지도 않았다는 점에서 이 권력은 부랑인을 '부랑인으로 죽게 내버려두는' 권력이었다는 것이다.

그러나 국가권력은 왜 부랑인을 '건전한 산업 일꾼'으로 갱생하겠다고 표방하면서도 실질적으로는 그들을 '죽게 내버려'둔 것일까? 정수남의 지적대로 발전주의 시기 한국 사회에는 "부랑인을 규율화할 수 있는 체계적인 프로그램이나 특별한 훈육 방식이 존재하지 않았다"(정수남 2018, 308). 다시 말해, 부랑인을 '살게 만드는' 권력의 기술은 사실상 부재했다. 그 기술을 만들고 사용하기 위한 지식이나 자원도 없었던 것이다. 부랑인을 살게 만드는 생명 정치는 실제로는 작동하지 않았다고 할 수 있다.

그렇다면 부랑인을 "갱생되어야 할 신체들"로 파악하고 수용 시설 등을 "이들을 훈육하여 갱생케 하는 제도"로 당시 한국 사회가 강조했던 사태(이소영 2016, 39)는 권력의 거짓말, 이데올로기적 선전에 불과했던 것일까? 하지만 푸코는 생명 권력이란 "심성, 이데올로기, 권력의 거짓말과 아무런 관계가 없습니다"(푸코 2015, 308)라고 강조한다. 부랑인의 갱생을 표방하며 그들을 단속해 수용했지만 실제로는 제대로 된 갱생 프로그램도 없었고, 이 프로그램을 실행할 전문 인력도 없었으며, 재원도 절대적으로 부족했던 상태에서 부랑인들을 감금해 폭력적으로 통제하던 권력이 부랑인을 "건전 시민으로 살게" 만들었다고 할 수 있을까? 푸코의 생명 권력 개념에 입각해 당시 부랑인 단속과 감금의 메커니즘을 이해하기 위해서는 생명 권력을 단지 "죽게 하거나 살게 내버려둔다"는 그것의 가장 일반적 속성으로만 파악해서는 충분하지 않다. 푸코가 자신의 권력 개념에 대해 일관되게 강조한 바대로 권력은 그것의 기술과 전략에 의해 이해될 필요가 있다.

내무부훈령 제410호의 발효와 더불어 본격적이고 체계적으로 이루어지기 시작한 부랑인에 대한 단속과 감금은 생명 권력의 기술 가운데서도 근대적 인종주의의 작동으로 파악해야 한다. 한 인종의 생명력을 강화하기 위해 생물학적 위험 요소를 제거하는 생명 정치적 죽음 권력으로서 인종주의라는 관점이 필요하다는 것이다.

생명 권력의 체계 속에서 처형이나 죽음의 명령은 정적에 대한 승리가 아니라 생물학적 위험의 제거, 그리고 이 제거와 직접적으로 연결되어 종 자체나 인종의 강화를 지향할 경우에만 받아들여질 수 있습니다(푸코 2015, 306).

그러나 이때 처형이나 죽음의 명령은 직접적으로 목숨을 빼앗는 생물학적 죽음만을 의미하지 않는다.

물론 처형이라는 말로 제가 말하려는 바는 단순히 직접적인 살해만이 아니라 간접적인 살해일 수도 있는 모든 것입니다. 즉, 죽음에 노출시키는 것, 어떤 사람들에게 죽음의 리스크를 증대시키는 것, 혹은 아주 단순하게 정치적인 죽음, 추방, 배척 등일 수도 있습니다(푸코 2015, 306, 307).

내무부훈령 제410호에는 부랑인 및 그와 유사한 자들이 일반 시민을 위협하고 건전한 사회질서에 위험을 초래한 자로 규정되었다. 또한 사회적 표상의 맥락에서 이들은 "질병-범죄-치안의 계열체로 짜여졌으며, 건전 사회 기표와 대립되는 지저분하고 위험한, 치워져야 할 존재로 각인되어 왔었다"(이소영 2014, 257). 이런 점이 보여 주는 바는 부랑인이 생명 정치적 관점에서 한 인종의 건강성, 생명력을 저해하는 '생물학적 위험'으로 인식되었다는 것이다. 이때 "살아야 할 자와 죽어야 할 자를 나누는 절단"으로서 생명 정치적 인종주의가 작동한다(푸코 2015, 305).

그렇다면 부랑인에 대한 이상의 인식, 부랑인에 대한 단속과 감금은 생명 정치적 인종주의의 작동 양상으로 볼 수 있다. 외부의 적, 혹은 타인종에 대한 생명 정치적 죽음 권력의 작용이 아니라 자기 인종 내부의 위험 요소[5]에 대해 행사된 생명 정치적 죽음 권력이 행사된 것이다. 물론 당시 미군을 제외하면 외국인이나 다른 민족 출신의 거주자가 매우 소수였던 한국 사회에서 다인종, 다문화 사회의 생물학적 인종주의 혹은 문화적 인종주의가 작동하지는 않았을 것이다. 그러나 전체 인구의 건강한 생명력을 위협하는, 동일 종족 내의 열등한 부분을 제거하려는 생명 정치적 의미에서의 인종주의는 작동했다. '건전한 사회질서 및 도시 질서를 저해'하는 자들로서, '사회에 나쁜 영향을 미치는 자들'로서 '부랑인, 노변 행상, 빈 지게꾼, 성인 껌팔이' 등이 바로 동일 인구 내의 생물학적 위험이었던 것이다.

그리고 이 과정에서 대중들이 동원되었다. 간첩 신고, 혹은 불순분자 신고만이 대중에게 요구되었던 것이 아니라 부랑인에 대한 신고 역시 동시적으로 요구되었다. 부랑인에 대한 신고는 지역 책임자 신고와 일반 신고로 나뉘어 있다.

일반 신고란 일반 시민에 의한 신고를 의미하는 것으로,

---

5 가령 푸코는 이 동일 인종 내 일부에 대해 작용하는 인종주의에 대해 다음과 같이 말한다. "범죄성에 관해서도 똑같이 말할 수 있죠. 만일 범죄성이 인종주의에 입각해 사유됐다면, 그것은 바로 생명 권력의 메커니즘 안에서 범죄자를 처형하고 떼어 놓는[가두는] 것이 가능해져야만 하기 때문입니다. 광기에 관해서도, 다양한 비정상에 관해서도 똑같습니다"(푸코 2015, 308).

훈령 제2장 제1절에서는 부랑인 신고 센터를 시군구 민원실에 설치하고, 민원 신고 전화를 활용하도록 하고 있었다. 덧붙여 관내 주민, 공무원, 학생, 상인 등 모든 시민이 부랑인을 발견 시 즉시 신고토록 계도하며, 이를 위해 신고 절차와 신고 전화번호가 담긴 유인물을 배부하도록 하였다. 그뿐만 아니라, 제2장 제2절에서는 부랑인의 배회가 예상되는 역, 터미널, 지하도, 육교 등과 우범 지역에는 지역 관리 책임자 또는 인접한 상점 주인 등을 부랑인 신고 책임자로 지정하고 부랑인 발견 즉시 즉각 신고가 이뤄질 수 있도록 긴밀한 연락 체제를 유지하도록 규정되었다. 또한 통반장 주민 조직도 즉시 신고토록 의무화하였다(임덕영 2019).

부랑인 단속 과정에는 단지 정부의 담당 부처나 경찰과 같은 치안 기구뿐만 아니라 일반 시민과 주민 조직까지 동원되어야 했던 것이다. 간첩이나 소위 좌경·용공 분자와 같이 국가 안보에 직접적인 위협을 끼치는 존재가 아닌 부랑인들을 단속하는 데 왜 대중들의 동원까지 필요했던 것일까? 대대적인 대중 동원이라고까지는 할 수 없지만 시민들에게 부랑인을 신고하도록 적극적으로 계도한 것 역시 생명 정치적 인종주의의 논리와 연결되어 있다.

그러니까 "열등한 종이 사라질수록, 비정상적인 개인들이 제거될수록, 종을 퇴화시키는 것이 줄어들수록, 나, 즉 개인으로서가 아니라 종으로서의 나는 더 살 것이며, 더

강해질 것이고, 더 활기차게 될 것이며, 더 번식할 수 있을 것이다"라는 관계의 유형이 말입니다. …… 타인의 죽음, 불량한 죽음, 열등한 종 또는 퇴화된 자나 비정상적인 자의 죽음, 이것은 생명 일반을 더 건강하게 해주며, 더 건강하고 더 순수하게 해줄 것입니다(푸코 2015, 305, 306).

생명 정치적 인종주의의 이런 논리에 따라 생명 권력이 장악한 사회에서는 단지 국가 장치만이 아니라 일반 시민들, 개인들까지 종으로서 자신의 생명을 강화하기 위해 '열등한 종, 비정상적인 개인들, 종을 퇴화시키는 것'의 죽음을 추구하는 가능성이 높아진다. 푸코는 나치 독일에서 이런 일이 발생했다고 말한다. "나치의 모든 사회체를 가로지르는 이 죽이는 권력은, 생살여탈의 권력이 국가뿐만 아니라 …… 일련의 모든 개인이나 상당수 사람들에게 주어졌기 때문에 현시"될 수 있었다는 것이다(푸코 2015, 309).

부랑인에 대한 일반 신고 제도는 시민이 '건전한 사회질서를 저해하고 사회에 나쁜 영향을 미치는 자들'을 직접 지목하게 함으로써 시민 스스로 "살아야 할 자와 죽어야 할 자를 나누는 절단"을 실행하게 하는 장치, 즉 생명 정치적 인종주의를 체화하게 하는 장치로서 기능했다. 다시 말해, 일반 신고 제도는 시민들로 하여금 '건전한 사회'의 질서에 포함될 자격이 없는 자들, 즉 종의 생명력을 저해하고 퇴화시키는 자들, 생명 정치적 위험 요소를 지목하고 규정하는 주체가 되도록 함으로써 사회 전체에 생명 정치적 인종주의를 확산하게 하는 장치였던 것이다.[6]

3. 감금의 기술과 군사주의

이렇게 생명 정치적 인종주의의 작동에 의해 '건전한 사회'로 명명된 정상성의 공간으로부터 추방된 자들을 기다리고 있었던 곳은 죽음에 노출되는 공간, 혹은 '야만적 폭력'의 지대였다. 형제복지원은 그중에서도 가장 악명이 높은, 말 그대로 '죽음'의 공간이었다. 그곳에서 행해진 잔혹한 폭력과 끔찍한 인권유린의 이야기를 읽다 보면 형제복지원은 야만이 지배하는 상태였다는 느낌이 들지 않을 수 없다.

그런데 이때 '야만적'이라는 느낌은 정확히 문명적인 것의 반대편에 있어야 하는 어떤 것에 대한 느낌을 의미한다. 다시 말해, 문화와 질서가 존재하는 문명의 공간에서는 도저히 일어날 수 없는 일이 일어났다는 느낌에 우리는 '야만'이라는 용어를 붙인다. 하지만 과연 형제복지원은 문명과는 무관한, 문명의 바깥에 위치한, 다시 말해 문명화되지 못한 곳이었기에 그런 폭력이 횡행하는 공간이었을까?

홀로코스트가 발생한 나치의 유태인 수용소는 이런 '죽음'과 '폭력'의 공간을 대표하는 이름일 것이다. 그러나 지그문트 바우만에 따르면 홀로코스트는 결코 서구 사회의 문명화가 미진해 일어난 일이 아니었다. 그는 홀로코스트가 오히려 충분히 성숙한 서구

---

6 푸코는 생명 정치적 인종주의가 가장 극단적으로 드러난 나치 독일에서는 "모든 사람이 자신의 이웃에게 생살여탈권을 갖고 있었"다고 말한다. 왜냐하면 "고발하는 행위만으로도 옆 사람을 실제로 없애거나 또는 없애게 할 수 있었기 때문이다"(푸코 2015, 309, 310).

3부. 장애 인권 운동과 공동의 역량

문명의 산물이었다고 주장한다. 이때 홀로코스트를 가능하게 했던 문명이란 합리성에 바탕을 둔 근대의 문화와 질서이다. 일찍이 노르베르트 엘리아스는 문명화 과정이란 폭력이 일상생활로부터 제거되는 과정이라고 했지만 바우만은 이에 동의하지 않는다. 문명화란 폭력에 의해 일상이 지배되던 야만 상태로부터 폭력이 제거되고 예절civility이 지배하는 상태로의 이행 같은 것이 아니라는 말이다. 바우만은 문명화 과정의 의미를 전혀 다르게 파악한다.

> 우리는 문명화 과정이 무엇보다도 폭력의 사용과 전개를 도덕적 고려에서 분리하는 과정이며 합리성이라고 하는 절실한 요구를 윤리적 규범이나 도덕적 금기의 간섭으로부터 해방시키는 과정임을 입증하는 증거를 자세히 살펴볼 필요가 있다. 대안적 행위 기준들을 배제하도록 합리성을 장려하는 것과 특히 폭력을 합리적 계산에 종속시키는 경향이 오래전부터 현대 문명의 구성적 특징으로 인정되어 왔기 때문에 홀로코스트와 같은 현상들은 문명화 경향의 정당한 결과로 그리고 그것에 상존하는 잠재성으로 인식되어야 한다(바우만 2013, 63).

바우만에 따르면 서구의 근대를 지배한 합리성에서는 목적이 설정되면 그 목적을 성취하는 최고의 효율적 수단을 찾아서 실행하는 것만이 중요하다. 그리고 목적의 실현 과정에서 도덕적 고려라는 것은 철저하게 배제된다. 또한 목적의 성취를 위한 가장 효율적 수단이 폭력이라면 이제 그 폭력은 어떤 도덕적 고려와 무관하게 합리적 원칙에 따라 선택되어 사용될 수 있는 것이다. 그래서 바우만에게 문명화 과정이란 폭력의 제거 과정이 아니라 폭력과 도덕의 분리 과정이 된다. 홀로코스트와 같은 극단적 폭력은 문명의 바깥에서 이루어진 것, 혹은 야만으로의 회귀가 아니라 문명 안에서 이루어진 철저히 문화적인 것, 합리적 질서에 의해 자행된 것이었다.

바우만의 이런 논의는 형제복지원의 폭력을 이해하는 데도 중요한 통찰을 제공한다. 한종선의 증언에서 잘 드러나듯이 형제복지원의 일상은 빈틈없는 일과로 짜여 있었고, 철저하게 조직화되어 있었다. 짧게 깎은 머리, 바짝 자른 손톱, 단정한 복장, 정돈된 생활공간이 요구되었다. 대략 4시 기상에서부터 20시 취침 시간까지 계획된 일정대로 수용자들은 움직여야 했다. 또한 수용자의 질서 잡힌 일상을 관리하기 위한 조직 역시 체계적으로 형성되어 있었다. 수용자들은 중대, 소대, 조라는 조직으로 관리되었고 각급 단위 조직에는 중대장, 소대장, 조장이라는 책임자들이 있었다. 그리고 이 수용자 조직을 총무가 관리했고 총무 위에는 원장이 존재했다(한종선 2013, 35-40).

이런 질서는 한눈에 알 수 있듯이 군대의 그것이었다. 그리고 이는 형제복지원을 연구한 여러 논자들에 의해서도 공통적으로 지적된다(신권철 2014; 이소영 2016; 정수남 2018). 형제복지원은 수용자들을 군대의 조직 통제 기술을 통해 관리했던 것이다.

이런 맥락에서 보자면 형제복지원에서 자행된 원장 및 관리자들의 가혹 행위와 수용자들 사이에서 발생한 폭력은 매우 잔인하고 참혹한 것이기는 했지만, 그 어떤 질서나 체계와도 무관한 일

3부. 장애 인권 운동과 공동의 역량

종의 '자연 상태'에서 발생한 약육강식의 폭력은 아니었다. 형제복지원 내에서 휘둘러진 폭력은 군대 조직으로부터 이식된 체계에 입각한 것이었다. 계급이나 입대 기수에 입각한 권한의 차등적 배분에 따라 공식적 제도가 인정하지 않는 폭력을 행사하는 것을 당연시하는 군사 문화가 형제복지원이라는 수용소 안에서도 작동했다.

당대 한국 사회에서 군사적 질서와 관행은 단지 군대라는 영역에만 국한된 것이 아니었다. 최소한 군부독재 시절부터 한국 사회 전체가 군사 문화 내지는 군사적 질서에 의해 장악되어 있었다. 홍덕률은 1961년부터 1987년까지 한국 사회를 "병영과 전투의 원리를 국가 경영뿐만 아니라 정치·경제·시민사회 영역 전반에 관철"시키는 병영 국가 내지는 병영 사회체제라고 규정한다(홍덕률 2008, 73).

앞에서는 군대의 영역을 넘어 일상적 사회 영역에 이르기까지 광범위하게 확산되어 있는 군사적 질서를 군사 문화, 군대 질서, 군대 조직의 체계 등으로 표현했으나 이를 학술적 개념으로 규정하자면 '군사주의' 혹은 '사회의 군사화'라고 할 수 있을 것이다. 김현옥에 의하면 군사주의는 "일차적으로 '군대사회 혹은 군대문화로부터 발생한 내적 속성'"(김현옥 2002, 77)으로 규정될 수 있다.[7]

---

7 군대 사회 혹은 군대 문화란 다음과 같이 정리된다. "기존의 연구들을 종합해 볼 때, 군대 사회 혹은 군대 문화가 갖는 특성은 개인보다 집단 혹은 조직 등 전체의 우선, 자기 집단을 위한 배타성, 폭력도 불사하는 훈육과 물리력 중시, 위계적 복종과 순응의 중시, 도전과 승리 우선시, 독단과 경직성 등 획일성, 그리고 국가나 종교 등 전체를 위한 영웅적 행위 우선시

우리는 이런 논의를 바탕으로 군사주의를 군대의 이념 및 가치 체계 등의 문화적 속성과 군대의 규율 및 조직 운영 방식의 관리 체계가 사회의 다른 영역으로 확장된 사태라고 정의하고자 한다.[8]

군사주의는 군사 독재 정권의 통치부터 국민을 통제하고 국가를 관리하는 중요한 방식이었다. 문승숙은 1960년대 이후 군사정권에 의해 주도된 한국 사회의 근대화 과정을 기본적으로 군사주의적 성격을 갖는 '군사화된 근대성'으로 파악한다. 한국의 군사화된 근대성은 이념적으로 반공 혹은 안보 이데올로기를 축으로 하여 이를 경제성장 이데올로기와 연결하는 방식으로 구성되었고, 이런 이데올로기에 입각해 국민에 대한 감시와 정상화라는 훈육 기술을 사용했다(문승숙 2007, 46, 47). 그런데 문승숙에 따르면 군사화된 근대성에서 국민에 대한 규율 기술이 갖는 한국적 특유함은 무엇보다 "훈육(규율-인용자)과 물리력을 혼합하는 것"에 있고, 이 지점이 "남한의 군사화된 근대성이 푸코의 근대성과 구별되는 부분"이다(문승숙 2007, 51). 이는 형제복지원에서 작동하는 군사주의적 시설 운영에서도 그대로 드러나는 지점이라고 하겠다.

등으로 요약할 수 있다"(김현옥 2002, 78).

8 특히 페미니스트들은 군사주의나 군사화에 대한 연구에서 많은 업적들을 생산해 냈다. 이는 군사주의가 남성성의 구성, 동성 사회적 남성 문화, 남녀 간의 위계화된 성별 분업과 관련해 핵심적 계기라는 점을 잘 보여 주었다. 이 글이 군사주의라는 맥락에서 형제복지원을 비롯한 발전주의 시기 부랑인 감금 시설에 대해 분석한다고 할 때, 감금 시설 내부에서 작동했던 부랑인 관리 및 통제의 기술과 성차 내지는 성별이 갖는 중요성을 논의해야 할 필요가 있다. 그러나 이는 또 다른 상세한 연구가 필요한 주제이기 때문에 이후 연구 과제로 남겨 두도록 한다.

3부. 장애 인권 운동과 공동의 역량

그리고 이런 군사주의적 문화와 규율 및 조직 운영의 방식은
학교에서도, 공장에서도, 가정에서도, 직장에서도 관철되는 체계
였다. 가령 문승숙은 대기업의 경우를 사례로 다음과 같이 한국 사
회에 팽배한 군사주의에 대해 지적하고 있다.

> 군사 독재 시절의 대기업 문화(아직도 그 영향이 남아 있지
> 만)는 군사주의 가치와 실천으로 가득했다. 대기업의 기
> 업 문화는 직위에 따른 엄격한 위계, 일방적 명령만 있는
> 의사소통, 개인의 희생을 정당화하는 집단 윤리 등을 그
> 특징으로 한다. 기업 문화의 이런 측면은 사무실과 작업
> 장에서 노동자와 관리자 사이의 상호 작용의 기초가 된
> 다. 게다가 사무직 대졸 사원들을 위한 오리엔테이션과
> 현장 실습에서는 단체 시간표에 종종 극기 훈련이 포함된
> 다(운동복을 단체로 입고 집단 체조나 행진을 한다). 그것은 군
> 사훈련의 모습과 다를 바 없다(문승숙 2007, 69).

군사 독재 정권에 의해 주도된 발전주의 시기 한국 사회에는
선생과 학생 사이에, 선배와 후배 사이에, 아버지와 자녀 사이에,
상사와 부하 직원 사이에도 군대와 같은 계급 문화가 작동했다. 강
력한 권력의 서열 구조에서 권력관계상 우위를 점한 자가 열위를
점한 자에게 임의적 폭력을 휘두르는 것이 암묵적으로 묵인되고
요청되는 문화. 그런 의미에서 군사정권하에서 군사주의는 일상
의 관계와 사회조직 일반의 관리와 운영의 기본적 질서였다.[9]
　　형제복지원을 비롯한 부랑인 수용 시설의 운영 방식과 조직

체계 역시 한국 사회를 관통하는 질서인 군사주의와 무관한 것이 아니었다. 다시 말해, 부랑인 수용 시설은 한국 사회의 질서 일반 으로부터 완전히 단절된 것이 아니라 그 질서와 일정한 연속성을 가지고 있었던 것이다. 형제복지원 등의 부랑인 수용 시설은 부랑 인을 그저 방치하거나 이들에 대해 야만적 폭력, 혹은 자연 상태 적 폭력을 휘두른 것이 아니었다. 부랑인 수용 시설 내부에도 조 직 체계와 조직 운영의 질서가 있었으며 수용된 부랑인을 관리하 는 방식이 있었다. 즉 수용된 부랑인들에 대한 수용 시설의 권력 역 시 특정한 기술에 기초한 것이었고, 그 기술이 바로 군사주의였던 것이다.

4. 잔혹과 죽음 정치적 노동

그렇다면 이렇게 수용 시설 내부에서 수용된 부랑인들에 대 해 작동되던 권력의 기술인 군사주의는 부랑인을 단속해 수용 시 설 안에 감금하게 했던 생명 정치적 인종주의와 어떤 관련을 맺고 있는 것일까? 생명 정치적 인종주의가 한 인구 집단 내지는 동일

---

9 가령 다음과 같은 연구는 '노동 현장에서 나타난 군사주의'를 잘 보여 준다. "한국 산업체들이 군대 조직을 본떠 만들어졌다는 점을 지적하는 것이 중요하다. 이런 군대 조직과 군대 문화의 광범위한 영향력은 실로 지대한 것이었다. …… 의식적으로 혹은 무의식적으로 한국의 기업가들은 기업을 군대 조직처럼 권위주의적이고 위계적으로 조직하면서 군대의 조직 구조와 권위 모형을 채용했다"(구해근 2002, 104).

　　　　　　　3부. 장애 인권 운동과 공동의 역량

한 종족 내에서 나타나는 퇴화된 부분, 전체 인구의 생명력을 감퇴하도록 만드는 취약한 부분을 사회로부터 추방해 죽음에 노출하는 권력이라면, 형제복지원에 감금된 부랑인들이 군사주의라는 한국 사회 전반을 관통하는 권력의 기술에 의해 통제되고 있다는 사실은 무엇을 의미하는가? 만약 형제복지원 등의 수용 시설이 한국 사회의 다른 사회조직과 동일하게 군사주의에 의해 조직화되고 운영되었다면 부랑인 수용 시설에 감금된 자들은 생명 정치적 위험, 즉 제거되어야 할 대상이 아니지 않을까?

이런 맥락에서 형제복지원을 비롯한 발전주의 시기 한국의 부랑인 수용 시설을 둘러싸고 작동했던 생명 권력의 작동 양상은 생명 권력 혹은 생명 정치에 대한 통상의 이해보다 한 걸음 더 나아가 그 문제를 생각하도록 만든다. 생명 권력은 푸코가 인상적으로 규정한 대로 '살게 만들고 죽게 내버려두는 권력'이다. 그리고 살게 하는 권력이 전체 인구의 생명력을 위해 그 생명력을 위협하는 부분을 제거하고자 할 때 그것은 인종주의의 형태를 한 생명 정치적 '죽음 권력'이 된다. 여기서 생명 정치적 죽음 권력은 생명을 살해해 제거하는 권력, 격리하고 배제해 결국은 죽도록 만드는 권력으로 이해되기 쉽다.

그러나 앞서 푸코의 생명 권력 개념과 그것이 인종주의 형태로 생물학적 위험을 제거하는 방식을 살펴본 부분에서, 푸코가 생명 정치의 틀 내에서 죽음으로 의미하는 바는 '단순히 직접적인 살해만이 아니라 간접적인 살해일 수도 있는 모든 것'으로서 "죽음에 노출시키는 것, 어떤 사람들에게 죽음의 리스크를 증대시키는 것, 단순하게 정치적인 죽음, 추방, 배척" 등을 포함하고 있음을 강조했다. 직접적인 살해가 아니라 죽음에 노출하는 여러 가지 방식 가운데 하나가 바로 부랑인의 추방과 배척, 즉 감금이었다. 그리고 수용 시설에서 감금된 이들의 '죽음의 리스크'는 극도로 상승했다.

그런데 부랑인들이 수용 시설에 감금되어 간접적인 살해의 상태에 처하게 되었을 때조차도 이들을 통제하는 권력 기술의 가동이 중지된 것은 아니었다는 점이 중요하다. '죽게 내버려두는' 생명 권력은 단지 생물학적 위험 요소로 규정된 자들을 그저 정상적 사회 공간 외부로 추방해 방치하는 것이 아니라 그들의 생명력을 고갈시키고 생명력을 추출하는 기술을 통해 '죽음의 리스크'를 높이는 방식으로 작용한다는 것을 1970, 80년대 부랑인 수용 시설은 보여 준다.

형제복지원에는 세분화된 일과표가 있었고, 수용된 사람들을 분류하는 조직망이 있었으며, 이들의 활동을 구획하는 공간이 존재했다. 푸코가 생명을 대상으로 작동하는 권력의 한 축으로 제시했던 신체에 대한 해부-정치적 권력, 즉 규율이 형제복지원에서 수용된 부랑인을 관리하고 통제하는 데도 사용되었다. 물론 이때의 규율은 푸코가 주장하는 대로 그 원천을 판옵티콘에서 찾을 수 있는 권력의 기술이 아니라 문승숙이 지적하는 대로 신체에 대한 직접적 폭력과 밀착된 규율, 즉 한국의 군대에서 찾을 수 있는 권력의 기술이었다.

그러나 형제복지원에서 사용된 규율의 기술은 군대의 규율 기술, 나아가 일반 사회조직에서 사용된 군사주의적 규율 기술과는 중요한 차이를 가진다. 발전주의 시기 한국 사회에 만연했던 군

3부. 장애 인권 운동과 공동의 역량

사주의는 신체에 대한 직접적 폭력을 중요한 특징으로 하지만 그럼에도 불구하고 규율 권력이었다. 푸코의 말대로 규율 권력의 핵심이 "신체의 활동에 대한 면밀한 통제"와 "신체적 힘의 지속적인 복종"의 확보를 통해 각 개인의 신체에 "순종-효용의 관계를 강제"하는 것이라면(푸코 1994, 206) 한국의 군사주의 역시 각 개인의 신체를 복종하게 함으로써 그 신체를 효율적이고 생산적인 것으로 만드는 기능을 했다. 푸코의 말대로 권력은 생산적인 것이고 한국의 군사주의적 규율 역시 신체의 효용을 높이는 생산적 기능을 했다.

그런데 형제복지원의 경우 수용자들을 통제하는 방식에서 군사주의적 면모를 보였지만, 그런 군사주의적 통제 방식의 목적은 수용자들의 신체를 효율적이고 생산적인 것으로 만드는 것이 아니었다. 이미 지적한 바와 같이 당시 국가는 부랑인 수용을 통해 그들을 갱생하고 재건함으로써 재시민화하겠다고 표방했지만 부랑인의 시민 주체화를 수행하기 위한 재원도 전문 지식과 프로그램도 인력도 없었다. 국가는 부랑인을 단속해 수용 시설에 넘겨주었고 보조금을 일부 지원했을 뿐이다. 부랑인에게 노동규율을 체화하게 함으로써 이들을 사회에 복귀하게 하거나 '갱생'하여 다시 시민 주체가 되게 하는 일은 일어나지 않았던 것이다.

그럼에도 불구하고 부랑인 수용 시설은 군대의 방식으로 조직되고 운영되는 군사주의적 면모를 보였다. 그렇다면 신체에 대한 순종과 효용성의 부여, 혹은 시민으로서 재주체화라는 효과를 산출하지도 못하면서 왜 수용 시설은 수용자 통제 기술로 군사주의적 규율을 채택했을까?

형제복지원 내에서 행해진 수용자 통제의 방식은 '군사주의의 도착倒錯'이라는 관점에서 파악할 수 있다. 앞에서 언급한 문승숙의 지적대로 한국의 군사주의는 규율과 물리적 폭력의 융합을 특징으로 한다. 아무리 물리적 폭력과 융합되었다고 하더라도 군사주의가 주체화 전략인 이상 군사주의는 순종을 통한 신체의 효용성을 제고한다는 규율적 목표를 우위에 둘 수밖에 없다. 그런데 형제복지원에서 자행된 군사주의적 규율은 신체를 장악하는 담론적, 제도적 장치들에 비해 신체에 행해지는 직접적 폭력이 압도적으로 과잉되어 있었다.

다시 말해, 규율과 폭력의 착종에서 폭력이 오히려 규율보다 더 우위를 점하는 도착이 수용 시설 내에서 발생한 것이다. '군사주의의 도착'이란 바로 과잉 폭력의 우위하에서 규율의 기술이 부차적으로 착종된 사태를 의미하는 것이다. 그리고 이는 신체의 효율성 제고와 같은 생산적 주체 만들기 효과와는 무관하다.

가령 다음과 같은 폭력의 사례는 수용 시설 내의 폭력이 규율에 의한 생산적 주체화와 무관한 것임을 분명하게 보여 준다.

> 조장들이 나를 세워 놓고 (친)누나를 짓밟으면서 하는 말이, 누나에게 더 이상 오지 말라고 내게 욕을 강요하면서 했던 ......
> − F 씨 (유해정 2018b, 412에서 재인용).

또 김○○ 씨란 분이 계셨는데 그분이 도망가다 실패해서 잡혀 오니까 작두 있죠? 그걸로 손가락을 다 잘라 버렸

어요. 그게 안 잘라지니까 몇 번 해서 잘라 버렸어요. 그
거 보니까 아이고, 잔인해도 저렇게 잔인할 수가 싶더라
구요.

- B 씨(유해정 2018b, 413에서 재인용).

이런 참혹한 폭력의 행사는 폭력 그 자체와 관련된 어떤 정서
적 차원과 관련이 있다. 발리바르는 사회변혁, 경제적 합리성, 혹은
생산적 주체의 형성 등과 같은 적극적 목표나 방향에 따라 작용하
지 않은 폭력이 존재한다고 주장한다(발리바르 2007, 489-492). 이
런 폭력은 타자에 대한 폭력의 행사 그 자체가 하나의 이상idéal이
되는 사태에서 발생한다. 그는 이런 폭력을 '잔혹'cruauté이라고 명
명하는데 이는 변혁, 해방, 합리성과 같은 '상징적인 것'the symbolic
이나 이윤이나 소득 등의 이익에 의해 매개되지 않고 인간의 물질
적 차원에 직접적으로 자행되는 폭력이다. 그리고 이런 무매개적
폭력은 논리나 규제적 원리에 따라 행사되는 것이 아니라 정신분
석학자들이 말하는 충동에 의해 추동된다. 발리바르에 따르면 잔
혹과 인간의 물질성 사이의 무매개적인 관계, 즉 직접적인 관계를
맺을 때 그것은 '벌거벗은 관계'가 된다.

이런 "벌거벗은 관계" 안으로 어떤 무서운 이상성들이 복
귀한다. 그러나 그런 이상성들은 "절편음란물들"[물신들]
fétiches로써 또는 표장들emblèmes로서 전시된다. 잔혹한 이
상성은 본질적으로 헤게모니적이거나 "이데올로기적"인
차원이 아니라, 절편음란적[물신적]이고 표장적인 차원을

갖는다. 이 점은 역사 내의 물질적인 힘들과 이익들의 전체 상징화 과정들(이 과정들은 역사를 표상하기 위한 조건 자체인데, 이런 면에서 더 상징적인 것이 국가에 대한 이야기이든, …… 또는 그 무엇이든 간에 그렇다) 속에는, 무용하고 "의미" 없는 전환이 불가능한 나머지, 또는 이상성의 물질적인 찌꺼기가 항상 존재할 수밖에 없다는 사실과 비견될 수 있다(발리바르 2007, 492).

다시 말해, 폭력이 이데올로기나 이익의 매개 없이 물질성 자체에 대해 행사될 때 폭력은 그 자체로 이상성을 획득한다. 이때 폭력의 이상성이란 그 어떤 상징 질서와도 관련 없이 물질적(혹은 사물적) 차원에서 사용되는 폭력과 그런 폭력의 전시가 일종의 리비도적 차원을 갖게 됨을 의미한다. 다시 말해, 타자를 물질적으로 파괴하는 행위 그 자체가 향락jouissance이 되는 것이다(발리바르 2007, 503).

이런 차원에서 볼 때 형제복지원 등의 수용 시설에서 군사주의의 변용, 규율에 대한 폭력의 압도적 우위 혹은 과잉은 폭력 행위 그 자체의 실행과 전시에 결부된 향락과 관련이 있다고 할 수 있다.[10] 수용자를 찾아온 그의 친누나를 그 앞에서 짓밟고 누나에

10 형제복지원에서 벌어진 폭력의 참혹함을 보여 주는 이 글의 인용은 그곳에서 자행된 끔찍한 폭력의 일부에 불과하다. 형제복지원의 폭력에 대한 증언에 대해서는 형제복지원구술프로젝트(2015)를, 형제복지원과 더불어 선감학원, 서산개척단과 같은 또 다른 부랑인 감금 시설에서 행해진 폭력에 대해서는 유해정(2018b)을 참조하라.

게 "더 이상 오지 말라고" 말하라 강요하는 '조장'의 폭력, 탈주하다 붙잡혀 온 자의 손가락을 모두 잘라 버리는 폭력을 과연 주체화 전략이나 상징적 행위로 설명할 수 있을까?

형제복지원 등의 부랑인 감금 시설에서 규율에 대한 폭력의 압도적 과잉이라는 군사주의의 변용은 감금 시설 내에서 행사되는 폭력이 상징 질서에 의해 매개되지 않은 향락에 의해 관통되었기 때문이라 할 수 있다. 근대적 인종주의, 즉 생명 정치적 죽음 권력이 부랑인들을 죽음에 노출하는 방식은 이들을 폭력이 페티시적이고 표장적인 향락이 되어 버린 잔혹의 지대로 던져 넣은 것이었다. 그리고 이 잔혹의 지대는 발전주의 시기 생명 정치적 죽음 권력이 만들어 낸 지대였다.

그러나 형제복지원 등의 수용 시설에 감금된 자들이 겪은, 그리고 위계화된 체계하에서 수용자들 사이에 발생한 폭력이 잔혹으로서 폭력이기만 하다면, 형제복지원의 군사적 규율 장치들은 왜 필요했을까? 이는 무엇보다 수용 시설의 일상을 효율적으로 관리하고 수용자들을 통제하는 데서 군사적 규율 장치들이 유용했기 때문이다. 형제복지원의 경우 최대 3164명이 감금되어 있었고 서산개척단의 경우는 1700여 명이 수용되어 있었다. 반면 국내 수용 시설에는 이들을 관리할 충분한 인력이 없었다. 가령 서울시의 재정 지원을 받는 서울아동보호소의 경우에는 1974년 5월을 기준으로 1410명의 부랑아를 20명의 보모가 떠맡는 등 소수의 인원이 다수의 부랑인들을 관리해야 했다. 분대, 소대, 중대, 대대와 같은 군대식 인력 배치와 상명하복을 중히 여기는 군사적 위계질서는 소수의 관리자가 다수의 수용자를 통제하기 위한 효율적 장치였다.

이 장치는 부랑인 수용 시설의 경제적 이익 추구와 관련이 된다. 대부분의 부랑인 수용소는 단지 부랑인을 감금한 것에 그치는 것이 아니라 그들을 노동력으로 사용했다. 기본적으로 국토 개간 사업에 동원된 서산개척단의 수용자들은 말할 것도 없고 선감학원이나 형제복지원 역시 부랑인 교화 등을 이유로 수용자들에게 중노동을 시켰다. 이들의 노동은 수용 시설의 경제적 이익, 보다 정확히는 수용 시설 소유자의 축재를 가능하게 하는 수단이었다.

수용 시설의 강제·무상 노동은 발전주의 시기 정부의 부랑인 정책이 만든 필연적 효과였다. 정부는 재원 부족을 이유로 1970년대 이후 부랑인 관리를 민간에 위탁했고 정부는 민간 시설에 보조금을 지급했다. 그러나 이 보조금 자체가 매우 부족했기에 시설은 자체적으로 재원을 충당해야 했다. 이를 위해 수용자들의 노동이 필요했다(정수남 2018, 301). 더불어 정부가 수용된 인원에 따라 보조금을 달리 책정했기에 민간 시설은 재원 마련을 위해 부랑인들을 가급적 많이 수용해야 했다(유해정 2018b). 이에 따라 시설에 수용되는 부랑인이 많을수록 시설이 재원 확보를 위해 동원할 수 있는 노동력의 규모와 보조금의 규모도 커지게 되었다.

형제복지원을 비롯한 수용 시설에서 노동을 했던 생존자들의 증언이 보여 주듯이 이 노동은 강제 노동인 동시에 장시간 고강도의 중노동이었다.[11] 이런 강제적인 중노동은 노동자의 효율적 노동

---

11 "일이 제일 싫었어요, 좌우지간. 일이 일 년 내내 그치지가 않아요. 일부러 뱀에 물리는 애도 있어요, 부상당하면 열외시키니까. 저도 일부러 마차 바퀴에 제 발도 넣어 봤어요. ─ D 씨"(유해정 2018b, 409에서 재인용).

3부. 장애 인권 운동과 공동의 역량

과정을 통해 생산성을 높이는 규율적 노동과는 거리가 먼 것이었다. 노동을 하다 다수가 다치고 죽어 가는 수용소의 중노동은 시설 소유주의 축재를 위한 수단이었다.

형제복지원의 경우 원장인 박인근은 국가로부터 매년 20억 원의 보조금을 받았고 1977년에는 2만 8430제곱미터에 달하는 토지를 1461만 원에 부산시로부터 불하받았다. 수용자들은 아무런 임금도 받지 못하고 노역해야 했고 그들의 '복지' 수준은 매우 열악했다. 정부 보조금이나 시민들의 후원금은 원장 박인근이 착복했다. 1975년 이후 형제복지원 내에서 최소 551명이 사망했는데, 그 가운데 일부의 사체가 300만~500만 원에 의과대학 실습용으로 팔려 나갔다는 주장까지 제기되었다.

물론 형제복지원의 경우는 그 규모가 다른 부랑인 수용 시설보다 크고 폭력의 정도가 더욱 강하다고 할 수 있지만 여타 다른 민간 부랑인 수용 시설이라고 사정이 크게 다른 것은 아니었다(유해정 2018b). 시설에서 이루어진 수용자들의 강제노동, 중노동, 무상 노동 및 정부 보조금과 민간 후원금의 착복은 부랑인들이 정확히 시설 소유자의 돈벌이 수단이었음을 보여 준다. 형제복지원 등의 시설에서 수용자들에 대한 군사주의적 규율이 요청되었던 것은 바로 이 경제적 맥락 때문이다. 이렇게 수용자에게 강제적으로 무상 노동을 강요하고, 정부의 지원금을 수령하기 위해 수용 시설은 군사주의적 규율 장치들을 사용했던 것이다.

생명 정치적 인종주의에 의해 죽음의 공간으로 축출된 이들은 이제 그 공간에서 착취라기보다는 수탈의 대상으로 관리된다. 이런 성격의 노동은 이진경이 개념화한 '죽음 정치적 노동'과 가깝다.

죽음 정치적 노동은 "죽음에 이르도록 운명 지워진" 사람들로부터의 노동의 착취(추출)이며, 그로 인해 이미 죽음이나 생명의 처분 가능성이 전제된 삶의 "부양"은, 국가나 제국의 노동의 요구에 응하도록 하는 선에서 제한된다(이진경b 2015, 40).

다시 말해, 인구의 건강한 생명력을 잠식하는 열등한 부분을 제거하는 권력에 의해 죽음에 노출된 자들이 자신의 노동을 착취(추출)당하면서 수행하는 노동이 죽음 정치적 노동이다. 이런 노동은 "가장 '처분 가능한' 노동으로, 즉 노동이 수행된 때나 그 후에 내던져지고, 대체되고, (축자적으로나 비유적으로) 살해될 수 있는 어떤 대상이나 사람 곧 노동 상품이나 노동자"들이 수행하는 노동이다(이진경b 2015, 41, 42). 이진경은 죽음 정치적 노동을 군인 활동, 성 노동, 군대 성 노동, 이주 노동이라는 네 가지 형태로 구별하지만 이 글의 맥락에서 보자면 수용 시설에서 수행되는 노동이야말로 죽음 정치적 노동의 전형이라고 할 수 있다.

결국 부랑인 수용 시설 내에서 한국 군사주의의 도착은 두 가지 계기의 착종에 의해 이루어진 것이다. 즉 인간 신체의 물질적 차원에 대해 상징 질서와 무관하게 자행되는 무매개적 폭력의 향락(규율에 대한 폭력의 과잉)과 감금된 자들의 죽음 정치적 노동을 통한 축재(규율의 잔존)가 그 두 가지라고 할 수 있을 것이다.

5. 한국 사회와 죽음 권력의 테크놀로지

　　이상에서 우리는 발전주의 시기 한국 사회의 부랑인 수용과 감금이 생명 정치적 인종주의가 작동된 효과라는 점을 규명하고자 했다. 좀 더 구체적으로는 1970년대 중반 이후 부랑인을 적극적으로 단속하고 감금한 것은 생명 권력의 작동, 보다 정확히 말하자면 생명 정치적 인종주의의 작용에 의한 것이었고, 부랑인 수용소 내부의 권력 기술과 여타 일반 사회조직의 권력 기술을 공히 관통하는 것은 군사주의였으며, 다른 사회조직과 구별되는 부랑인 수용 시설만의 독특한 권력 기술은 잔혹과 죽음 정치적 노동의 착종에 의해 만들어진 도착적 군사주의였다.

　　이상의 논의를 통해 이 글은 부랑인 수용 시설 내부에서 작동한 권력의 테크놀로지가 갖는 독특성을 일차적으로 강조하고자 했지만, 동시에 그런 독특성은 생명 정치적 인종주의라는 당대 한국 사회 전반을 관통하던 권력 기술의 자장 속에 위치한 것임을 또한 주목하고자 했다. 이런 관점에 입각할 때에 형제복지원을 비롯한 부랑인 수용 시설을 단지 '발전주의 시대'라는 과거사의 문제로 치부하지 않을 수 있기 때문이다.

　　일차적으로는 형제복지원을 비롯한 사회복지시설의 인권유린과 부정부패는 여전히 현재 진행 중인 사회문제이다. 아직도 형제복지원 사건의 진상은 규명되지 않은 상태이며, 형제복지원 외에도 여러 수용 시설에서 벌어진 참혹한 인권유린의 실태 역시 '의혹'의 베일에 뒤덮여 있는 상태이다. 또한 각종 장애인 수용 시설에서 인권침해와 부정부패의 소식들이 지속적으로 사회문제로서

뉴스가 되고 있다.

더욱이 전체 인구의 건강성, 능력, 경쟁력을 저해하는 구성 부분을 열등하고 퇴화된 것으로 파악해 '죽음에 노출'하는 생명 정치적 인종주의, 즉 죽음 정치는 신자유주의라는 형태로 한국 사회에서 여전히 작동 중이다. 푸코의 지적대로 신자유주의는 생명 정치가 작동하는 최근의 형태이기도 한 것이다(푸코 2012). 비록 국가가 행정력과 주민 조직들을 동원해 부랑인과 같은 '위험한' 존재들을 적극적으로 단속하고 민간 시설을 통해 감금하는 방식은 아니라 하더라도 경쟁력과 효율성 제고에 도움이 되지 않는 자들, 인구의 최적화된 생명력을 저해하는 자들을 사실상 죽도록 방치하는 현재는 생명 정치적 인종주의가 신자유주의라는 다른 형태로 여전히 작동하는 시대이다.[12]

신자유주의적 생명 권력이 작동하는 시대에 맞서 인간의 존엄성을 보장하고 인권을 더욱 확장해 가기 위해서는 생명 정치적 인종주의에 대한 비판적 문제의식이 절실히 요청된다. 이 인종주의를 통해 작동하는 죽음 정치의 문제에 직면하고 그것을 제어할 수 없을 때 우리 사회에는 다른 모습을 한 형제복지원이 다시 출현할 가능성이 남아 있을지도 모른다. 발전주의 시기 부랑인 감금과 형제복지원으로 대표되는 부랑인 수용 시설에서 자행된 참혹한 폭력이 단지 과거 암울한 시대의 문제에 국한되지 않는다. 그 구체적 양상은 달라졌지만 생명 정치적 인종주의, 죽음 권력의 테크놀로

---

12 생명 정치적 인종주의의 현재적 작동 양상에 대해서는 정정훈(2013)을 참조.

지의 작동이라는 점에서 그런 폭력이 발생했던 시대는 작금의 한국 사회와 연속적이다. 형제복지원을 연구한다는 것은 그래서 "현재에 대한 역사 서술"(푸코 1994, 61)이기도 한 것이다.

9장

사회적 배제와 장애화 그리고 장애 정치의 역량

1. 장애인 운동의 보편성

이제 우리 장애인들은 단지 장애를 가졌다는 이유로 이 땅에서 거부되고, 배제되어 온 울분과 분노를 안고 인권 침해와 차별로 억눌려 신음 소리조차 내지 못하는 장애인들을 위해 58개 단체들이 '장애인차별금지법제정추진연대'라는 하나의 깃발 아래 뭉쳤다. 그리고 오늘 이 출범식을 기점으로 거부되고 배제되어 온 아픔과 상처를 딛고 450만 장애인들, 더 많은 잠재적 장애인들인 모든 국민들의 인간다운 삶을 보장하는 '장애인차별금지법'이 제정되는 그 날까지 뜻을 함께할 것이라는 결연한 의지를 밝히는 바이다.

2003년 장애인 운동은 장애인차별금지법의 제정을 위한 본격적인 투쟁을 시작했다. 위에서 인용한 문장은 이 운동을 위한 연대체인 장애인차별금지추진연대의 출범 선언문 가운데 일부이다. 그리고 이 선언문의 결의대로 장애인들은 자신들을 '거부'하고 '배제'해 온 사회에 맞선 투쟁을 통해, 비록 완전하다고 할 수 없지만, 2007년 〈장애인차별금지 및 권리구제 등에 관한 법률〉(〈장애인차별금지법〉)의 입법을 이끌어 냈다.

한국 사회에서 장애인의 권리가 신장되어 온 역사는 〈장애인차별금지법〉의 사례에서 볼 수 있는 것과 같이 장애인 당사자들 그리고 이들의 활동에 연대해 온 비장애인들의 '투쟁의 역사'이기도 하다. 장애인 고용 촉진 투쟁, 장애인 이동권 투쟁, 장애인 활동 지원사 제도화 투쟁, 장애인의 탈시설 투쟁 등등 한국 사회에서 이루어진 장애인 권리의 제도화에는 장애인 운동의 치열한 투쟁이 짙게 배어 있다.

그런데 위에서 인용한 선언문이 보여 주는 바와 같이 장애인 운동은 오로지 장애인 당사자의 권리만을 위해서 투쟁해 온 것은 아니다. "더 많은 잠재적 장애인들인 모든 국민들의 인간다운 삶을 보장"하기 위해서도 장애인차별금지법 제정 운동을 했다. 또한 장애인 이동권 투쟁의 결과로 도입된 저상 버스나 지하철 승강기는 장애인만이 아니라 교통 약자 일반의 이동권을 보장하는 보편적 효과를 낳기도 했다. 이런 측면에서 보자면, 장애인 운동은 그 문제의식의 차원에서도, 그리고 그 투쟁의 효과 차원에서 보편성을 가지고 있다고 하겠다.

장애인 운동은 흔히 당사자 운동 내지는 정체성 운동으로 이해되어 왔다. 물론 그 운동에는 장애인 당사자성과 정체성이 중요한 것은 사실이다. 하지만 한국의 진보적 장애인 운동은 지향과 조직, 그리고 실천적 효과에서 보편성을 담지하는 운동이기도 했다. 이 장에서는 장애인 운동의 그런 보편성에 주목하고자 한다. 보다 구체적으로는 신자유주의의 전 지구화 이후 심화되고 있는 사회적 배제의 문제를 '장애의 시좌'를 통해 살펴볼 것이다. 나아가 장애인 운동이 사회적 배제에 저항하는 정치로서의 의미, 배제를 넘어 연대와 상호 의존에 입각한 사회질서의 구축에서 갖는 의미를 사고하고자 한다.

2. 사회적 배제와 신자유주의

1) 사회적 배제의 개념과 양상

사회과학의 용어로 사회적 배제가 사용된 초기 맥락은 사회보험 체계에서 제외된 이들의 상태와 그들이 겪고 있는 고통을 개념적으로 포착하기 위해서였다. 그리고 1990년대 이후에는 이 개념의 의미망이 확대된다. 사회적 배제는 빈곤의 문제를 총괄적인 사회구조의 차원에 입각해 이해하기 위한 개념으로 변용된 것이다. 즉 사회적 배제는 더 이상 단순히 복지로부터 소외나 소득 불평등의 관점에 머물지 않고 정치적, 사회적, 문화적 차원과 관련된 시민권 자체의 불평등 구조가 만들어 내는 빈곤을 이해하기 위한 개념으로 재구성되었다(박병현·최선미 2001). 사회적 빈곤이란 특정한 집단의 사람들이 그 사회 내에 존재하는 자원들에 접근하는 것을 지역, 젠더, 인종, 사회 계급 등과 같은 기준을 바탕으로 차단하는 사태와 결부되어 발생한다는 것에 주목하는 개념이 사회적 배제이다.

마누엘 카스텔스가 사회적 배제를 다음과 같이 정의하는 것도 이런 맥락과 연관된다.

> 나는, 특정한 개인들과 그룹들이 어떤 주어진 환경에서 제도와 가치에 의해 고안된 사회 표준 내의 자율적인 생계를 이어 갈 수 있는 위치로의 접근을 제도적으로 금지당하는 과정을 사회적 배제라고 정의한다(카스텔스 2003, 97).

이런 맥락에서 보면, 사회적 배제란 특정한 사회 내에 존재하는 사람이 그 사회 내부에 존재할 자격을 가진 성원으로 포함되지 못하는 사태를 뜻한다. 달리 말해, 사회적 배제란 어떤 사람들이 특정한 사회적 공간 내에서 생활을 위한 자원을 일정하게 획득하며 살아갈 수 있는 권리, 한 사회 내에서 시민으로서 보장받아야 하는 권리의 체제로부터 배제되는 사태를 의미하는 것이다.

1990년대 이후 사회적 배제의 개념이 이 같은 의미로 사용되었다는 것은 이 개념이 신자유주의 경제 질서와 관련됨을 보여 준다. 즉 1980년대부터 미국과 유럽에서 신자유주의 체제가 성립되었고 1990년대 초 역사적 사회주의가 붕괴되면서 이 질서는 전 지구화되었다. 이 같은 맥락에서 사회적 배제는 신자유주의의 전면화 이후 나타난 빈곤의 새로운 양상을 포착하는 개념이라고 할 수 있는 것이다.

그런데 여기서 중요한 것은 신자유주의가 단순히 자유 시장을 최우선으로 하는 경제정책에 불과한 것이 아니라는 점이다. 데이비드 하비는 신자유주의를 다음과 같이 규정한다.

> 우리는 신자유주의를 국제적 자본주의 재조직화를 위한 이론적 설계를 실현시키려는 유토피아적 프로젝트, 또는 자본축적의 조건들을 재건하고 경제 엘리트의 권력을 회복하기 위한 정치 프로젝트로 해석할 수 있다(하비 2007, 36).

흔히 신자유주의는 대체로 공공 지출의 감소, 공공 부문의 민영화, 금융화, 시장규제의 철폐 등과 같은 일련의 경제정책들로 이해되지만 하비는 신자유주의가 자본주의 질서의 국제적 재조직화, 즉 전 지구적 수준에서 자본의 축적 체제를 재구성하려는 프로젝트로 이해한다. 동시에 그에 따르면 1970년대 국제적 자본축적의 위기 이후 축적을 재개하기 위한 조건들을 새로이 마련하고 자본 소유자, 경영자, 자유주의 경제 관료 및 지식인 들의 권력을 다시 강화하기 위한 정치적 기획이기도 하다.[1]

'국제적 자본주의의 재조직화'라는 맥락에서 신자유주의는 하나의 축적 체제를 의미하는데, 하비는 이를 '유연 축적 체제'라고 규정한다. 사회적 배제라는 맥락에서 보자면 유연 축적 체제하에서 노동이 조직화되고 분절되는 방식이 중요하다. 하비에 따르면, 유연 축적 체제는 노동시장을 고도의 전문성을 갖춘 핵심 노동자 집단과 전문성이 요구되지 않는 단순 노동자들로 이루어진 주변적 노동자 집단으로 분절한다.

그런데 주변적 노동자 집단 역시 다시 두 부분으로 나뉜다. 1차 주변 집단은 "사무직이나 비서직, 반복적이고 고도의 숙련을 필요로 하지 않는 육체노동과 같이 노동시장에서 즉시 구할 수 있는 일에 종사하는 풀타임 피고용인"으로 구성되며, 2차 주변 집단은 "보다 큰 산술적 유연성을 갖는 [즉 신규 고용과 해고를 통한 노동자 숫자 조절이 매우 자유로운] 집단으로서 파트타임 고용, 임시 고용, 한시적 계약층, 일시 고용, 하청 고용 및 공공 보조를 받는 직업 훈련생" 등으로 이루어진다(하비 1994, 189, 190). 당연히 2차 주변 집단의 직업 안정성은 1차 주변 집단보다 더 낮으며, 구조적 저임금으로 인해 2차 주변 집단의 노동자들은 노동 빈곤에 처하게 된다. 더욱이 2차 주변 집단에 속하는 노동인구의 비율은 지속적으로 증가하고 있다.

유연 축적 체제는 기본적으로 인간 노동에 의존하지 않는 방

---

1 하비는 이 가운데 신자유주의를 정치적 프로젝트 중심으로 이해하고자 한다. 이는 1970년대 위기 이후 자본주의 축적 체제의 변동이라는 물적 차원을 유연 축적 체제로의 이행(하비 2007)이자 수탈에 의한 축적 과정(하비 2016)으로 파악하는 반면, 신자유주의는 이 축적 체제를 구축하고 유지하기 위한 정치적 과정(하비 2007)으로 이해하고 있다는 것을 보여 준다.

3부. 장애 인권 운동과 공동의 역량

식으로 가치 증식을 이루기 때문에 더 이상 대규모 노동력을 체제 내로 포섭할 필요가 없다. 이와 더불어 복지국가, 혹은 사회국가가 해체됨에 따라 대중들이 자본주의적 경제생활에 참여할 수 있는 여지는 급격하게 축소되고 그들의 삶은 극도로 불안정해진다.[2] 다시 말해, 자본이 보장하던 안정성으로부터 배제되어 생계 자체가 심각한 곤란에 처한 사람들이 급격하게 증가하고 있다는 것이다.

이는 결국 인간이 선별되는 상황을 의미한다. 누구는 포함되고 누구는 배제되는 것이다. 요하너스 브레만은 이런 상황이 신자유주의 체제가 결과한 위기라고 지적한다.

> 노동과정에 편입되지 못한 산업예비군이 영원한 잉여 대중으로 낙인찍혀 현재에도 미래에도 경제와 사회에 편입될 수 없는 쓸모없는 짐으로 여겨질 때, 사태는 더 이상 돌이킬 수 없는 지경에 이른다. 적어도 내가 보기에 세계 자본주의의 진짜 위기는 바로 이런 변화이다(데이비스 2007, 253에서 재인용).

하나의 축적 체제로서 신자유주의가 전 지구화된 이후 빈곤의 성격이 바뀌고 있는 것이다. 즉 빈곤은 단지 경제적 수준에서 충분한 소득을 획득하지 못하는 것에 그치지 않는다. 신자유주의적 빈곤은 살 만한 삶을 위한 소득의 획득 가능성 자체를 정치적,

---

2 사스키아 사센은 이런 상황을 경제 공간의 축소라고 규정하며 이를 축출에 기초한 자본축적의 효과라고 파악한다(사센 2016).

사회적, 문화적 제도들에 의해 차단당하는 특정한 사람들의 상태가 되었다. 이런 빈곤은 사람들을 선별하는 과정, 즉 체제 내에 포함되어 권리를 누릴 수 있는 사람들과 그 체제 내에 존재하나 포함되지 못하기에 권리를 박탈당할 사람들을 선별하는 과정의 결과이다. 사회적 배제는 유연 축적 체제하에서 살 만한 삶을 살 수 있는 사람들과 그럴 수 없는 사람들을 선별하는 작업이기도 한 것이다.

2) 사회적 배제의 심층 메커니즘: 포함적 배제

그런데 한 사회 내부에 존재하지만 그 사회의 권리 보장 체제로부터 배제된 사람들은 반드시 신자유주의 축적 체제에서만 존재했던 것은 아니다. 장애인을 비롯한 약소자들은 신자유주의 이전에도 이미 정치적, 사회적, 문화적 기준에 의해 선별되어 권리 보장 체제로부터 배제되어 왔다. 사회적 배제는 신자유주의 이전부터 작동해 왔다고 할 수 있으며, 그것은 신자유주의적 축적 체제와 노동의 유연화로만 설명될 수 없는 것이기도 하다. 그렇다면 장애인, 여성, 인종적 소수자 등이 신자유주의 이전부터 경험해 온 사회적 배제는 어떻게 설명될 수 있을까? 또는 신자유주의 이전의 사회적 배제와 신자유주의적 배제 사이에는 어떤 연속성이 있는 것일까?

이 질문을 생각해 보기 위해서는 5장에서 간략하게 논의했던 아감벤의 호모 사케르 개념에 대해 좀 더 상세하게 검토할 필요가 있다. 특히 호모 사케르와 정치 공동체가 맺고 있는 포함/배제의 관계가 우리의 맥락에서는 중요하다.

고대 로마에서는 시민이 어떤 이유로 인해 모든 정치적 권리를 법에 의해 일거에 박탈당하고 절대적인 무권리 상태에 처하는 경우가 있었다. 이때 그에게 주어지는 이름이 '호모 사케르'Homo Sacer, 즉 '성스러운 인간'이다. 아감벤에 의하면 호모 사케르를 가장 잘 보여 주는 정식은 "살해는 가능하되 희생 제물로는 바칠 수 없는 생명"(아감벤 2008, 45), "그를 살해한 자에 대한 사면과 그를 희생물로 바치는 것의 금지"(아감벤 2008, 159)이다. 즉 호모 사케르를 다른 시민이 죽이더라도 살인죄가 성립되지 않을 뿐만 아니라 호모 사케르를 공동체의 희생 제의에 제물로 봉헌하는 것도 금지된다는 것이다.3

호모 사케르는 생물학적으로 사실의 견지에서는 살아 있지만(생존), 정치적 권리 혹은 법의 관점에서는 공동체의 그 어떤 공적 활동에도 참여할 수 없는 죽은 존재였다. 호모 사케르는 법적으로

---

3 이런 점에서 '호모 사케르'는 르네 지라르가 말하는 '희생양'과는 근본적으로 다른 존재이다. 우선 희생양으로 바쳐지는 자는 여전히 시민의 자격을 가지고 있지만, 호모 사케르는 더는 정치 공동체의 합법적 시민이 아니다. 또한 희생양은 공동체를 파국으로 몰고 갈 수 있는 복수의 폭력을 진정시키기 위해 공동체의 이름으로 자행되는 폭력에 내맡겨진 자이다. 희생 제의란 "단지 복수의 위험이 없는 폭력"이다. 이때 희생되는 자가 동물인지 사람인지 중요하지 않다. 희생물의 본질적 특성은 "제의적 희생물과 그 사회 사이에는 어떤 유형의 사회적 관계가 결여"되어 있다는 점이며, 이때 희생물에게 결여된 사회적 관계란 "가까운 사람의 원수를 갚은 것이 의무라고 여기는 다른 사람들의 복수의 위험 때문에 어떤 개인에 대해 폭력을 행사하지 못하게 되는 사회적 관계"를 말한다. 즉 희생양이란 복수의 연쇄를 불러일으킬 수 있는 사회적 관계망으로부터 벗어난 사회의 외부자를 뜻한다(지라르 2002, 26).

는 죽은 존재이기에 그를 살해하더라도 이는 법률의 위반(범죄)이 아니며, 또한 그는 시민으로서의 자격이 중지된 존재이기에 국가의 중대한 종교적 행사인 희생 제의에 제물로도 바쳐질 수 없는 존재이다. 그는 사실로서는 공동체 내에 실존하고 있지만 정치적으로도, 종교적으로도 아무런 의미가 없는 존재인 것이다.

생물학적 사실상의 삶과 정치적 권리상의 죽음이 한 사람의 실존 안에 동시에 체현된 존재가 바로 호모 사케르이다. 이렇게 아감벤은 고대 로마에서 호모 사케르의 삶이 보여 주었던 바를 '단지 살아 있다'는 사실 외에는 그 어떤 의미도 없는 삶/생명이라는 의미에서 '벌거벗은 생명/삶'이라고 개념화한다. 그것은 단지 생물학적 차원만을 가지고 있는 생명, 즉 벌거벗은 생명이다.

그런데 아감벤은 벌거벗은 삶이 단지 고대 로마 정치에 특유한 현상이 아니라 고대로부터 오늘에 이르기까지 모든 주권적 질서를 관통하는 정치의 근간이라고 주장한다. 국가의 창설과 존속을 가능하게 하는 주권은 벌거벗은 생명을 법의 형식 속에서 장악할 수 있을 때 비로소 성립하고 작동할 수 있게 된다는 것이다.

정치라는 것은 인간이 단순한 생명체, 즉 동물을 넘어서 언어의 질서, 이성의 질서, 법의 질서에 진입함으로써 가능해진다. 주권이란 바로 이런 질서를 창출하는 작인이다. 하지만 동시에 주권은 자신이 창출한 질서, 즉 법적 질서를 유지하기 위해 법적 질서를 중지시키기도 한다. 국가의 존속이 위태로운 사태 앞에서 국가의 일상적 질서를 관할하던 법질서가 중지되는 '예외 상태'(비상사태)가 선포되는 것이다.

이 사태를 지칭하기 위해 '예외'라는 말을 쓰는 데서 알 수 있듯, 일반적으로 예외 상태는 정상을 벗어난 사태이자 매우 특수하고 특별한 사태를 뜻한다. 그러나 아감벤에 의하면 이런 예외는 정상으로부터 벗어난 특별한 사례라거나 비정상적 이탈이 아니라 사실상 정상적인 법질서를 떠받치는 은폐된 근간이다(아감벤 2009a).

법질서는 어떻게 유지될 수 있는가? 당연히 법질서를 위협하는 사태, 법질서를 무너뜨릴 수 있는 상황을 방지하거나 진압할 수 있을 때 법질서는 유지될 수 있다. 그런데 아감벤에 의하면 법질서가 근본적으로 무너지는 사태는 법질서에 의해 처벌할 수 있는 불법행위로 인해 발생하지 않는다. 기존의 법질서로는 진압하거나 처벌하는 것이 불가능한 사태, 다시 말해 내란, 혁명, 혹은 전쟁 등이 법질서의 존립 자체를 근본으로부터 위협하는 것이다.

이런 사태를 진압하기 위해서는 국가권력이 법질서에 따라 정상적으로 작동해서는 안 된다. 비상계엄령처럼 기존의 법질서 내에서는 가능하지 않았던 방식으로 국가권력이 행사될 수 있을 때에야 그런 사태는 진압될 수 있다. 즉 정상적 법질서를 중지시킴으로써 국가권력이 정상적 법질서 아래에서는 할 수 없었던 것을 할 수 있는 예외 상태야말로 정상적 법질서 자체의 존속을 위한 조건인 것이다. 예외야말로 규칙의 근간이다.

그런데 예외 상태에 의해 하나의 정치 공동체에서 일상적 법질서가 중지되면 법에 의해 보장되던 시민들의 권리가 중지된다. 예외 상태가 선포되면 정치 공동체의 주민들은 이제 법적 권리를 보장받는 시민이 아니게 된다. 국가는 그들의 생명을 보호하지만 그들은 시민으로서의 법적 권리를 누리는 정치적 주체가 더는 아니다. 심지어 국가는 평상시의 법질서에서는 불가능한 언론 검열, 집회와 결사의 금지를 시행하며, 주민들에 대한 임의적 체포, 영장 없는 구금을 수행하기도 한다. 아감벤은 바로 이렇게 법에 의해 법질서가 중지된 사태에 놓인 정치 공동체의 주민들은 모두 호모 사케르, 즉 벌거벗은 생명의 지위에 있게 되는 것이라고 파악한다.

이것이 주권이 벌거벗은 생명을 장악함으로써만 주권을 창출한다는 말의 의미이다. 주권이 벌거벗은 생명을 장악한다는 것은 생물학적으로 동물인 인간이 이제 이성, 언어, 그리고 법에 따라 국가 안에서 살아가게 되었다는 점뿐만이 아니라 그렇게 국가 안에서 시민적 권리라는 옷을 입은 존재가 그 법에 의해 언제든지 그 권리를 박탈당한 그저 살아 있는 존재, 곧 벌거벗은 생명의 상태로 법질서에 의해 전환될 수 있다는 뜻이기도 하다.

이런 맥락에서 아감벤은 벌거벗은 삶, 즉 생물학적 사실로서 인간의 생명이 정치 공동체와 맺는 관계를 "포함적 배제"(아감벤 2008, 45)라고 규정한다. 벌거벗은 생명은 주권 질서에 포함의 형식을 통해 배제되어 있는 것이다. 그저 살아 있는 생명체, 즉 벌거벗은 생명의 존재는 법질서에 포함됨으로써 더는 단순히 살아 있기만 한 생명체가 아니게 된다. 그 단지 생명체인 존재는 법 안에 들어감으로써 권리를 가진 주체가 된다. 그리고 이와 동시에 그의 생명이 다른 동물과 본질적으로 다를 바 없는 생명일 뿐이라는 생물학적 사실은 법질서로부터 배제된다. 하지만 이 같은 포함적 배제는 결코 법질서 내에서 인간의 생물학적 생명을 결코 완전히 배제하지 않는다. 법질서는 법에 의한 그것의 중지를 통해 언제든지 시민으로서의 인간을 다시 그저 살아 있는 존재, 즉 생물학적 생명체로서의 인간으로 전환시킬 수 있기 때문이다.

나는 여기에 신자유주의 이전부터 작동해 왔던 사회적 배제의 심층 메커니즘을 이해할 수 있는 실마리가 존재한다고 생각한다. 사회적 배제가 단지 경제적 빈곤의 문제가 아니라 한 사회의 권리 보장 체제로부터 특정한 집단의 사람들을 제도적으로 배제하는 과정이라면, 사회적 배제는 소위 하층계급으로 불리는 사람들, 즉 사회국가 해체 이후 신자유주의 체제가 양산한 잉여 인간의 문제만이 아니다. 권리 보장 체제로부터 배제란 정치적, 경제적, 문화적 시민권의 제한이나 박탈이며 이는 시민을 그저 살아 있는 존재, 생물학적 생존에 매몰된 존재로 만들어 버리는 사태이다. 이런 사태, 즉 특정한 사람들을, 공동체 내에서 생물학적 삶을 이어 가고 있지만 공동체가 보장하는 권리를 누리지 못하도록 만들어 버리는 과정이 사회적 배제의 심층에 자리 잡고 있는 것이다.

3. 장애화와 취약성

1) 장애화, 혹은 역량으로부터의 분리

일반적으로 '장애인 차별'이라 불리는 사태는 포함적 배제로서의 사회적 배제를 전형적으로 보여 준다. 소위 인간 승리의 사례로서 '장애를 극복한 장애인', 다시 말해 성공한 장애인들이 아닌 다수의 장애인은 공동체 내에 실존하고 있지만 공동체 내에서 보장되는 권리들로부터 배제되어 있다. 보다 정확히 말하자면 장애인들이 공동체를 통합하는 체제나 질서에 포함되어 있음으로써 권리 보장 체제로부터 배제되는 것이다.

어떤 신체적, 정신적 손상을 입은 사람이 장애인으로 규정되는 상황은 특정한 사회질서 내에서 발생하기 때문이다. 신체에 발생한 손상이 장애로 규정되고, 손상을 입은 인간을 장애인으로 규정해 그를 무능력하거나 쓸모없는 존재로 만드는 것은 자연 상태에서 발생하는 사태가 아니다. 그것은 특정한 사회의 제도와 규범에 의해 일어나는 사태이다.

이렇게 손상이 장애로 만들어지는 과정을 비판적 장애학에서는 '장애화'disablement라고 개념화한다(올리버 2006). 이 개념에 따르면 신체적 손상 그 자체가 곧 장애는 아니다. 손상은 특정한 사회적 조건 아래에서만 장애로 변형된다. 장애 문제를 연구하는 인류학자들이 잘 보여 준 바와 같이 사회적 제도와 문화적 규범의 차이에 따라 동일한 손상이 장애로 규정되는 사회도 있고, 그렇지 않은 사회도 있다. 그러므로 장애는 개인의 신체적 차원이 아니라 그 신체가 자리 잡는 사회적 조건의 차원에서 이해되어야 한다. 이와 같은 장애화 개념을 이해하기 위해서는 우선 일반적으로 장애가 어떻게 규정되고 있는지부터 검토할 필요가 있다.

아마도 한국 사회에서 장애를 이해하는 방식은 세계보건기구WHO가 1980년에 발표한 국제장애분류기준ICIDH의 장애 이해에서 벗어나 있지 않은 듯하다. 이 문서에서는 손상impairment, 장애disabilities, 사회적 불리handicap의 개념 정의와 그 관계가 다음과 같이 제시된다. 손상은 "심리학적·생리학적·해부학적 구조나 기능의 상실 또는 비정상성"이고, 장애는 "손상으로부터 연유하는, 인간으로서 정상이라고 간주되는 방식으로 또는 그런 범위 내에서 어떠한 활동을 수행할 수 있는 능력의 제한이나 결여"이며, 사회적 불리는 "손상 또는 장애로부터 연유하는, (연령·성 및 사회적이고 문화적인 요인들에 따라 달라지는) 정상적인 역할 수행을 제약하거나 가로막는 어떤 개인에 대한 불이익"으로 규정된다(김도현 2009, 58).[4]

이 문서의 논리 전개에 따르면 손상이 곧바로 장애로 연결되며 장애는 사회적 불리함을 결과하게 된다. 즉 손상이라는 '비정상성'이 장애라는 능력의 제한 및 결여와 같은 무능력을 낳고, 이로 인해 사회적 활동에서의 불리함으로 자연스레 이어진다는 것이다. 이런 시각에서는 어떤 사람을 장애인으로 규정하는 원인은 그 개인의 신체적 손상으로 파악된다. 또한 그의 신체적 손상은 개인의 불운으로 표상된다. 그렇다면 개인적 불운으로서 손상을 입어 사회적 불리함을 경험하는 장애인에 대한 사회복지상의 지원만이 필요하게 된다.

그러나 장애인 운동과 비판적 장애학은 '손상 → 장애 → 사회적 불리(핸디캡)'라는 연속적 도식에 대해 강한 비판을 제기했고, 이 과정에서 손상, 장애, 사회적 불리 사이의 자연스러워 보이는 연결 고리를 끊어 내고자 했다. 다시 말해, 개인이 입은 손상이 곧바로 '무능력', 혹은 '역량 없음'dis-ability으로서 장애를 결과하는 것

4 현재 국제사회는 ICIDH에 대해 장애인 당사자 운동의 격렬한 비판이 제기된 이후 ICIDH에 대한 연속적인 개정을 거쳐 2001년 WHO 최고 의사결정기구인 세계보건위원회가 승인한 국제기능장애건강분류ICF를 통해 장애를 공식적으로 정의하고 있다(김도현 2009).

이 아니며, 장애의 결과가 사회적 활동에서의 불리함, 즉 핸디캡으로 연결되는 것이 아님을 보이고자 한 것이다.

가령 영국인 장애인 운동 단체인 유피아이에스UPIS는 손상과 장애 사이의 연결을 끊어 내면서 양자를 다시 정의한다. UPIS는 손상을 "사지의 일부나 전부가 부재한 것, 또는 사지, 기관, 몸의 작동에 불완전함을 지니고 있는 것"으로 규정하고, 장애를 "손상을 지니고 있는 사람들에 대해 거의 또는 아무런 고려도 하지 않음으로써 그들을 사회 활동의 주류적 참여로부터 배제시키는 당대의 사회적 합의에 의한 불이익이나 활동의 제한"으로 파악한다(김도현 2009, 62). 그럼으로써 손상이 장애가 되는 것은 언제나 특정한 사회적 조건 및 과정에 의한 것임을 드러낸다.

다시 말해, 손상이 장애가 되는 것은 차별, 억압, 그리고 배제라는 사회적 조건과 과정에 의해 일어나는 사태인 것이다.

> 마르크스는 "흑인은 흑인일 뿐이다. 특정한 관계 속에서만 흑인은 노예가 된다"고 말했다. 마찬가지로 우리는 이렇게 말할 수 있다. '손상은 손상일 뿐이다. 특정한 관계 속에서만 손상은 장애가 된다'. 이때 특정한 관계란 다름 아닌 '차별적'이고 '억압적'인 관계이며, 이런 맥락에서 우리는 장애인은 '장애인이기 때문에 차별받는 것이 아니라, 차별받기 때문에 장애인이 된다'고 말할 수 있다. 그러니까 손상을 지닌 무능력한 사람이어서 차별받는 것이 아니라, 차별받기 때문에 무언가를 할 수 없는 사람이 되는 것이다(김도현 2019, 74, 75).

이렇게 손상을 장애로 만들어 내는 과정, 즉 '손상 → 억압·차별 → 장애'의 흐름이 바로 장애화이다. 장애를 이처럼 특정한 사회적 조건 및 과정의 산물로 이해하는 입장을 '장애의 사회적 모델'이라고 한다. 장애를 뜻하는 영어 단어인 disability는 말 그대로 ability, 곧 '할 수 있음', 역량이 dis, 즉 '분리되었다는 것', 그래서 '없다'는 뜻이다. 장애의 사회적 모델에 의하면 장애란 손상된 존재로부터 그의 '어빌리티', '할 수 있음', '역량'을 분리dis하는 과정의 결과이자 손상을 입은 인간의 역량을 총체적으로 무시함으로써 만들어진 정치적, 경제적, 이데올로기적 산물이다. 즉 장애인이란 손상을 입은 인간이 사회적 과정에 의해 그 역량이 분리되고, 해체되고, 박탈되어 역량이 없는 존재, 무능력한 존재가 되어 버리는 사태를 표시하는 이름인 것이다.

이는 손상을 입은 존재가 특정한 사회질서 내부에 포함되어 실존하며 살아가게 됨으로써 경험하는 사태이다. 무엇보다 장애인이라는 범주 자체가 근대라는 특정한 시대의 산물이다. 김도현이 보여 주듯이 유럽인들과 다른 피부색을 지닌 이들 모두가 '유색인'이라는 범주에 포함된 것이 유럽에 의한 비유럽의 식민화 과정을 통해서이듯, 신체의 손상을 가진 이들 모두가 그 손상의 종류에 상관없이 장애인이라는 범주로 묶이게 된 것은 자본주의 생산양식이 본격화된 이후이다(김도현 2009).

인클로저 이후 공유지로부터 유리된 사람들을 자본주의적 노동력으로 변화시키는 과정에서 이에 적응하거나 순응하지 못한 많은 사람들이 빈민으로 규정되어 구빈원에 수용되는데, 이때 빈민은 특히 '아동, 병자, 광인, 심신에 결함이 있는 자, 노약자'라는 범주로 구별되었다. 즉 소득의 유무 이전에 생물학적 특성 혹은 의학적 특성이 빈민을 분류하는 범주가 되었던 것이다. 그리고 이런 범주에 포함되지 않은 이들이 노동할 수 있는 능력을 가진 이들로 규정되었다.

> 이런 다섯 가지 범주 중 아동을 제외한 네 가지 범주가 바로 장애인을 구성하게 됩니다. 즉, 일할 수 있는 몸the able bodies을 선별하기 위해 일을 할 수 없는 몸the disabled bodies을 명확히 규정하고자 했고, 이로부터 오늘날과 같은 '장애'disability라는 개념이 형성됩니다. 그리고 일을 할 수 없다고 규정된 장애인들을 보다 더 전문화되고 특수한 수용 시설, 격리 지구, 특수학교 등으로 밀어 넣는 것이 정당화되었던 거지요(김도현 2009, 79).

즉 장애인이라는 범주는 자본주의 체제하에서 신체적 손상이 있는 사람들이 그 손상 때문에 '생산적 노동', 즉 가치를 생산하는 임금노동 체계에 포함될 수 없게 되는 역사적 국면에서 만들어지게 된 것이다. 이들은 자본주의 체제 안에서 살아갈 수밖에 없는 존재라는 측면에서, 즉 사실의 측면에서는 체제 내에 포함되어 있다. 하지만 이들은 노동을 통해 자본주의적 생산에 기여하는 존재라는 당위의 측면에서는 포함되어 있지 않은 존재이다. 그들은 가치를 생산할 수 있는 능력이 없는 자이기에 자본주의가 보장하는 권리 체제로부터 배제된다. 다시 말해, 손상을 입은 이들은 자본주의사회 내에 포함되어 있지만 자본주의적 생산에 부적합한 손상으로 인해 자신의 권리를 실제적으로는 보장받지 못한 채 수용되거나 격리되는 것이다.

2) 취약성이 무능력한 것이 될 때

하지만 과연 손상이 없는, 불완전하지 않은 인간, 즉 완전한 인간이란 누구일까? 일반적으로 말하자면, 정도의 차이는 있을지라도 모든 인간은 나름의 손상을 갖고 있다. 왜냐하면 인간은 상처 입을 수 있는 존재, 즉 취약한 존재이기 때문이다. 취약한 존재이기에 인간은 언제든지 손상을 입을 수 있다. 아니, 엄밀하게 말하자면 취약성 그 자체가 이미 손상일 수 있다. 신체의 일부가 다른 이에 비해 더 취약한 이는 상대적으로 이미 손상을 입은 존재이다. 가령 유아는 청소년이나 성인에 비해 취약하기에 이미 손상을 입은 존재이며, 청년에 비해 취약한 노인은 청년을 기준으로 할 때 이미 손상을 입은 존재이다. 시력이 낮은 이는 볼 수 있는 능력이라는 점에서 취약하며 시력이 좋은 이에 비해 손상을 입은 존재이지 않은가.

그러나 장애화된 삶들의 취약성은 장애화되지 않은 삶들의 취약성에 비해 더더욱 취약한 것으로, 그 취약성이 회복 불가능하거나 보완 불가능한 것으로 규정된다. 이는 자본주의적 노동, 즉 가치 생산 노동을 견딜 수 없는 취약성, 효율성을 중시하는 자본주의적 노동에 적합하지 않은 취약성이기 때문이다. 다시 말해, 자본주의라는 사회적 조건은 어떤 손상을 더더욱 취약한 것으로 만들며, 그런 손상으로 인한 취약성을 그저 생물학적으로 보존하는 것이외에는 다른 것을 할 수 없는 무능력으로 만든다. 이렇게 인간 일반의 속성인 취약성은 특정한 조건 아래에서 생존 외에 할 수 있는 것이 없는 무능력, 심지어 타인과 사회에 일방적이고 절대적으로 의존해야만 하는 무능력이 되는 것이다.

손상을 입은 어떤 취약한 신체들은 자본주의적 가치 생산에 기여할 수 없는 자들로서 자본주의 체제 내에 존재하고 있기 때문에 이 사회에 포함되어 있음과 동시에 배제되어 있다. 그들은 포함의 형식으로 배제되어 있는 것이다. 이렇게 포함적으로 배제된 이들이 머무는 공간이 바로 장애인 복지시설, 장애인 요양 병원, 장애인 기숙학교, 심지어 가정 등을 비롯한 각종 수용 시설이다. 수용 시설은 장애인이 처한 포함적 배제를 극명하게 보여 주는 공간이다.

그러므로 사회적 배제의 일반적 메커니즘으로서 포함적 배제는 역량의 문제와 결부되어 있다. 이런 맥락에서 아감벤이 호모 사케르, 즉 성스러운sacer 인간homo을 개념화할 때 '성스러움'의 의미를 다음과 같이 파악하는 것은 우리의 논의 맥락에서 의미심장하다.

성스러운 것이나 종교적인 것은 모종의 방식으로 신들에게 속하는 것이었다. 그 자체로 성스러운 것이나 종교적인 것은 인간의 자유로운 사용과 상업 거래에서 떼어 내졌다. 이것들은 판매되거나 저당 잡힐 수도 없었으며, 그 용익권을 양도하거나 지역권이 부과될 수도 없었다. 이처럼 특별한 이용 불가능성을 위반하거나 침해하는 모

3부. 장애 인권 운동과 공동의 역량

든 행위가 바로 신성모독적 행위였다. 성스러운 것이나 종교적인 것은 천상의 신들이나 저승의 신들을 위해서만 배타적으로 비축된 것이었다(아감벤 2010, 107).

성스럽다는 것은 오로지 신과 같은 초월적 존재에게 전적으로 귀속된다는 것, 그래서 그런 귀속 상태 외의 다른 방식으로 그 역량을 사용할 수 없게 된 존재로 결정됨을 뜻한다. 아감벤은 이렇게 성스러운 것이 된 존재를 모든 잠재력을 상실하고 절대적으로 현행적 사실이 되어 버린 존재라고 규정한다.

어떤 인간을 성스럽게 만든다는 것은 그의 삶을 의미 있는 삶, 행복한 삶으로부터 분리하는 과정이다. 아감벤은 결코 단순한 생물학적 생명, 살아 있는 사실로만 규정되는 삶, 다시 말해 벌거벗은 삶으로 환원될 수 없는 삶을 '삶-의-형태'Forma-di-vita라고 개념화한다(아감벤 2009b). 삶-의-형태란 "그 형태와 분리할 수 없는 삶, 그것으로부터 벌거벗은 생명 같은 것, 결코 고립시킬 수 없는 삶"(아감벤 2009b, 13, 14)이다. 이런 삶에서 가장 중요한 것이 삶의 가능성, 혹은 잠재력으로서 역량이다.

이 삶에서는 살아가는 모든 방식, 모든 행위, 모든 과정이 결코 단순한 사실이 아니라 항상 무엇보다 삶의 가능성이며, 항상 무엇보다 역량Potenza/Potentiality(잠재력, 잠재성-인용자)이다. 제아무리 습관적이고, 반복되고, 사회적 의무로 간주된다고 하더라도 인간이 살아가는 모든 행동과 형태는 항상 가능성이라는 특성을 보존하고 있다(아감벤 2009b, 14).

특정한 질서에 고착되어 다른 어떤 것도 할 수 없고 될 수 없는 상태가 아니라 다른 무엇인가를 하거나 다른 어떤 것이 될 수 있는 가능성이야말로 인간다운 삶을 규정하는 차원이라는 것이다. 반면 신에게 '봉헌한다'sacrare는 것, 곧 성스럽게 만든다는 것은 더는 다른 것을 할 수 있고, 다른 것이 될 수 있는 가능성, 잠재력을 전부 잃어버린 상태를 의미한다. 신에게 봉헌된 성스러운 삶이란 역량을 박탈당한 삶이다. 현재 규정된 존재와는 다른 것이 될 수 있는 잠재력이 상실된 존재의 상태, 초월적 존재의 목적을 위해 그 의미가 단 하나로 규정되어 버린 존재의 상태가 성스러움인 것이다. 호모 사케르, 즉 성스러운 인간이란 그 삶의 모든 역량이 단지 생존으로 환원된 인간을 의미한다. 무능력으로서 생명 바로 그것이 호모 사케르의 삶이다.

그렇다면 손상이 장애로 변형된다는 것은 손상을 입은 삶들로부터 가능성이, 역량이 박탈되는 사태를 의미한다고 할 수 있다. 자본주의사회에서 무능력한 존재로 규정된 장애인은 자본주의사회에서 단지 살아 있기만 한 생명체라는 현실적 규정 외에 그 어떤 다른 정치적, 사회적, 문화적, 경제적 가능성도 거부된 존재가 되는 것이다. 그들에게 주어진 삶이란 '재가 장애인'이라는 이름으로 가정에 수용되거나, '복지시설'에 감금되거나, '특수학교' 에 격리되는 것이다. 자본주의사회가 규정한 장애인의 삶에서 한 치도 벗어날 수 없는 삶을 살아가는 존재가 되는 것이 바로 장애인들이 경험하고 있는 사회적 배제이다.

4. 장애 정치의 역량

1) 장애화 또는 역량 박탈에 맞서는 정치

비판적 장애학이 제시한 장애의 사회적 모델은 장애인 권리 운동의 과정에서 구성된 장애에 대한 대항적 지식, 정치적 지식이라고 할 수 있다. 하지만 이 개념은 장애인 당사자가 경험하는 억압과 차별, 그리고 배제를 설명하는 데 국한되지 않는다. '장애화'는 장애인 당사자가 경험하는 억압과 차별을 넘어서 사회적 배제의 일반적 성격이 무엇인지를 포착할 수 있는 잠재력을 가지고 있다. 장애화가 특정한 사람을 역량이 없는, 무능력한 존재로 만드는 과정을 그 핵심으로 한다고 할 때, 장애화는 단지 손상을 장애로 전환하는 작업에 그치는 것이 아니게 된다. 그것은 사회적 배제의 일반적 과정이기도 하다.

자본주의 체제에서 여성의 배제 과정 역시 일종의 장애화 과정이었다고 할 수 있다. 실비아 페데리치는 자본의 본원적 축적 과정으로서 인클로저 운동을 분석하면서 그것이 단지 노동계급을 생산하기 위한 폭력의 과정만이 아니었음을 보여 준다(페데리치 2011). 공유지commons로부터 생산자를 축출해 프롤레타리아트를 만들어 내는 노동계급의 조성 과정은 여성을 또한 공유지로부터 분리하는 과정에 기초하고 있다.

자본의 본원적 축적 이전 여성들은 공유지에서 삶의 자원을 스스로 획득하고 이에 기초해 일정하게 자율성과 권리를 행사했다. 하지만 인클로저 이후 여성들은 권리의 기초인 공유지로부터 축출되어 그저 남성 노동력을 재생산하는 영역인 가정에 유폐되어 버린 것이다. 본원적 축적은 "착취할 수 있는 노동자와 자본의 단순한 축적과 집중"에 그치지 않으며 "노동계급 내부에서의 차이와 분할의 축적이기도 했으니, '인종'과 나이 외에도 성별에 따라 세워진 계서제가 계급 지배와 근대 프롤레타리아트를 형성하는 근간"이었다는 것이다(페데리치 2011, 105).

다시 말해, 생산수단으로부터 분리된 생산자들은 그 내부에서 또다시 분할되었는데, 그와 같은 분리와 분할은 여성의 능력을 박탈 또는 해체하는 과정이기도 했다. 물론 봉건제 사회에서도 여성들과 남성들의 권리가 평등하지는 않았다. 그러나 여성 농민들은 오히려 남성 농민들에 비해 열등한 지위 때문에 공유지에 더욱 많이 의존해야 했고, 그들은 공유지에서 함께 노동을 하면서 교류하고 협력했다. 공유지에 기초한 이런 노동과 교류·협력은 여성들의 생산능력을 증대하고, 더 많은 정보를 취득하게 해주었으며, 가정 내에서의 영향력도 향상할 수 있는 조건이 되었다.

그렇기 때문에 공유지로부터의 축출은 여성들의 역량을 더욱 심각하게 훼손하는 결과를 초래했다. 다시 말해, 자기 역량의 물적 토대가 상실된 것이다. 이렇게 여성 프롤레타리아트가 창출된다.

> 가장 중요한 것은 생산과 재생산의 분리가 여성 프롤레타리아트를 창출했다는 점이다. 그들은 프롤레타리아트인 점에서는 남성과 동일하지만, 임금을 받을 길이 요원하다 보니 어쩔 수 없이 만성적인 가난과 경제적 의존 상태에 빠졌고, 노동시장에서의 존재감도 사라져 갔다(페데리치

공유지로부터 축출된 이후 남성들은 임금노동 체제에 편입되어 노동자계급이 된다. 그들은 '생산적 노동'을 수행하는 존재로서 자신이 생산한 가치에 걸맞은 보상을 요구하는 투쟁의 주체가 되기도 했다. 하지만 여성들이 수행하는 가사노동, 돌봄 노동, 즉 재생산 노동은 '비생산적 노동'으로 규정되며 자본주의적 노동의 세계에서 비가시화되었고, 선거권을 비롯한 정치적 권리도 그들에게 주어지지 않았다. 그로 인해 여성들의 노동은 지불받지 못하게 되었고, 결국 가족의 부양을 위해 노동하는 남성의 소득에 절대적으로 의존할 수밖에 없는 경제적 무능력자들이 된 것이다. 여성들의 노동은 재생산 영역에 유폐되었지만 재생산 영역에서도 여성들은 자기 결정권을 상실했고, 여성이 임금노동 체계에 편입되는 경우가 있다 하더라도 그녀의 노동은 남성의 노동에 비해 매우 적은 지불을 받을 뿐이었다. 즉 인클로저는 여성을 '무능력한/역량이 없는'disable 존재로 만드는 과정, 혹은 장애화하는 과정이었다.

이렇게 특정한 사람들로부터 그들의 역량을 박탈해 무능력하고 무기력한 존재로 만드는 과정, 자신에게 남아 있는 모든 역량을 단지 생존을 위한 최소한의 화폐 획득에 소진하게 만드는 사회적 배제는 장애화와 그 본질에서 큰 차이가 없는 것이다. 사회적 배제는 특정한 사람들을 무능력한 존재로 만들어 내는 과정이라는 점에서 장애화 과정과 본질을 공유하고 있다.

비판적 장애학이 벼려 낸 장애화라는 개념은 물론 장애인의 경험을 규명하기 위한 독특한 개념이지만, 사회적 조건에 의해 역량을 박탈당하는 일반적 과정을 포착하게 할 수 있는 개념이기도 하다. 이런 맥락에서 나는 비장애인 역시 경험하는 이런 무능력화를 장애화라는 개념을 참조해 '역량 박탈'이라고 개념화하고자 한다.5 그렇다면 사회적 배제의 근간에는 장애화와 다르지 않은 것으로서 역량 박탈이 놓여 있다고 말할 수 있다. 이렇게 장애인 운동에서 생산된 정치적 지식은 사회적 배제 일반의 핵심을 역량의 박탈로 파악할 수 있게 만드는 역량을 가지고 있다.

2) 취약성과 연대

아감벤의 호모 사케르 개념, 즉 주권적 질서에 포함적으로 배제된 벌거벗은 생명 개념은 신자유주의라는 자본축적의 특정 형태를 넘어서 사회적 배제의 심층 메커니즘을 포착하게 해주는 이론적 장점을 갖는다. 우리는 이런 개념군들을 통해 자본주의 생산양식 일반에서 손상이 어떻게 장애화되어 사회적 배제의 대상이 되는지를 검토했다. 하지만 아감벤의 개념들은 사회적 배제에 저항하는 장애인들의 투쟁을 이론적으로 포착하는 작업에서는 그 적실성을 상실한다. 아감벤은 주권 권력에 의해 통치되지 않기 위해서는 벌거벗은 생명으로 환원되지 않는 '삶-의-형태'를 창안하는

---

5 여기서 말하는 역량 박탈disempowerment이란 역량 강화empowerment가 역전되는 사태를 의미한다. 즉 역량 강화가 주체의 자기 결정 능력과 타자에 대한 영향력을 증대하는 과정이라면, 역량 박탈은 그와 같은 자기 결정 능력과 타자에 대한 영향력을 감소하는 과정이자 자기 긍정의 기반을 해체하는 과정이다.

것이 필요하며, 이런 창안의 작업을 '세속화'profanazione로 규정한다 (아감벤 2010). 하지만 세속화의 역사적 양상, 구체적 실천의 형태를 제시하지는 않는다. 이런 정치학에서 그 어떤 적극적 실천의 가능성을 찾는 것은 무망한 일로 보인다.

아감벤의 개념들은 주권 권력에 저항하는 구체적인 실천들, 역사적으로 이루어져 온 저항의 운동들을 분석하는 데 쓸모가 없다. 그의 개념으로 저항의 정치를 탐구할 수가 없다. 아감벤은 나치즘에서 9.11 이후 서구의 테러와의 전쟁에 이르기까지 강제수용이나 시민권의 제한 등과 같은 억압적 사태들에 대해서는 호모 사케르, 예외 상태 등의 개념을 활용해 분석한다. 하지만 그는 '삶-의-형태'나 '세속화'와 같은 개념을 통해 주권 권력과 예외 상태에 맞서 벌어진 구체적인 저항을 분석하는 경우는 없다. 이 개념들은 이론적 논의에서만 새로운 저항의 가능성으로 논의될 뿐이다.

실제로 장애인들의 경험을 역사적 차원에서 살펴보면 이들을 단지 사회적 배제의 희생양, 혹은 잠재력을 박탈당한 호모 사케르라고만 규정할 수 없음을 알 수 있다. 그들은 벌거벗은 생명으로 자본주의사회에 놓여 있지만 그저 무기력하게 이런 사태에 붙잡혀 있는 것만은 아니다. 한국 사회의 장애인들은 결코 장애화의 과정에 무기력하게 속박된 채 무능력한 존재로서 생물학적 생명을 이어 가고 있지만은 않다. 가령 전국장애인차별철폐연대(이하 전장연)의 활동가들이 보여 주듯이 장애인들은 사회운동의 형태로 자신들의 새로운 정치적 역량을 드러내 보이고 있다.6

그런데 장애인 운동이 새로운 정치적 역량을 보여 준다는 것은 무슨 의미일까? 이 말은 물론 사회운동을 전개하는 장애인들의 역량이 화폐화되기에 적합한 자본주의적 노동 역량이기도 하다는 뜻은 아니다. 자본주의가 장애인들의 취약성을 생산적 노동에 부적합한 것으로 규정해 권리 체제로부터 배제한다면 이에 맞서 투쟁하는 장애인들은 오히려 그런 취약성으로부터 자신들의 역량을 구성하고 있다고 나는 이해하고자 한다.

신체의 손상, 가치 생산에 적합하지 않은 신체라는 그 취약성이 권리로부터 배제의 이유가 될 수 없음을, 그들을 무능력한 존재로 만드는 것은 신체의 손상이 아니라 그 손상을 배제하고, 차별하는 사회의 제도와 규범에 있음을 장애인 운동은 주장해 왔다. 장애인 고용의 법제화를 위한 투쟁, 저상 버스와 지하철 승강기 설치를 중심으로 한 장애인 이동권 투쟁, 장애인차별금지법 제정을 위한 투쟁, 장애인 수용 시설에서 나와 사회 속에서 살아가기 위한 탈시설 투쟁 등은 바로 그 취약성을 무능력으로 만드는 과정, 장애화 과정에 저항하는 운동이었다. 이런 운동은 장애인의 상대적 취약성을 부정하지 않는다. 장애인 운동은 오히려 취약하기에 장애인의 모든 삶이 취약성에 잠식되지 않도록 해줄 기반, 취약한 장애인의 삶을 '살 만한 것'으로 만들 수 있는 사회적 기반을 구성하려는 정치적 실천이다.

버틀러는 억압과 압제에 저항하는 정치, 평등과 존엄을 성취하고자 하는 해방의 정치는 바로 인간의 취약성으로부터 시작된다고 말한다(버틀러 2020). 인간 역시 다른 생명체들과 마찬가지로

---

6 한국 장애인 사회운동의 역사에 대해서는 김도현(2007), 장애여성공감(2010) 등을 참조.

결국 생물학적 신체를 가지고 있는 존재이기 때문에 "상처받을 수 있는 것으로 이해되는 삶"(버틀러 2020, 172)이다. 인간인 우리는 취약하기 때문에 우리의 삶을 "살 만한 삶"으로 만들어 줄 사회적 관계와 환경적 조건이 필요하다. 그리고 이런 우리의 취약성, 상처받을 수 있음은 또한 살 만한 삶을 위한 기반을 형성하기 위한 연대의 조건이기도 하다.

버틀러는 이런 취약성을 불안정성precariousness이라고 부른다. 그에 따르면 인간의 불안정성으로부터 인간의 상호 의존성이 필연적으로 도출된다.

> 모든 이는 불안정한 상태에 있으며, 이와 같은 불안정성은 우리가 거주지와 생명 지속을 위한 필수 요건들을 위해 서로에게 의존할 수밖에 없는 신체를 가진 존재들이라는, 따라서 우리는 모두 불공정하고 불평등한 정치 조건 아래서 무국적성, 노숙, 그리고 빈곤의 위험에 놓일 수 있는 존재들이라는 우리의 사회적 실존에 기인한다는 것이다(버틀러 2020, 173).

인간은 '불공정하고 불평등한 정치적 조건'에 의해 모두 자신이 국가로부터 쫓겨나고, 편안하고 안전하게 잠들 곳을 잃어버리고, 생계를 유지하기 위해 모든 역량을 투여해야 하는 상황에 언제든지 놓일 수 있는 존재이다. 이런 상황에 처하지 않기 위해 인간은 자신의 '거주지와 생명의 지속을 위한 필수 요건들'을 서로에게 의지할 수밖에 없는 존재라는 것을 인식해야 한다. 상호 의존성이란 인간의 취약성, 온전히 자신의 힘만으로는 자기 보존을 지속할 수 없다는 인간의 실존적 조건으로부터 비롯된다.

그러나 이런 상호 의존성은 그런 취약성이 특정한 정치적, 경제적 조건 아래에서 구조적으로 강화되는 상황, 즉 인간이 그런 취약성으로 환원되는 조건에 처하지 않기 위해서는 더더욱 필요한 것이기도 하다.

> 이 같은 주장을 함과 동시에 나는 또 다른 주장도 하고 있는 것인데, 말하자면 우리의 불안정성은 경제적·사회적 관계의 조직, 그리고 우리 삶을 유지시키는 인프라와 사회적·정치적 제도들의 존재 혹은 부재에 크게 좌우되고 있다는 것이다(버틀러 2020, 173).

그러므로 인간의 실존적 취약성은 사회적 조건들과 필연적으로 결부되어 있다. 이렇게 실존적이고 사회적인 차원이 동시에 결부된 취약성을 버틀러는 불안정성이라고 개념화하는 것이다. 그러므로 불안정성은 "신체적 욕구의 조직과 보호에 대해 다루고 있는 정치의 차원과 분리될 수" 없으며, 이것은 "우리의 사회성을, 그리고 우리는 서로 의존할 수밖에 없다는 우리 존재의 취약하고도 필수적인 차원을 노출"한다(버틀러 2020, 174).

이런 상호 의존성이 우리의 취약성에 상처를 내는 정치경제적 조건에 대한 거부와 대항의 차원에서 표현되는 것이 바로 연대이다. 우리의 실존적, 사회적 취약성, 곧 불안정성은 연대의 필연적인 조건인 것이다. 장애인 운동은 바로 이런 불안정성으로부터의 연대를 한국 사회에서 가장 극명하게 보여 주는 연대의 정치를 실천하고 있는 셈이다. 가정에, 특수학교에, 기관에 수용되어 있던 장애인들은 서로의 취약성을 방어하기 위해 만나고 함께 이야기를 나누고 같이 공부하고 힘을 모아 투쟁하는 상호 의존의 실천을 통해 자신들을 무능력한 존재로 만드는 장애화에 저항하며 자신들의 권리를 쟁취해 갔다.

이 과정은 또한 단지 장애인들만의 연대를 통해 이루어진 것이 아니다. 전장연의 경우가 보여 주듯이 장애인의 취약성을 장애인의 무능력, 무기력으로 만드는 사회에 대한 투쟁은 비장애인들과의 연대를 통해서도 이루어졌다. 그리고 이런 연대는 단지 장애인의 취약성을 방어하는 과정만이 아니라 비장애인의 취약성을 방어하는 과정이기도 했다. 이렇게 취약성에 입각한 연대 정치의 실천이야말로 한국의 장애인 운동이 보여 주는 정치적 역량이라고 할 수 있다.[7] 그리고 취약성으로부터 시작되는 연대는 모든 해방적 정치의 보편적 원리이다. 한국 장애인 사회운동의 독특성에는 이렇게 보편성이 깃들어 있다.

5. 사회적 배제에 맞선 인권의 정치로서 장애인 운동

이처럼 전장연을 비롯한 한국의 장애인 운동은 역량을 박탈

---

7 이런 입장을 가장 명확하게 보여 주는 장애인 운동의 문헌이 7장에서 분석한 〈시대와 불화하는 불구의 정치〉일 것이다.

하는 사회적 배제에 맞서는 정치의 경로를 보여 주고 있다. 이 운동은 무엇보다 우리의 취약성으로부터 현재의 지배 질서와는 다른 질서를 구축할 수 있는 가능성을 보여 준다. 차별과 착취, 수탈과 배제에 기초한 사회가 아니라 공거cohabitation와 협력 그리고 연대에 기초한 사회는 장애인 운동이 가장 분명하게 보여 주는 취약한 존재들의 상호 의존성으로부터 만들어질 수 있기 때문이다.

인권이 갖는 의미 역시 여기에 있을 것이다. 취약한 존재들인 우리의 삶이 살 만한 삶이 되도록 할 수 있는 권리가 바로 인권이다. 그리고 상호 의존성과 협력에 바탕을 둔 공동의 역량이야말로 인권의 핵심적 조건인 것이다. 인권은 모든 사람의 존엄이 평등함을 요구하는 규범이고, 인권의 보장에서 인간의 역량 강화는 핵심적인 부분이다(센 2013; 누스바움 2015). 그렇다고 한다면 장애화, 또는 역량 박탈의 과정으로서 사회적 배제는 철저하게 인권의 조건, 그 존엄성의 기반을 허무는 권력의 작동 방식이라고 할 수 있다.

장애인 운동이 생산한 대항적 지식으로서 장애화 개념은 이렇게 인권의 기반을 해체하는 사회적 배제의 반인권성을 명확하게 보여 주는 지식 정치의 효과를 가지고 있으며, 장애화에 저항하는 장애인들의 운동은 사회적 배제에 맞서는 정치의 가능성, 실존적이고 사회적인 취약성으로부터 시작되는 상호 의존과 연대 그리고 이에 기초한 해방의 정치의 보편적 가능성을 실현해 가고 있다고 할 수 있다. 이것이 장애의 정치가 인권의 정치로서 갖는 보편성일 것이다.

강성현. 2016. 「피해자와 사회 중심의 진상 규명과 정의 수립은 가능한가」.
    　　김명희·김왕배 엮음. 『세월호 이후의 사회과학』. 그린비.
구해근. 2002. 『한국 노동계급의 형성』. 신광영 옮김. 창작과비평사.
김도현. 2007. 『차별에 저항하라』. 박종철출판사.
_____. 2009. 『장애학 함께 읽기』. 그린비.
_____. 2019. 『장애학의 도전』. 오월의봄.
김동춘. 2015. 『대한민국은 왜?』. 사계절.
김명연. 2019. 3. 2. 「전두환은 왜 531명 죽어 나간 그곳을 칭찬했나」. 〈프레시안〉.
    　　http://www.pressian.com/news/article/?no=22034#09T0.
김보명. 2018a. 「혐오의 정동경제학과 페미니스트 저항: 〈일간 베스트〉, 〈메갈리아〉,
    　　그리고 〈워마드〉를 중심으로」. 『한국여성학』 제34권 1호, 1-31쪽.
_____. 2018b. 「공백으로부터, 아래로부터, 용기로부터 시작하는 페미니즘, 교차성」.
    　　한우리 외. 『교차성×페미니즘』. 도서출판 여이연.
김재완. 2015. 「형제복지원 인권침해불법행위 사건의 책임, 기억 그리고 미래」.
    　　『민주법학』 통권 57호, 15-53쪽.
김현옥. 2002. 「일상생활 속의 군사주의 재생산과 성별 경험: 의식·경험·행위 간 관계를
    　　중심으로」. 『한국여성학』 제18권 1호, 71-101쪽.
누스바움, 마사. 2015. 『역량의 창조』. 한상연 옮김. 돌베개.
데리다, 자크. 2004. 『법의 힘』. 진태원 옮김. 문학과지성사.
_____. 2007. 『마르크스의 유령들』. 진태원 옮김. 이제이북스.
데리다, 자크 외. 2009. 『마르크스주의와 해체』. 진태원·한형식 옮김. 도서출판 길.
데이비스, 마크. 2007. 『슬럼, 지구를 뒤엎다』. 김정아 옮김. 돌베개.
들뢰즈, 질. 1999. 『의미의 논리』. 이정우 옮김. 한길사.
대한민국 내무부. 2019. 2. 28. 「부랑인의 신고, 단속, 수용, 보호와 귀향 및 사후관리에
    　　관한 업무처리 지침」(1975. 12. 15.). 내무부훈령 제410호.
    　　http://db.kdemocracy.or.kr/isad/view/00164531.
대한전문건설신문. 2023. 3. 2. 「중대재해법 시행에도 산재 사고사망 늘었다 … 46명
    　　증가해 874명」. https://www.koscaj.com/news/articleView.html?idxno=
    　　233486.
라클라우, 에르네스토·샹탈 무페. 2012. 『헤게모니와 사회주의 전략』. 이승원 옮김.

후마니타스.

랑시에르, 자크. 2008. 「동시대 세계의 정치적 주체화 양태들」. 양창렬 옮김. 중앙대학교 강연문.

_____. 2013. 『정치적인 것의 가장자리에서』. 양창렬 옮김. 도서출판 길.

_____. 2015. 『불화』. 진태원 옮김. 도서출판 길.

_____. 2020. 『감각적인 것의 분할』. 양창렬 옮김. 현대정치철학연구회.

로크, 존. 2023. 『통치에 관한 두 번째 논고』. 문지영·강철웅 옮김. 후마니타스.

마르크스, 카를. 1991. 「헤겔 법철학의 비판을 위하여. 서설」. 카를 마르크스·프리드리히 엥겔스. 『칼 맑스 프리드리히 엥겔스 저작 선집 1권』. 최인호 외 옮김. 박종철출판사.

_____. 1996. 「유태인 문제에 대하여」. 『마르크스의 초기저작: 비판과 언론』. 전태국 외 옮김. 열음사.

마르크스, 카를·프리드리히 엥겔스. 1991. 「독일 이데올로기」. 카를 마르크스· 프리드리히 엥겔스. 『칼 맑스 프리드리히 엥겔스 저작 선집 1권』. 최인호 외 옮김. 박종철출판사.

마수미, 브라이언. 2011. 『가상계』. 조성훈 옮김. 갈무리.

무페, 샹탈. 2019. 『좌파 포퓰리즘을 위하여』. 이승원 옮김. 문학세계사.

문성훈. 2006. 「하버마스에서 호네트로: 프랑크푸르트학파 사회비판모델의 인정이론적 전환」. 『철학연구』 제73집. 철학연구회, 123–148쪽.

문승숙. 2007. 『군사주의에 갇힌 근대』. 이현정 옮김. 또하나의문화.

미류. 2023. 「10·29 이태원 참사와 책임 규명의 정치」. 『문화과학』 통권 제113호, 172–195쪽.

민병로. 2018. 「헌법 전문과 민주주의: 5.18정신의 헌법 전문 수록의 헌법적 당위성」. 『법학논총』 제39권 1호. 전남대학교법학연구소, 9–35쪽.

바우만, 지그문트. 2013. 『현대성과 홀로코스트』. 정일준 옮김. 새물결.

박미선. 2014. 「여성주의 좌파이론을 향해서: 흑인 페미니즘 사상과 교차성 이론」. 『진보평론』 제59호, 105–125쪽.

박민지. 2018. 「보편 인권과 다원성의 조화: 하버마스의 이중적 인권 개념을 바탕으로」. 『철학사상』 제68호. 서울대학교철학사상연구소, 239–265쪽.

박병현·최선미. 2001. 「사회적 배제와 하층계급 개념의 고찰과 이들 개념들의 한국빈곤정책에의 함의」. 『한국사회복지학』 제45호, 185–219쪽.

박정희. 2019. 3. 9. 「헌법개정 공고안에 즈음하여」(1972. 2. 1.). 행정안전부 국가기록원 대통령기록관 웹사이트. http://www.pa.go.kr/portal/search/part/info.do?PAMS_CLS_CD=000000 00000020000000000000000000000007094&BIND_NO=0A00000000056651.

발리바르, 에티엔. 1993. 『알튀세르와 마르크스주의 전화』. 윤소영 옮김. 이론.

_____. 1995. 『마르크스의 철학, 마르크스의 정치』. 윤소영 옮김. 문화과학사.

_____. 1996. 「스피노자, 정치와 교통」(윤소영 옮김). 윤소영. 『알튀세르의 현재성』.

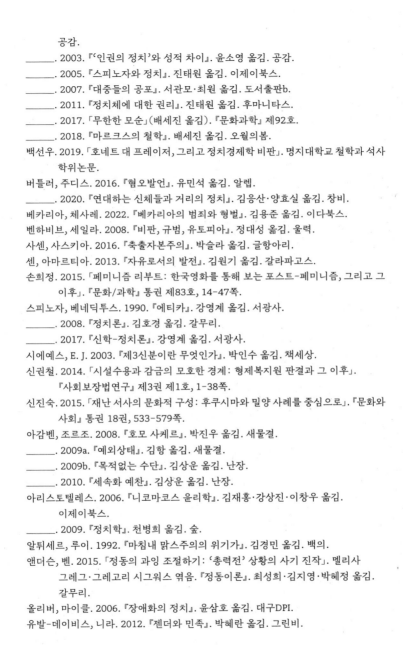

공감.

_____. 2003. 『'인권의 정치'와 성적 차이』. 윤소영 옮김. 공감.

_____. 2005. 『스피노자와 정치』. 진태원 옮김. 이제이북스.

_____. 2007. 『대중들의 공포』. 서관모·최원 옮김. 도서출판b.

_____. 2011. 『정치체에 대한 권리』. 진태원 옮김. 후마니타스.

_____. 2017. 「무한한 모순」(배세진 옮김). 『문화과학』 제92호.

_____. 2018. 『마르크스의 철학』. 배세진 옮김. 오월의봄.

백선우. 2019. 「호네트 대 프레이저, 그리고 정치경제학 비판」. 명지대학교 철학과 석사
학위논문.

버틀러, 주디스. 2016. 『혐오발언』. 유민석 옮김. 알렙.

_____. 2020. 『연대하는 신체들과 거리의 정치』. 김응산·양효실 옮김. 창비.

베카리아, 체사레. 2022. 『베카리아의 범죄와 형벌』. 김용준 옮김. 이다북스.

벤하비브, 세일라. 2008. 『비판, 규범, 유토피아』. 정대성 옮김. 울력.

사센, 사스키아. 2016. 『축출자본주의』. 박슬라 옮김. 글항아리.

센, 아마르티아. 2013. 『자유로서의 발전』. 김원기 옮김. 갈라파고스.

손희정. 2015. 「페미니즘 리부트: 한국영화를 통해 보는 포스트-페미니즘, 그리고 그
이후」. 『문화/과학』 통권 제83호, 14-47쪽.

스피노자, 베네딕투스. 1990. 『에티카』. 강영계 옮김. 서광사.

_____. 2008. 『정치론』. 김호경 옮김. 갈무리.

_____. 2017. 『신학-정치론』. 강영계 옮김. 서광사.

시에예스, E. J. 2003. 『제3신분이란 무엇인가』. 박인수 옮김. 책세상.

신권철. 2014. 「시설수용과 감금의 모호한 경계: 형제복지원 판결과 그 이후」.
『사회보장법연구』 제3권 제1호, 1-38쪽.

신진숙. 2015. 「재난 서사의 문화적 구성: 후쿠시마와 밀양 사례를 중심으로」. 『문화와
사회』 통권 18권, 533-579쪽.

아감벤, 조르조. 2008. 『호모 사케르』. 박진우 옮김. 새물결.

_____. 2009a. 『예외상태』. 김항 옮김. 새물결.

_____. 2009b. 『목적없는 수단』. 김상운 옮김. 난장.

_____. 2010. 『세속화 예찬』. 김상운 옮김. 난장.

아리스토텔레스. 2006. 『니코마코스 윤리학』. 김재홍·강상진·이창우 옮김.
이제이북스.

_____. 2009. 『정치학』. 천병희 옮김. 숲.

알튀세르, 루이. 1992. 『마침내 맑스주의의 위기가』. 김경민 옮김. 백의.

앤더슨, 벤. 2015. 「정동의 과잉 조절하기: '총력전' 상황의 사기 진작」. 멜리사
그레그·그레고리 시그워스 엮음. 『정동이론』. 최성희·김지영·박혜정 옮김.
갈무리.

올리버, 마이클. 2006. 『장애화의 정치』. 윤삼호 옮김. 대구DPI.

유발-데이비스, 니라. 2012. 『젠더와 민족』. 박혜란 옮김. 그린비.

유해정. 2018a. 「세월호 유가족의 정치적 애도와 416운동」. 『시민사회와 NGO』 16권 2호, 65-104쪽.

_____. 2018b. 「부랑인 수용소와 사회적 고통: 피해생존자들의 경험을 중심으로」. 『기억과 전망』 제39호, 387-436쪽.

이소영. 2014. 「법이 부착한 '부랑인' 기표와 그 효과: 형제복지원 기억의 재현과 과거청산 논의의 예에서」. 『법철학연구』 제17권 제2호, 243-274쪽.

_____. 2016. 「"건전사회"와 그 적들: 1960-80년대 부랑인단속의 생명정치」. 『법과사회』 51권, 23-54쪽.

이승원. 2019. 「도시 커먼즈와 민주주의: 도시 커먼즈 운동의 특징과 동학에 관한 이론적 재고찰」. 『공간과사회』 통권 제68호. 한국공간환경학회, 134-174쪽.

이승훈. 2018. 「우리가 꿈꾸는 '선한 사회'는 어떤 모습인가?: 악셀 호네트, 『사회주의의 재발명: 왜 다시 사회주의인가?』」. 『현상과 인식』 제42권 3호. 한국인문사회과학회, 165-192쪽.

이진경a. 2012. 『대중과 흐름』. 그린비.

이진경b. 2015. 『서비스 이코노미』. 나병철 옮김. 소명출판.

임광순. 2020. 「고통과 위험을 넘어, 생명과 안전을 보장받을 새로운 권리」. 『내일을 여는 역사』 제79호, 238-253쪽.

임덕영. 2019. 3. 2. 「박정희와 전두환은 왜 '부랑인'을 겨냥했나」. 〈프레시안〉. http://www.pressian.com/news/article/?no=22112#09T0.

장애여성공감. 2010. 『장애여성공감 10년 활동사』. 한울.

_____. 2018a. 「시대와 불화하는 불구의 정치」. 〈장애여성공감 웹소식지〉 2018년 2월호.

_____. 2018b. 『어쩌면 이상한 몸』. 오월의봄.

장애여성공감 엮음. 2020. 『시설사회』. 와온.

전주희. 2023. 「10.29 이태원, 국가주의적 재난서사와 대항적 재난서사」. 『문화과학』 통권 113호, 151-171쪽.

정수남. 2018. 「거리 위의 사회악 일소와 억압권력의 역설: 1970년대 부랑인을 중심으로」. 『정신문화연구』 제41권 제1호, 285-316쪽.

정정훈. 2007. 「87년체제와 새로운 권력의 테크놀로지: 시민사회와 사법-기계」. 『부커진R』 1호. 그린비.

_____. 2013. 「돌볼 필요가 없는 생명, 살 가치가 없는 생명: 자살의 사회적 차원과 자본-권력의 동맹체」. 『문화과학』 통권 제76호, 21-39쪽.

_____. 2014. 『인권과 인권들: 정치의 원점과 인권의 영속혁명』. 그린비.

_____. 2015. 「페미니즘 이후의 정치경제학 '비판'을 다시 생각한다: 맑스주의 정치경제학비판의 전화라는 문제설정 속에서 페미니스트 자본주의 분석을 읽기」. 『문화과학』 통권 제83호, 82-101쪽.

_____. 2017. 「이데올로기와 어펙트, 혹은 '인간학적 조건'을 어떻게 사고할 것인가?: 루이 알튀세르와 브라이언 마수미 사이의 쟁점을 중심으로」. 『문화과학』 통권

제90호, 402-429쪽.

제임스, C. L. R. 2007. 『블랙 자코뱅』. 우태정 옮김. 필맥.

지라르, 르네. 2002. 『폭력과 성스러움』. 김진식·박무호 옮김. 민음사.

지젝, 슬라보예. 2001. 『이데올로기라는 숭고한 대상』. 이수련 옮김. 인간사랑.

진태원. 2005a. 「대중들의 역량이란 무엇인가?: 스피노자 정치학에서 사회계약론의
　　　해체, 2」. 『트랜스토리아』 제5호. 박종철출판사, 13-50쪽.

_____. 2005b. 「용어해설」. 에티엔 발리바르. 『스피노자와 정치』. 이제이북스.

_____. 2008. 「스피노자와 알튀세르에서 이데올로기의 문제: 상상계라는 쟁점」.
　　　『근대철학』 3권 1호, 5-46쪽.

진태원 엮음. 2017. 『포퓰리즘과 민주주의』. 소명출판.

차태서. 2021. 「자유주의와 민주주의 불화: 한국에서 포퓰리즘적 계기의 출현」.
　　　『정치·정보연구』 제24권 제3호, 139-169쪽.

최갑수. 2001. 「1789년의 「인권선언」과 혁명기의 담론」. 『프랑스사연구』 제4호.
　　　한국프랑스사학회, 5-43쪽.

최원. 2017. 「스피노자와 발리바르: 미완의 스피노자」. 진태원·서동욱 엮음.
　　　『스피노자의 귀환』. 민음사.

카스텔스, 마누엘. 2003. 『밀레니엄의 종언』. 박행웅·이종삼 옮김. 한울.

칸트, 임마누엘. 2019. 『도덕형이상학』. 이충진·김수배 옮김. 한길사.

캐노번, 마이클. 2015. 『인민』. 김만권 옮김. 그린비.

콜린스, 페트리샤 힐. 2009. 『흑인 페미니즘 사상』. 박미선·주혜연 옮김. 도서출판
　　　여이연.

페데리치, 실비아. 2011. 『캘리번과 마녀』. 황성원·김민철 옮김. 갈무리.

푸코, 미셸. 1994. 『감시와 처벌』. 오생근 옮김. 나남.

_____. 2010. 『성의 역사 1권: 지식의 의지』. 이규현 옮김. 나남.

_____. 2011. 『안전, 영토, 인구』. 오트르망 옮김. 난장.

_____. 2012. 『생명관리정치의 탄생』. 오트르망 옮김. 난장.

_____. 2015. 『"사회를 보호해야 한다"』. 김상운 옮김. 난장.

하버마스, 위르겐. 2006a. 『의사소통행위이론』 1권. 장춘익 옮김. 나남.

_____. 2006b. 『의사소통행위이론』 2권. 장춘익 옮김. 나남.

_____. 2007. 『사실성과 타당성』. 한상진·박영도 옮김. 나남.

하비, 데이비드. 1994. 『포스트 모더니티의 조건』. 구동회·박영민 옮김. 한울.

_____. 2007. 『신자유주의』. 최병두 옮김. 한울.

_____. 2016. 『신제국주의』. 최병두 옮김. 한울.

하트, 마이클 엮음. 2010. 『토마스 제퍼슨: 독립선언문』. 차태서 옮김. 프레시안북.

한상원. 2020. 「포퓰리즘, 데모스, 급진민주주의: 라클라우와 무페에게서 '인민'의
　　　담론적 구성에 관하여」. 『시대와 철학』 제31권 2호, 97-134쪽.

한우리. 2018. 「교차로에 선 여자들, 1968년, 미국」. 한우리·김보명·나영·황주영.
　　　『교차성×페미니즘』. 도서출판 여이연.

참고문헌

한종선. 2013. 「선아, 우리 연두다리 안 갈래」. 한종선 외. 『살아남은 아이』. 문주.

헌트, 린. 2009. 『인권의 발명』. 전진성 옮김. 돌베개.

형제복지원구술프로젝트. 2015. 『숫자가 된 사람들』. 오월의봄.

호네트, 악셀. 2011. 『인정투쟁』. 문성훈·이현재 옮김. 사월의책.

_____. 2016. 『사회주의의 재발명』. 문성훈 옮김. 사월의책.

홉스, 토머스. 2008. 『리바이이던』 1권. 진석용 옮김. 나남.

홍덕률. 2008. 「병영사회에서 경영사회로의 전환: 문제와 과제」. 『역사비평』 통권 84호, 68-99쪽.

찾아보기